Le Guide du Premier Million

Le Guide du Premier Million

100 stratégies, plus de 1 200 conseils pratiques et
332 outils pour construire durablement votre patrimoine

par Aron MEDINA

Édition : BoD · Books on Demand, 31 avenue Saint-Rémy, 57600 Forbach, bod@bod.fr
Impression : Libri Plureos GmbH, Friedensallee 273, 22763 Hambourg (Allemagne)

Impression à la demande
ISBN : 978-2-3228-3827-1
Dépôt légal : juillet 2026

11 grands thèmes. 100 chapitres. Plus de 1 200 conseils pratiques. 332 applications et outils sélectionnés. Des centaines de ressources soigneusement choisies pour vous accompagner, étape après étape, vers la construction de votre patrimoine et de votre indépendance financière.

Introduction

Le premier million ne se construit ni par hasard, ni du jour au lendemain. Il est le résultat d'une succession de décisions, d'habitudes et d'actions répétées avec discipline au fil des années. Contrairement aux idées reçues, la réussite financière n'est pas réservée aux héritiers, aux génies de la finance ou aux entrepreneurs hors du commun. Elle est avant tout accessible à celles et ceux qui acceptent d'apprendre, de s'adapter et d'agir avec constance.

Cet ouvrage s'adresse à toutes les personnes qui souhaitent reprendre le contrôle de leur avenir financier et construire progressivement leur patrimoine. Que vous soyez salarié, indépendant, entrepreneur, investisseur débutant ou confirmé, les principes présentés dans ces pages ont été conçus pour être concrets, applicables et durables.

Le chemin vers le premier million n'est ni linéaire ni exempt d'obstacles. Il sera ponctué de réussites, d'erreurs, de doutes et parfois de remises en question. Mais chaque bonne décision, chaque compétence acquise et chaque action mise en œuvre vous rapprocheront un peu plus de votre objectif.

Au fil de ces pages, vous découvrirez **100 stratégies**, réparties en **11 grands thèmes**, représentant **plus de 1 200 conseils pratiques**, **332 applications et outils sélectionnés**, ainsi que des centaines de ressources destinées à vous accompagner à chaque étape de votre parcours. Vous y trouverez des méthodes concrètes pour mieux gérer vos finances, développer vos revenus, investir avec discernement, créer de nouvelles opportunités et construire un patrimoine solide sur le long terme.

Les thèmes abordés couvrent l'ensemble des leviers de création de richesse : les fondamentaux financiers, la gestion de carrière, l'entrepreneuriat, l'investissement, le développement personnel, le réseau, l'influence, la motivation et bien d'autres domaines indispensables à une réussite durable.

Gardez toujours à l'esprit que le succès financier ne dépend pas uniquement de ce que vous gagnez. Il dépend surtout de votre capacité à conserver, épargner, investir, apprendre, prendre de bonnes décisions et laisser le temps travailler pour vous.

Mon ambition n'est pas de vous vendre une recette miracle. Il n'en existe pas. Mon objectif est de mettre entre vos mains un guide pratique, structuré et accessible, capable de vous accompagner durablement dans la construction de votre indépendance financière.

Lisez ce livre avec un esprit ouvert. Prenez des notes. Testez les méthodes proposées. Adaptez-les à votre situation. N'essayez pas de tout appliquer immédiatement : choisissez une idée, mettez-la en pratique, puis passez à la suivante. Ce sont les petites actions répétées qui produisent les plus grands résultats.

Votre premier million n'est pas une promesse. C'est un objectif. Et comme tout objectif ambitieux, il se construit jour après jour, décision après décision.

Dans quelques années, vous repenserez peut-être à cette première page. Elle marquera soit le début d'un changement durable, soit un livre de plus resté sur une étagère. La décision vous appartient.

Que cet ouvrage devienne votre compagnon de route vers la réussite financière.

Le moment de commencer est maintenant.

Aron

Les 100 conseils pour atteindre votre premier million

LES 11 PILIERS DE LA RÉUSSITE FINANCIÈRE

1. FONDAMENTAUX FINANCIERS
2. CARRIÈRE ET CRÉATION DE REVENUS
3. ENTREPRENEURIAT
4. INVESTISSEMENT ET CRÉATION DE PATRIMOINE
5. GESTION FINANCIÈRE ET OPTIMISATION DES DÉPENSES
6. DÉVELOPPEMENT PERSONNEL ET DISCIPLINE
7. RÉSEAU, INFLUENCE ET CAPITAL RELATIONNEL
8. PROTECTION ET SÉCURITÉ FINANCIÈRE
9. STRATÉGIES D'INVESTISSEMENT AVANCÉES
10. CROISSANCE, DIVERSIFICATION ET PASSAGE À L'ÉCHELLE
11. ÉTAT D'ESPRIT ET MOTIVATION SUR LE LONG TERME

1. FONDAMENTAUX FINANCIERS

- ÉTABLIR UN BUDGET
- VIVRE EN DESSOUS DE SES MOYENS
- ÉPARGNER RÉGULIÈREMENT
- INVESTIR TÔT
- DIVERSIFIER SES INVESTISSEMENTS
- RÉINVESTIR LES DIVIDENDES
- AUTOMATISER SES ÉCONOMIES
- MAXIMISER SES CONTRIBUTIONS À UN COMPTE DE RETRAITE
- SURVEILLER SES FRAIS FINANCIERS
- ÉTABLIR UN FONDS D'URGENCE

1. ÉTABLISSEZ UN BUDGET : SUIVEZ VOS REVENUS ET VOS DÉPENSES.

Voici quelques applications pouvant grandement simplifier le processus de budgétisation et vous aider à maintenir un suivi précis de vos finances. Cela vous permettra ainsi d'atteindre vos objectifs financiers plus efficacement.

Conseils et astuces pour établir un budget efficace :

1. **Analysez vos revenus** : Commencez par calculer tous vos revenus mensuels, y compris votre salaire, les revenus passifs, les primes et tout autre revenu régulier.
2. **Listez vos dépenses fixes** : Notez toutes les dépenses fixes, comme le loyer ou le crédit immobilier, les assurances, les abonnements, les services publics, et les paiements de prêts.
3. **Identifiez vos dépenses variables** : Incluez les dépenses variables telles que l'alimentation, les loisirs, les vêtements, les restaurants, et les frais de transport.
4. **Utilisez des outils de budgétisation** : Adoptez des applications de gestion financière comme Mint, YNAB (You Need A Budget) ou même un simple tableur Excel pour suivre vos dépenses et revenus.
5. **Catégorisez vos dépenses** : Divisez vos dépenses en catégories comme alimentation, transport, loisirs, etc., pour mieux comprendre où va votre argent.
6. **Fixez des limites** : Définissez des montants limites pour chaque catégorie de dépenses et essayez de vous y tenir.
7. **Recherchez des économies** : Examinez vos dépenses et cherchez des moyens de réduire les coûts, comme annuler des abonnements inutilisés ou opter pour des alternatives moins coûteuses.

8. **Automatisez vos paiements** : Mettez en place des paiements automatiques pour les factures récurrentes pour éviter les retards et les pénalités.
9. **Suivez vos dépenses quotidiennement** : Notez toutes vos dépenses quotidiennes, même les petites, pour avoir une vue d'ensemble précise.
10. **Révisez et ajustez régulièrement** : Chaque mois, passez en revue votre budget et ajustez-le en fonction de vos dépenses réelles et de vos objectifs financiers.
11. **Épargnez d'abord** : Dès que vous recevez vos revenus, mettez de côté un pourcentage destiné à l'épargne avant de payer quoi que ce soit d'autre.
12. **Utilisez des enveloppes de cash** : Pour les catégories de dépenses variables, utilisez des enveloppes contenant le montant en espèces alloué pour le mois, ce qui vous aide à ne pas dépasser votre budget.
13. **Fixez des objectifs financiers** : Ayez des objectifs à court, moyen, et long terme pour vous motiver à suivre votre budget.
14. **Éduquez-vous** : Lisez des livres, suivez des cours en ligne ou consultez des ressources financières pour améliorer vos compétences en gestion budgétaire.

Applications pour Établir et Suivre un Budget

- **Spendee :** Cette application offre des fonctionnalités de budgétisation et de gestion des dépenses avec une interface conviviale. Elle permet également de créer des portefeuilles partagés pour les budgets familiaux ou les projets de groupe.
- **Emma** est une application de gestion financière qui regroupe vos différents comptes bancaires afin de vous fournir une vision globale de vos finances. Elle permet de suivre vos dépenses, de fixer des objectifs et de recevoir des alertes personnalisées.
- **Wallet by BudgetBakers** : Cette application vous aide à suivre vos revenus et vos dépenses, à créer des budgets personnalisés et à analyser vos habitudes

financières grâce à des rapports détaillés. Elle est particulièrement appréciée pour sa simplicité et sa compatibilité avec de nombreuses banques.

- **Goodbudget** est une application de budgétisation basée sur le système des enveloppes. Elle vous permet de planifier vos dépenses, de répartir votre budget dans différentes catégories et de synchroniser vos données avec votre partenaire ou votre famille.

- **Buddy** est une application simple et intuitive conçue pour les particuliers, les couples ou les colocataires souhaitant gérer facilement leurs dépenses communes et suivre leur budget au quotidien.

- **Rocket Money** : Cette application vous aide à identifier vos abonnements récurrents, à suivre vos dépenses et à optimiser votre budget. Elle est particulièrement efficace pour détecter les dépenses inutiles et réaliser des économies rapidement.

- **EveryDollar** : Développée par Dave Ramsey, cette application vous aide à créer et suivre un budget basé sur le principe du budget zéro. Chaque euro est affecté à une mission précise afin de mieux contrôler vos finances.

- **YNAB** (You Need A Budget) : YNAB est une application payante qui se concentre sur la budgétisation proactive. Elle vous aide à attribuer chaque euro gagné à une catégorie spécifique et propose de nombreux outils pédagogiques pour améliorer durablement vos habitudes financières.

- **Monarch Money** : Cette application de gestion financière tout-en-un permet de centraliser vos comptes, de suivre vos dépenses, de fixer des objectifs d'épargne et d'obtenir une vision claire de votre situation financière. Son interface moderne en fait l'une des applications les plus populaires du moment.

- **Copilot Money** automatise le suivi de vos finances grâce à une catégorisation intelligente de vos dépenses. Elle offre des tableaux de bord détaillés, des analyses personnalisées et un suivi précis de vos objectifs financiers.

2. VIVEZ EN DESSOUS DE VOS MOYENS : RÉDUISEZ LES DÉPENSES INUTILES.

Vivre en dessous de vos moyens ne signifie pas vous priver, mais apprendre à distinguer l'essentiel du superflu afin de consacrer davantage de ressources à votre épargne, à vos projets et à la construction de votre patrimoine.

Conseils et astuces pour vivre en dessous de vos moyens :

1. **Identifiez vos dépenses non essentielles** : Passez en revue vos relevés bancaires et de cartes de crédit pour repérer les dépenses non essentielles, comme les repas au restaurant, les abonnements à des services que vous n'utilisez pas, ou les achats impulsifs.
2. **Créez un plan de réduction des dépenses** : Une fois que vous avez identifié les dépenses superflues, élaborez un plan pour les réduire ou les éliminer. Par exemple, limitez les sorties au restaurant à une fois par semaine ou annulez les abonnements inutiles.
3. **Faites une liste avant de faire des courses** : Avant d'aller faire vos courses, établissez une liste des articles dont vous avez besoin et tenez-vous-en à cette liste pour éviter les achats impulsifs.
4. **Adoptez la règle des 30 jours** : Si vous souhaitez acheter quelque chose qui n'est pas une nécessité, attendez 30 jours. Si après cette période vous en avez toujours envie et que cela s'intègre dans votre budget, achetez-le.
5. **Cherchez des alternatives moins coûteuses** : Comparez les prix et recherchez des alternatives moins coûteuses pour les produits et services que vous utilisez régulièrement. Par exemple, préparez des repas à la maison au lieu de manger à l'extérieur.

6. **Utilisez des applications de comparaison de prix** : Avant d'acheter quelque chose, utilisez des applications comme Honey, PriceRunner ou ShopSavvy pour comparer les prix et trouver les meilleures offres.
7. **Réparez plutôt que de remplacer** : Avant de jeter un objet endommagé, vérifiez s'il peut être réparé. Réparer des appareils, des vêtements ou des meubles peut être beaucoup moins cher que de les remplacer.
8. **Optez pour des articles d'occasion** : Pour certains articles, comme les vêtements, les meubles ou les équipements électroniques, envisagez d'acheter d'occasion au lieu de neuf.
9. **Automatisez vos économies** : Configurez des virements automatiques depuis votre compte courant vers un compte d'épargne chaque mois. En automatisant l'épargne, vous vous assurez de mettre de l'argent de côté avant de dépenser.
10. **Évitez les crédits à la consommation** : Les crédits à la consommation, tels que les prêts personnels ou les crédits renouvelables, peuvent avoir des taux d'intérêt élevés. Évitez-les autant que possible et essayez de payer comptant.
11. **Utilisez des outils de suivi des dépenses** : Utilisez des applications de gestion des dépenses comme Mint, YNAB ou PocketGuard pour suivre vos dépenses et identifier les domaines où vous pouvez économiser.
12. **Établissez des priorités financières** : Clarifiez vos priorités financières et concentrez vos dépenses sur ce qui est vraiment important pour vous, tout en réduisant les dépenses dans les domaines moins prioritaires.
13. **Renégociez vos contrats** : Examinez vos contrats de services (internet, téléphone, assurances) et contactez les fournisseurs pour voir si vous pouvez obtenir de meilleures offres ou des tarifs réduits.
14. **Planifiez vos achats importants** : Pour les achats importants, planifiez à l'avance et économisez pour éviter de financer par crédit.
15. **Adoptez un style de vie minimaliste** : Concentrez-vous sur l'achat de ce dont vous avez réellement besoin et évitez l'accumulation de biens matériels inutiles.

Applications pour Réduire les Dépenses Inutiles

- **Honey :** Cette extension de navigateur recherche automatiquement les codes promotionnels disponibles et applique les meilleures réductions lors de vos achats en ligne. Elle permet de réaliser des économies sans effort sur de nombreux sites marchands.
- **Rocket Money :** Cette application analyse vos dépenses récurrentes, identifie vos abonnements oubliés et vous aide à les résilier ou à les optimiser.
- **Dealabs :** Véritable référence en France, cette plateforme communautaire permet de découvrir les meilleures promotions, offres de remboursement et bons plans validés par des millions d'utilisateurs.
- **Joko :** Cette application française permet d'obtenir automatiquement du cashback auprès de nombreuses enseignes partenaires et d'optimiser ses dépenses du quotidien.
- **Rakuten :** Vous permet de récupérer une partie de vos dépenses sous forme de cashback lorsque vous effectuez des achats auprès de centaines de commerçants partenaires.
- **Groupon :** Propose des réductions importantes sur des activités locales, des restaurants, des services, des voyages et de nombreux produits du quotidien.
- **Shopmium :** Cette application offre des remboursements partiels ou totaux sur de nombreux produits alimentaires et de grande consommation disponibles dans les supermarchés.
- **Idealo :** Comparateur de prix performant qui permet de vérifier rapidement si un produit est vendu moins cher chez un autre commerçant.
- **Karma :** Anciennement connue sous le nom de Shoptagr, cette application surveille les prix des produits qui vous intéressent et vous alerte lorsqu'ils baissent.

- **Poulpeo :** Plateforme française de cashback permettant de récupérer une partie de ses achats en ligne auprès de milliers de marchands partenaires.

3. ÉPARGNEZ RÉGULIÈREMENT : METTEZ DE CÔTÉ AU MOINS 20% DE VOTRE REVENU.

L'épargne est le socle de toute stratégie d'enrichissement. Sans capital disponible, il est difficile de saisir les opportunités d'investissement ou de faire face aux imprévus sans s'endetter. En vous fixant l'objectif d'épargner une partie de vos revenus, vous développez une discipline financière qui, au fil des années, constituera un puissant levier vers votre premier million.

Conseils et astuces pour épargner régulièrement :

1. **Automatisez vos économies** : Configurez des virements automatiques de votre compte courant vers votre compte d'épargne. En automatisant ce processus, vous vous assurez de ne pas oublier de mettre de côté de l'argent chaque mois.

2. **Payez-vous d'abord** : Dès que vous recevez votre revenu, épargnez une partie avant de payer vos autres dépenses. Considérez cette épargne comme une facture à payer en priorité.

3. **Fixez des objectifs d'épargne clairs** : Définissez des objectifs spécifiques, comme constituer un fonds d'urgence, épargner pour un achat important, ou planifier votre retraite. Des objectifs clairs vous aideront à rester motivé.

4. **Établissez un budget** : Suivre un budget vous permet de voir où va votre argent et de trouver des opportunités pour augmenter votre épargne. Incluez l'épargne comme une catégorie fixe dans votre budget.

5. **Réduisez les dépenses superflues** : Examinez vos dépenses et identifiez les achats non essentiels que vous pouvez réduire ou éliminer. Réaffectez ces économies à votre épargne.
6. **Utilisez des applications de suivi d'épargne** : Des applications comme Qapital, Simple ou Digit peuvent vous aider à suivre et automatiser vos économies. Elles offrent souvent des fonctionnalités de gamification pour rendre l'épargne plus engageante.
7. **Recherchez des comptes d'épargne à haut rendement** : Placez votre épargne dans des comptes offrant des taux d'intérêt compétitifs pour maximiser vos gains.
8. **Révisez et ajustez régulièrement vos objectifs** : Faites le point sur vos progrès d'épargne régulièrement et ajustez vos contributions en fonction de vos objectifs financiers et de votre situation actuelle.
9. **Profitez des programmes d'épargne d'entreprise** : Si votre employeur offre un plan d'épargne salariale ou un programme de contribution équivalente pour la retraite, tirez-en parti pour augmenter vos économies.
10. **Évitez les dettes à la consommation** : Les dettes à intérêt élevé peuvent éroder vos capacités d'épargne. Concentrez-vous sur le remboursement de ces dettes pour libérer plus d'argent pour l'épargne.
11. **Vivez en dessous de vos moyens** : Adoptez un mode de vie modeste par rapport à vos revenus. Cette approche vous permet de libérer plus de fonds pour l'épargne sans compromettre votre qualité de vie.
12. **Épargnez les revenus supplémentaires** : Lorsque vous recevez des revenus supplémentaires, comme des primes, des remboursements d'impôts ou des cadeaux en argent, épargnez-les plutôt que de les dépenser.

Applications pour Épargner Régulièrement

- **Plum :** Cette application analyse vos habitudes de dépenses et met automatiquement de l'argent de côté selon votre situation financière.

- **Revolut :** En complément de ses services bancaires, elle permet de créer des coffres d'épargne alimentés automatiquement grâce à l'arrondi des paiements ou à des virements programmés.
- **N26 :** Cette banque mobile facilite la constitution d'une épargne en proposant des espaces dédiés à vos différents projets financiers et des transferts automatisés.
- **Trade Republic :** Connue principalement pour l'investissement, elle permet également de mettre en place des versements programmés et propose désormais une rémunération attractive des liquidités non investies.
- **Bunq :** Cette banque européenne propose des outils avancés d'épargne automatique, des sous-comptes dédiés aux objectifs financiers et des règles d'automatisation personnalisées.
- **Raisin :** Cette plateforme permet d'accéder à des comptes d'épargne européens offrant parfois des taux plus attractifs que ceux proposés localement.
- **Emma :** Déjà évoquée dans le chapitre consacré à la gestion du budget, cette application offre une vision globale de vos finances et aide à identifier les économies pouvant être réaffectées vers vos objectifs d'épargne.
- **Rocket Money :** Elle permet d'identifier les abonnements inutiles et de rediriger les économies réalisées vers votre épargne.
- **YNAB (You Need A Budget)** : Cette solution repose sur l'attribution d'un rôle précis à chaque euro gagné, favorisant ainsi une meilleure maîtrise de l'argent et une capacité d'épargne accrue.
- **Mon Petit Placement :** Cette solution française permet de mettre en place une épargne régulière et automatisée dans des portefeuilles adaptés au profil de l'épargnant.

4. INVESTISSEZ TÔT : COMMENCEZ LE PLUS TÔT POSSIBLE POUR BÉNÉFICIER DES INTÉRÊTS COMPOSÉS.

Investir tôt est l'une des décisions financières les plus importantes que vous puissiez prendre pour assurer votre avenir financier. En mettant en pratique ces conseils et en utilisant les outils disponibles, vous pouvez maximiser les avantages des intérêts composés et construire une base solide pour votre patrimoine.

Conseils et astuces pour investir tôt :

1. **Comprenez le pouvoir des intérêts composés** : Plus vous commencez à investir tôt, plus vos investissements ont de temps pour croître grâce aux intérêts composés. Cela signifie que vous gagnez des intérêts non seulement sur votre capital initial mais aussi sur les intérêts accumulés au fil du temps.

2. **Commencez avec de petites sommes** : Même de petites contributions régulières peuvent croître de manière significative sur le long terme. N'attendez pas d'avoir une grosse somme d'argent pour commencer à investir.

3. **Automatisez vos investissements** : Configurez des virements automatiques de votre compte courant vers votre compte d'investissement chaque mois. Cela vous aide à investir régulièrement sans y penser.

4. **Utilisez des comptes fiscalement avantageux** : Profitez des comptes de retraite comme les IRA, les 401(k) ou les PEA en France, qui offrent des avantages fiscaux et favorisent la croissance de votre épargne sur le long terme.

5. **Diversifiez vos investissements** : Investissez dans une variété d'actifs tels que les actions, les obligations, l'immobilier et les fonds indiciels pour réduire les risques et maximiser les rendements.

6. **Réinvestissez les gains** : Réinvestissez les dividendes et les intérêts que vous recevez pour bénéficier de l'effet de composition et augmenter vos rendements.

7. **Suivez une stratégie d'investissement régulière** : Investir régulièrement, par exemple chaque mois, vous permet de lisser les coûts et de profiter des fluctuations du marché grâce à l'achat d'actions à différents prix.

8. **Évitez de tenter de chronométrer le marché** : Essayer d'acheter au plus bas et de vendre au plus haut est très difficile. Investissez régulièrement et à long terme pour maximiser vos chances de succès.

9. **Éduquez-vous en matière d'investissement** : Lisez des livres, suivez des cours en ligne et consultez des ressources fiables pour mieux comprendre les différentes options d'investissement et leurs risques.

10. **Commencez par des fonds indiciels ou des ETFs** : Ces options offrent une diversification instantanée et ont souvent des frais de gestion inférieurs, ce qui est idéal pour les nouveaux investisseurs.

11. **Utilisez des applications d'investissement** : Des applications comme Robinhood, Acorns ou Wealthfront peuvent rendre l'investissement accessible et facile à gérer pour les débutants.

12. **Revoyez et ajustez régulièrement votre portefeuille** : Bien que l'investissement à long terme soit essentiel, il est également important de réévaluer régulièrement vos investissements et de les ajuster en fonction de vos objectifs financiers et de l'évolution du marché.

Applications pour Investir Tôt

- **Trade Republic :** Cette plateforme permet d'investir facilement dans des actions, des ETF et des plans d'investissement programmés avec des frais réduits. Son interface intuitive la rend particulièrement adaptée aux investisseurs débutants.

- **Vanguard :** Réputée pour ses fonds indiciels à faibles coûts, elle propose des solutions d'investissement destinées aux épargnants souhaitant construire un patrimoine sur le long terme.

- **Betterment :** Grâce à la gestion automatisée de portefeuille, cette plateforme construit et ajuste vos investissements en fonction de vos objectifs financiers et de votre profil de risque.
- **Wealthfront :** Cette solution de gestion automatisée élabore des stratégies d'investissement personnalisées et optimise la répartition de vos actifs au fil du temps.
- **Robinhood :** Conçue pour simplifier l'accès aux marchés financiers, elle permet d'investir dans des actions et des ETF à partir de petites sommes et sans commission sur de nombreuses opérations.
- Scalable Capital : Cette plateforme européenne propose des portefeuilles gérés automatiquement ainsi qu'un accès direct à une large sélection d'ETF et d'actions.
- **Interactive Brokers :** Destinée aux investisseurs souhaitant aller plus loin, elle donne accès à de nombreuses places boursières internationales tout en maintenant des frais compétitifs.
- **Acorns :** Déjà présentée dans le chapitre consacré à l'épargne, cette application investit automatiquement les arrondis générés par vos achats quotidiens afin de constituer progressivement un portefeuille.
- **eToro :** Très populaire auprès des débutants, elle permet d'investir dans différents actifs financiers et de s'inspirer des stratégies d'investisseurs expérimentés grâce à ses fonctionnalités sociales.
- **Fidelity :** Cette société de gestion propose une large gamme de fonds, d'ETF et de comptes d'investissement adaptés aussi bien aux débutants qu'aux investisseurs expérimentés.

5. DIVERSIFIEZ VOS INVESTISSEMENTS : NE METTEZ PAS TOUS VOS ŒUFS DANS LE MÊME PANIER.

Diversifier vos investissements est crucial pour réduire les risques et améliorer les rendements potentiels. En suivant ces conseils et en utilisant les applications appropriées, vous pouvez créer un portefeuille bien équilibré qui résiste mieux aux fluctuations du marché.

Conseils et astuces pour diversifier vos investissements :

1. **Investissez dans différents types d'actifs** : Répartissez vos investissements entre des actions, des obligations, de l'immobilier, des matières premières, et d'autres classes d'actifs pour réduire les risques. Par exemple, si le marché des actions baisse, les obligations ou l'immobilier peuvent compenser les pertes.
2. **Diversifiez géographiquement** : Investissez dans des marchés internationaux pour bénéficier de la croissance économique dans différentes régions du monde. Cela vous protège également contre les risques spécifiques à un pays.
3. **Utilisez des fonds communs de placement et des ETFs** : Ces véhicules d'investissement offrent une diversification instantanée en regroupant de nombreux titres dans un seul produit. Ils sont particulièrement utiles pour les investisseurs qui souhaitent diversifier sans avoir à sélectionner individuellement chaque actif.
4. **Investissez dans différentes industries** : Évitez de concentrer vos investissements dans une seule industrie. Par exemple, ne mettez pas tous vos fonds dans la technologie; envisagez également des secteurs comme la santé, les biens de consommation, et l'énergie.
5. **Réévaluez régulièrement votre portefeuille** : Les marchés évoluent, et la performance de vos investissements peut changer. Passez en revue et ajustez périodiquement votre portefeuille pour maintenir un niveau de diversification approprié et réaligner vos investissements avec vos objectifs financiers.
6. **Incluez des investissements alternatifs** : Envisagez d'inclure des actifs alternatifs comme l'immobilier locatif, les cryptomonnaies, l'art, ou les matières premières. Ces actifs peuvent offrir une diversification supplémentaire et des rendements potentiels différents de ceux des marchés traditionnels.

7. **Adoptez une stratégie de répartition d'actifs** : Déterminez une répartition d'actifs cible basée sur votre tolérance au risque, votre horizon d'investissement et vos objectifs financiers. Ajustez cette répartition au fil du temps pour maintenir l'équilibre souhaité.
8. **Ne suivez pas les tendances** : Investir en suivant les tendances populaires peut conduire à une concentration excessive dans des secteurs surévalués. Basez vos décisions d'investissement sur une analyse solide et diversifiez pour réduire les risques.
9. **Consultez des experts financiers** : Un conseiller financier peut vous aider à élaborer une stratégie de diversification adaptée à vos besoins spécifiques et à votre tolérance au risque.
10. **Utilisez des outils et des applications de gestion de portefeuille** : Des outils comme Personal Capital ou Morningstar peuvent vous aider à analyser et à surveiller la diversification de votre portefeuille.

Applications pour Diversifier les Investissements

- **Trading 212** : Permet d'investir dans des centaines d'actions et d'ETF via des portefeuilles thématiques appelés "Pies", facilitant la diversification même avec de petits montants.

- **Public.com** : Réunit actions, ETF, obligations et autres actifs dans une seule application, permettant de répartir facilement ses investissements.

- **DEGIRO** : Offre un accès à de nombreux marchés internationaux et à une vaste sélection d'ETF pour diversifier son portefeuille géographiquement et sectoriellement.

- **Lightyear** : Application simple donnant accès à des actions et ETF internationaux, idéale pour construire progressivement un portefeuille diversifié.

- **Shares** : Permet d'investir dans des actions et ETF tout en suivant des communautés d'investisseurs, ce qui aide les débutants à découvrir différentes stratégies de diversification.

6. RÉINVESTISSEZ LES DIVIDENDES : UTILISEZ LES DIVIDENDES POUR ACHETER PLUS D'ACTIONS.

Réinvestir les dividendes est une stratégie puissante pour augmenter la valeur de votre portefeuille grâce aux intérêts composés. En utilisant les conseils ci-dessus et en tirant parti des outils et applications disponibles, vous pouvez optimiser vos rendements et atteindre vos objectifs financiers plus rapidement.

Conseils et astuces pour réinvestir les dividendes :

1. **Utilisez un plan de réinvestissement des dividendes (DRIP)** : La plupart des courtiers et des entreprises offrent des programmes de réinvestissement automatique des dividendes. Ces programmes réinvestissent vos dividendes dans des actions supplémentaires de la même entreprise sans frais de transaction.
2. **Choisissez des actions à dividendes croissants** : Investissez dans des entreprises ayant une solide histoire d'augmentation des dividendes. Cela permet non seulement d'augmenter vos revenus de dividendes au fil du temps, mais aussi de bénéficier de la croissance du capital.
3. **Surveillez les frais de réinvestissement** : Assurez-vous que les programmes de réinvestissement des dividendes ne comportent pas de frais cachés. Les frais peuvent éroder vos rendements, il est donc crucial de choisir des options à faible coût.
4. **Maintenez la diversification** : Réinvestir les dividendes dans les mêmes actions peut parfois entraîner une concentration excessive dans une seule entreprise ou secteur. Diversifiez vos investissements en réinvestissant les dividendes dans différents titres ou fonds.
5. **Profitez de la puissance des intérêts composés** : Réinvestir les dividendes vous permet de bénéficier des intérêts composés, où les gains sur vos gains augmentent de manière exponentielle au fil du temps.

6. **Surveillez et ajustez votre portefeuille** : Réinvestir automatiquement les dividendes est une excellente stratégie, mais assurez-vous de revoir périodiquement votre portefeuille pour maintenir l'équilibre et ajuster vos positions selon vos objectifs financiers.

7. **Utilisez des fonds ou des ETFs avec réinvestissement automatique** : De nombreux fonds communs de placement et ETFs réinvestissent automatiquement les dividendes, facilitant ainsi la gestion de votre portefeuille.

8. **Gardez un œil sur la fiscalité** : Les dividendes réinvestis peuvent avoir des implications fiscales. Assurez-vous de comprendre comment ils sont imposés et de planifier en conséquence pour éviter des surprises lors de la déclaration fiscale.

9. **Réinvestissez même les petits montants** : Chaque montant compte. Même les petits dividendes réinvestis régulièrement peuvent contribuer significativement à la croissance de votre portefeuille sur le long terme.

10. **Éduquez-vous continuellement** : Suivez des cours en ligne, lisez des livres sur l'investissement en dividendes et restez informé des meilleures pratiques pour maximiser vos rendements.

Applications pour Réinvestir les Dividendes

- **Interactive Brokers** : Offre un programme de réinvestissement automatique des dividendes sur de nombreux marchés internationaux, permettant d'augmenter progressivement le nombre d'actions détenues sans intervention manuelle.

- **Trading 212** : Permet d'investir dans des actions et ETF à dividendes et de réinvestir facilement les revenus perçus afin de profiter pleinement de l'effet des intérêts composés.

- **DEGIRO** : Donne accès à un vaste choix d'actions et d'ETF versant des dividendes, facilitant la mise en place d'une stratégie de réinvestissement à long terme.

- **Lightyear** : Application intuitive permettant de construire progressivement un portefeuille d'actions et d'ETF à dividendes et de réinvestir les revenus générés.
- **Shares** : Permet d'investir dans des entreprises distribuant des dividendes et d'utiliser ces revenus pour renforcer son portefeuille au fil du temps.

7. AUTOMATISEZ VOS ÉCONOMIES : METTEZ EN PLACE DES VIREMENTS AUTOMATIQUES VERS VOS COMPTES D'ÉPARGNE OU D'INVESTISSEMENT.

En automatisant vos économies, vous vous assurez de mettre de l'argent de côté régulièrement sans y penser. Cela facilite l'atteinte de vos objectifs financiers et vous aide à bâtir un avenir financier plus solide.

Conseils et astuces pour automatiser vos économies :

1. **Configurez des virements automatiques** : Utilisez les services bancaires en ligne pour programmer des virements automatiques depuis votre compte courant vers votre compte d'épargne ou d'investissement à chaque réception de salaire. Fixez un montant ou un pourcentage de votre revenu pour être transféré automatiquement.
2. **Séparez vos comptes d'épargne et de dépenses** : Ouvrez un compte d'épargne séparé pour ne pas mélanger vos économies avec votre compte courant. Cela réduit la tentation de dépenser vos économies.
3. **Utilisez des applications d'épargne automatique** : Des applications comme Digit, Qapital et Chime peuvent analyser vos dépenses et transférer automatiquement de petites sommes d'argent vers votre compte d'épargne en fonction de vos habitudes de dépense.

4. **Établissez des objectifs d'épargne** : Utilisez des outils ou des applications qui vous permettent de définir des objectifs d'épargne spécifiques, comme un fonds d'urgence, des vacances ou un achat important. Les objectifs clairs vous aident à rester motivé.

5. **Choisissez une fréquence adaptée** : Configurez des virements automatiques hebdomadaires, bihebdomadaires ou mensuels en fonction de votre cycle de paie et de vos préférences. L'important est de maintenir la régularité.

6. **Commencez petit** : Si vous avez du mal à épargner de grosses sommes, commencez par des montants plus petits et augmentez progressivement vos contributions au fil du temps.

7. **Évitez les frais bancaires** : Assurez-vous que vos virements automatiques ne génèrent pas de frais supplémentaires. Recherchez des comptes d'épargne qui ne facturent pas de frais mensuels ou qui offrent des virements gratuits.

8. **Profitez des comptes à intérêt élevé** : Placez vos économies dans des comptes d'épargne à haut rendement pour maximiser vos gains d'intérêts. Les intérêts composés peuvent augmenter significativement vos économies au fil du temps.

9. **Revoyez régulièrement vos économies** : Faites le point sur vos objectifs d'épargne et ajustez les montants de vos virements automatiques si nécessaire, par exemple après une augmentation de salaire ou un changement dans vos dépenses.

10. **Priorisez l'épargne pour la retraite** : Si possible, automatisez également les contributions à vos comptes de retraite, comme un 401(k) ou un IRA. Utilisez les options de prélèvement automatique offertes par votre employeur ou par votre institution financière.

11. **Utilisez des règles d'arrondi** : Certaines applications comme Acorns permettent d'arrondir vos achats à l'unité supérieure et d'investir la différence. C'est une méthode efficace pour épargner sans y penser.

12. **Automatisez les augmentations d'épargne** : Lorsque vous recevez une augmentation de salaire ou un bonus, augmentez automatiquement le montant de vos virements automatiques pour continuer à augmenter vos économies.

Applications pour Automatiser les Économies

- **Raisin :** Plateforme donnant accès à des comptes d'épargne européens et permettant de programmer des versements réguliers vers plusieurs objectifs.
- **Moneybox :** Application qui arrondit automatiquement les achats et place la différence sur des produits d'épargne ou d'investissement.
- **Chip :** Analyse les revenus et dépenses pour déterminer automatiquement combien peut être épargné chaque semaine ou chaque mois.
- **Snoop :** Application de gestion financière qui identifie les économies potentielles et aide à automatiser leur transfert vers l'épargne.

8. MAXIMISEZ VOS CONTRIBUTIONS À UN COMPTE DE RETRAITE : PROFITEZ DES AVANTAGES FISCAUX.

Maximiser vos contributions à un compte de retraite est essentiel pour assurer une retraite confortable et financièrement sécurisée. En suivant ces conseils et en utilisant les outils appropriés, vous pouvez tirer le meilleur parti des avantages fiscaux et optimiser vos économies pour l'avenir.

Conseils et astuces pour maximiser vos contributions à un compte de retraite :

1. **Contribuez au maximum autorisé** : Chaque année, vérifiez les limites de contribution pour les comptes de retraite comme le 401(k), le IRA (Individual

Retirement Account) ou le Roth IRA. Tentez de contribuer jusqu'au maximum autorisé pour tirer pleinement parti des avantages fiscaux.

2. **Profitez des contributions de contrepartie de l'employeur** : Si votre employeur offre des contributions équivalentes (matching) à votre 401(k), assurez-vous de contribuer suffisamment pour obtenir le maximum de cette contrepartie. C'est essentiellement de l'argent gratuit pour votre retraite.

3. **Automatisez vos contributions** : Configurez des prélèvements automatiques de votre salaire vers votre compte de retraite pour garantir des contributions régulières et maximiser les avantages de l'investissement à long terme.

4. **Augmentez vos contributions avec le temps** : Chaque fois que vous recevez une augmentation de salaire ou un bonus, augmentez le pourcentage de votre revenu que vous contribuez à votre compte de retraite. Cela vous aide à épargner davantage sans trop affecter votre revenu net.

5. **Utilisez les contributions rattrapage** : Si vous avez plus de 50 ans, profitez des limites de contribution rattrapage supplémentaires permises par le IRS pour les 401(k) et les IRA, afin d'épargner encore plus pour la retraite.

6. **Diversifiez vos comptes de retraite** : En plus des 401(k), envisagez d'ouvrir et de contribuer à des IRA traditionnels ou Roth IRA pour bénéficier de différents types d'avantages fiscaux et de flexibilité.

7. **Exploitez les déductions fiscales** : Les contributions à des comptes de retraite comme les 401(k) et les IRA traditionnels sont souvent déductibles d'impôt, ce qui réduit votre revenu imposable pour l'année. Profitez de ces déductions pour réduire votre charge fiscale globale.

8. **Choisissez des placements à faible coût** : Dans vos comptes de retraite, optez pour des fonds indiciels ou des ETFs avec des frais de gestion bas. Les économies réalisées sur les frais peuvent significativement augmenter vos rendements à long terme.

9. **Surveillez vos investissements** : Même dans un compte de retraite, il est important de surveiller et d'ajuster vos investissements pour s'assurer qu'ils sont alignés avec vos objectifs de retraite et votre tolérance au risque.

10. **Utilisez des comptes de retraite SEP ou SIMPLE** : Si vous êtes travailleur indépendant ou propriétaire d'une petite entreprise, explorez des options comme les SEP IRA ou les SIMPLE IRA, qui permettent des contributions plus élevées que les IRA traditionnels.

11. **Contribuez régulièrement, même en période de marché volatile** : Continuez à contribuer à votre compte de retraite même lorsque le marché est instable. Le fait de maintenir vos contributions régulières permet de bénéficier de la moyenne d'achat et de lisser les coûts sur le long terme.

12. **Planifiez votre fiscalité à la retraite** : Comprenez comment les retraits de vos comptes de retraite seront imposés. Par exemple, les retraits d'un 401(k) ou d'un IRA traditionnel sont imposables, tandis que les retraits d'un Roth IRA sont exonérés d'impôt si certaines conditions sont remplies.

Applications pour Maximiser les Contributions à un Compte de Retraite

- **Charles Schwab**
  Propose des comptes retraite, des outils de planification financière et des versements automatiques permettant d'optimiser l'épargne à long terme.

- **Empower**
  Permet de centraliser tous ses comptes de retraite, de suivre sa progression vers ses objectifs et d'obtenir des recommandations personnalisées.

- **T. Rowe Price**
  Offre des solutions dédiées à la retraite avec des outils de simulation, de projection et d'optimisation des contributions.

- **Merrill Edge**
  Propose des comptes retraite, des plans d'investissement automatisés et des outils d'aide à la décision pour optimiser les avantages fiscaux.

- **Principal :** Spécialisée dans l'épargne retraite et les plans d'entreprise, cette plateforme facilite le suivi des contributions et la préparation des revenus futurs.
- **Guideline :** Solution particulièrement adaptée aux entrepreneurs et aux petites entreprises souhaitant mettre en place et gérer un plan retraite pour eux-mêmes ou leurs salariés.
- **Human Interest :** Plateforme simplifiant la gestion des plans retraite d'entreprise avec automatisation des versements et suivi des performances.
- **Capitalize :** Permet de retrouver et regrouper d'anciens comptes retraite afin de simplifier leur gestion et d'optimiser leur performance à long terme.
- **NewRetirement :** Outil avancé de planification retraite permettant de modéliser différents scénarios financiers et fiscaux avant la retraite.
- **ProjectionLab :** Application de simulation financière qui aide à visualiser l'impact de ses contributions actuelles sur son patrimoine futur et ses revenus de retraite.

9. SURVEILLEZ VOS FRAIS FINANCIERS : CHOISISSEZ DES OPTIONS À FAIBLE COÛT.

Surveiller et minimiser vos frais financiers est essentiel pour maximiser vos rendements et conserver plus d'argent pour atteindre vos objectifs financiers. En utilisant ces conseils et outils, vous pouvez réduire les coûts et optimiser vos finances personnelles.

Conseils et astuces pour surveiller vos frais financiers :

1. **Comparez les frais des services financiers** : Avant d'ouvrir un compte ou d'acheter un produit financier, comparez les frais entre différentes institutions

financières. Recherchez des options avec des frais de gestion, des frais de transaction et des frais annuels bas.

2. **Évitez les frais de transaction inutiles** : Optez pour des courtiers qui offrent des transactions sans commission sur les actions et les ETFs. De nombreuses plateformes, comme Robinhood, Charles Schwab, et Fidelity, offrent désormais cette option.

3. **Choisissez des fonds à faible coût** : Préférez les fonds indiciels et les ETFs aux fonds communs de placement activement gérés, car ils ont généralement des frais de gestion beaucoup plus bas. Les frais plus faibles se traduisent par des rendements plus élevés à long terme.

4. **Surveillez les frais de gestion de comptes de retraite** : Les comptes de retraite comme les IRA et les 401(k) peuvent avoir des frais cachés. Recherchez des plans avec des frais de gestion bas et des options de placement à faible coût.

5. **Utilisez des applications de suivi des frais** : Des applications comme Personal Capital, Mint, ou YNAB peuvent vous aider à suivre et analyser les frais associés à vos comptes et investissements. Ces outils identifient les frais cachés et vous aident à prendre des décisions éclairées.

6. **Limitez les frais bancaires** : Choisissez des comptes bancaires sans frais de maintenance mensuels ou minimum de solde. Beaucoup de banques en ligne offrent des comptes sans frais avec des avantages compétitifs.

7. **Réduisez les frais de carte de crédit** : Évitez les cartes de crédit avec des frais annuels élevés. Recherchez des cartes offrant des taux d'intérêt bas et des récompenses sans frais annuels. Assurez-vous également de payer vos soldes intégralement chaque mois pour éviter les frais d'intérêt.

8. **Renégociez vos frais financiers** : Contactez vos institutions financières pour renégocier les frais de vos comptes, cartes de crédit et prêts. Vous pouvez souvent obtenir des réductions, surtout si vous êtes un client fidèle ou si vous avez un bon crédit.

9. **Surveillez les frais d'investissement en ligne** : Si vous utilisez des plateformes de trading en ligne, vérifiez les frais associés aux transactions, à l'inactivité et aux retraits. Optez pour des plateformes transparentes avec des frais bas.

10. **Utilisez des comptes d'épargne à haut rendement** : Placez votre argent dans des comptes d'épargne à haut rendement pour maximiser les intérêts que vous gagnez. Les banques en ligne offrent souvent des taux plus élevés que les banques traditionnelles.

11. **Revoyez régulièrement vos frais** : Passez en revue périodiquement les frais associés à tous vos comptes et investissements. Recherchez des alternatives moins coûteuses et ajustez vos choix en conséquence.

12. **Éduquez-vous sur les frais financiers** : Apprenez à identifier et comprendre les différents types de frais associés aux produits financiers. L'éducation financière vous permettra de faire des choix plus éclairés et de minimiser les coûts inutiles.

Applications pour Surveiller les Frais Financiers

- **Finimize** : Permet de mieux comprendre les coûts liés aux investissements et aux produits financiers grâce à des analyses simplifiées et des explications accessibles aux débutants.

- **Origin** : Centralise comptes bancaires, investissements et crédits afin d'identifier plus facilement les frais récurrents et les opportunités d'économies.

- **PocketGuard** : Analyse les revenus et les dépenses afin de repérer les frais évitables, les abonnements inutilisés et les postes de dépenses pouvant être optimisés.

- **NerdWallet** : Compare les comptes bancaires, cartes de crédit, prêts et produits financiers afin d'identifier les options les moins coûteuses et les plus adaptées à votre situation.

- **Billshark** : Service spécialisé dans la détection et la négociation de certaines factures et frais récurrents afin de réduire les dépenses inutiles.

10. ÉTABLISSEZ UN FONDS D'URGENCE : COUVREZ AU MOINS 6 MOIS DE DÉPENSES.

En établissant un fonds d'urgence solide, vous vous protégez contre les imprévus financiers et vous vous assurez une stabilité financière à long terme. Utilisez ces conseils et outils pour atteindre vos objectifs d'épargne et renforcer votre sécurité financière.

Conseils et astuces pour établir un fonds d'urgence :

1. **Calculez vos dépenses mensuelles** : Faites une liste détaillée de vos dépenses mensuelles essentielles, comme le loyer ou la hypothèque, les services publics, l'alimentation, les assurances, les frais de transport et autres dépenses indispensables. Multipliez ce montant par 6 pour déterminer le montant cible de votre fonds d'urgence.
2. **Ouvrez un compte séparé** : Pour éviter de puiser dans votre fonds d'urgence pour des dépenses non urgentes, ouvrez un compte d'épargne distinct spécifiquement dédié à cet objectif. Les comptes d'épargne en ligne à haut rendement sont souvent de bons choix en raison de leurs taux d'intérêt plus élevés.
3. **Automatisez les virements** : Configurez des virements automatiques depuis votre compte courant vers votre compte d'épargne dédié. Cela garantit que vous mettez de l'argent de côté régulièrement sans y penser.
4. **Commencez petit, mais régulièrement** : Si épargner 6 mois de dépenses semble écrasant, commencez par un objectif plus modeste, comme 1 mois de dépenses, puis progressez progressivement jusqu'à atteindre votre objectif final.

5. **Utilisez des revenus exceptionnels** : Lorsque vous recevez des revenus supplémentaires, comme des primes, des remboursements d'impôts ou des cadeaux en argent, placez-les directement dans votre fonds d'urgence pour accélérer la constitution de ce dernier.

6. **Réduisez les dépenses superflues** : Analysez vos dépenses pour identifier et réduire les coûts non essentiels. Réaffectez ces économies à votre fonds d'urgence.

7. **Profitez des applications d'épargne automatique** : Des applications comme Digit, Qapital et Chime peuvent vous aider à économiser en analysant vos habitudes de dépenses et en transférant automatiquement de petites sommes vers votre fonds d'urgence.

8. **Gardez votre fonds liquide** : Votre fonds d'urgence doit être facilement accessible en cas de besoin. Évitez de l'investir dans des actifs illiquides ou volatils. Les comptes d'épargne ou les comptes du marché monétaire sont des options appropriées.

9. **Revoyez et ajustez régulièrement** : Évaluez régulièrement votre fonds d'urgence pour vous assurer qu'il est suffisant en fonction de l'évolution de vos dépenses mensuelles ou de changements dans votre situation financière. Ajustez le montant si nécessaire.

10. **Maintenez la discipline** : Utilisez votre fonds d'urgence uniquement pour les situations d'urgence véritable, telles que la perte d'emploi, les frais médicaux imprévus ou des réparations majeures de la maison. Évitez d'y puiser pour des achats non essentiels.

11. **Remboursez le fonds après utilisation** : Si vous devez utiliser votre fonds d'urgence, établissez un plan pour le rembourser dès que possible. Reprenez les contributions automatiques pour reconstituer le fonds.

12. **Éduquez-vous sur la gestion des urgences financières** : Apprenez à gérer les crises financières de manière efficace pour minimiser l'impact sur votre fonds d'urgence et sur votre santé financière globale.

Applications pour Établir un Fonds d'Urgence

- **SoFi** : Propose des comptes d'épargne rémunérés, des virements automatiques et des outils de suivi des objectifs financiers afin de constituer progressivement un fonds d'urgence.

- **Current** : Banque mobile permettant de créer des objectifs d'épargne distincts et d'automatiser les transferts vers une réserve financière dédiée aux imprévus.

- **Monzo** : Permet de créer des espaces d'épargne séparés, d'automatiser les virements et de suivre la progression de son fonds d'urgence.

- **Wise** : Offre la possibilité de créer plusieurs soldes dédiés à différents objectifs financiers et d'alimenter automatiquement un fonds de sécurité.

- **Varo Bank** : Banque digitale proposant des comptes d'épargne rémunérés et des outils de gestion permettant de constituer rapidement une réserve de précaution.

2. CROISSANCE DE CARRIÈRE

- INVESTISSEZ DANS VOTRE ÉDUCATION
- RÉSEAUTEZ ACTIVEMENT
- DEMANDEZ DES AUGMENTATIONS
- CHANGEZ DE TRAVAIL POUR DE MEILLEURES OFFRES
- PRENEZ DES RESPONSABILITÉS SUPPLÉMENTAIRES
- TROUVEZ UN MENTOR
- DÉVELOPPEZ UNE EXPERTISE NICHE
- TRAVAILLEZ À L'INTERNATIONAL
- PRATIQUEZ L'APPRENTISSAGE CONTINU

11. INVESTISSEZ DANS VOTRE ÉDUCATION : LES COMPÉTENCES SUPPLÉMENTAIRES PEUVENT AUGMENTER VOTRE VALEUR SUR LE MARCHÉ.

En investissant continuellement dans votre éducation, vous augmentez non seulement vos compétences, mais aussi votre valeur sur le marché du travail. Utilisez ces conseils et ressources pour rester compétitif et progresser dans votre carrière.

Conseils et astuces pour investir dans votre éducation :

1. **Identifiez les compétences en demande** : Recherchez les compétences et certifications les plus recherchées dans votre domaine ou dans les industries en croissance. Des sites comme LinkedIn, Glassdoor, et Indeed peuvent vous fournir des informations sur les compétences recherchées par les employeurs.
2. **Suivez des cours en ligne** : Utilisez des plateformes d'apprentissage en ligne comme Coursera, Udemy, LinkedIn Learning, et edX pour suivre des cours à votre propre rythme. Ces plateformes offrent des cours dans divers domaines, souvent créés par des universités de renom et des experts de l'industrie.
3. **Obtenez des certifications** : Les certifications professionnelles peuvent grandement améliorer votre CV et prouver vos compétences aux employeurs. Recherchez des certifications reconnues dans votre domaine, telles que PMP pour la gestion de projet, CFA pour la finance, ou AWS Certified Solutions Architect pour le cloud computing.
4. **Participez à des ateliers et des séminaires** : Les ateliers, séminaires et conférences offrent des opportunités d'apprentissage intensif et de mise à jour sur les dernières tendances et technologies. Ils sont également une excellente occasion de réseauter avec des professionnels de votre secteur.
5. **Poursuivez des études supérieures** : Envisagez de retourner à l'université pour obtenir un diplôme supérieur, comme un MBA ou une maîtrise dans un domaine spécifique. Les diplômes avancés peuvent ouvrir des portes à des postes de direction et à des opportunités de carrière plus lucratives.

6. **Apprenez une nouvelle langue** : La maîtrise d'une langue étrangère peut augmenter votre valeur sur le marché mondial. Des applications comme Duolingo, Rosetta Stone, et Babbel peuvent vous aider à apprendre une nouvelle langue.

7. **Développez des compétences techniques** : Dans le monde actuel, les compétences techniques sont de plus en plus valorisées. Apprenez des compétences en programmation, en analyse de données, en gestion de réseaux ou en cybersécurité. Des sites comme Codecademy, Khan Academy, et Pluralsight offrent des cours dans ces domaines.

8. **Suivez des webinaires** : Les webinaires sont une excellente façon d'apprendre des experts sans quitter votre domicile. Inscrivez-vous à des webinaires sur des sujets pertinents à votre carrière pour continuer à apprendre et à vous développer.

9. **Rejoignez des groupes professionnels et des associations** : Les groupes professionnels offrent des ressources éducatives, des formations, et des événements de réseautage. Adhérer à des associations dans votre domaine peut également vous fournir des opportunités de mentorat et de développement professionnel.

10. **Lisez des livres et des articles** : Investissez du temps à lire des livres et des articles sur votre domaine d'activité. Les livres de non-fiction, les revues professionnelles et les blogs de l'industrie sont d'excellentes sources d'apprentissage continu.

11. **Pratiquez l'apprentissage continu** : Considérez l'apprentissage comme un processus continu. Consacrez du temps chaque semaine à acquérir de nouvelles connaissances et compétences. L'engagement à long terme dans votre éducation professionnelle vous rendra plus adaptable et compétitif.

12. **Demandez des formations au sein de votre entreprise** : De nombreuses entreprises offrent des programmes de formation et de développement pour leurs employés. Profitez de ces opportunités pour acquérir de nouvelles compétences sans frais supplémentaires.

13. **Évaluez régulièrement vos compétences** : Faites le point sur vos compétences actuelles et identifiez les domaines où vous pourriez vous améliorer. Utilisez des évaluations de compétences en ligne pour déterminer vos points forts et vos lacunes.

Applications et Ressources pour Investir dans Votre Éducation

- **Coursera** : Propose des cours, certifications professionnelles et diplômes en ligne créés par des universités prestigieuses et des entreprises reconnues. Idéal pour développer des compétences recherchées et valoriser son CV.

- **Udemy** : Donne accès à des milliers de formations dans des domaines variés comme le marketing, l'entrepreneuriat, la bureautique, l'informatique ou le développement personnel, souvent à des tarifs très accessibles.

- **LinkedIn Learning** : Offre des formations professionnelles axées sur les compétences les plus recherchées par les employeurs. Les certificats obtenus peuvent être directement ajoutés au profil LinkedIn.

- **edX** : Plateforme de formation créée en partenariat avec de grandes universités internationales. Permet de suivre des cours universitaires de haut niveau et d'obtenir des certifications reconnues.

- **Codecademy** : Solution interactive pour apprendre la programmation et les métiers du numérique. Convient aussi bien aux débutants qu'aux personnes souhaitant se reconvertir vers les métiers technologiques.

- **Khan Academy** : Ressource gratuite proposant des cours de qualité en mathématiques, économie, sciences, informatique et de nombreux autres domaines académiques.

- **Duolingo** : Application ludique permettant d'apprendre ou de perfectionner une langue étrangère grâce à des exercices quotidiens courts et motivants.

- **DataCamp** : Plateforme spécialisée dans la data, l'intelligence artificielle, Python, SQL et l'analyse de données. Particulièrement adaptée aux métiers d'avenir et aux compétences très recherchées sur le marché du travail.

- **Babbel** : Application d'apprentissage des langues orientée vers la pratique concrète et les situations de la vie quotidienne. Très appréciée pour progresser rapidement dans un contexte professionnel.

- **MasterClass** : Permet d'apprendre directement auprès d'experts mondialement reconnus, d'entrepreneurs, d'artistes, de dirigeants et de sportifs de haut niveau à travers des cours vidéo de grande qualité.

12. RÉSEAUTEZ ACTIVEMENT : LES CONNEXIONS PEUVENT OUVRIR DES PORTES.

En réseautant activement, vous pouvez ouvrir de nouvelles opportunités professionnelles, obtenir des conseils précieux et construire des relations durables qui vous aideront à progresser dans votre carrière. Utilisez ces conseils et outils pour améliorer vos compétences en réseautage et tirer le meilleur parti de vos interactions professionnelles.

Conseils et astuces pour réseauter activement :

1. **Assistez à des événements professionnels** : Participez à des conférences, des séminaires, des salons professionnels et des ateliers dans votre domaine. Ces événements offrent des opportunités de rencontrer des professionnels de l'industrie, d'échanger des idées et de nouer des relations.

2. **Utilisez les réseaux sociaux professionnels** : Plateformes comme LinkedIn sont essentielles pour le réseautage professionnel. Créez un profil complet, rejoignez des groupes pertinents, suivez les leaders d'opinion et participez aux discussions.

3. **Participez à des associations professionnelles** : Rejoignez des associations et des groupes professionnels liés à votre industrie. Cela vous permettra de rencontrer des personnes partageant les mêmes intérêts et de bénéficier de ressources et d'opportunités exclusives.

4. **Engagez-vous dans des groupes locaux** : Les chambres de commerce, les clubs d'entrepreneurs et autres groupes locaux sont des endroits idéaux pour rencontrer des professionnels de votre région. Assistez régulièrement à leurs réunions et événements.

5. **Suivez des cours et des formations** : Les programmes de formation continue et les cours du soir peuvent être des endroits formidables pour rencontrer des personnes partageant les mêmes intérêts et élargir votre réseau.

6. **Pratiquez le réseautage délibéré** : Fixez-vous des objectifs clairs pour le réseautage, comme rencontrer un certain nombre de nouvelles personnes par mois. Soyez proactif en demandant des introductions ou en planifiant des rendez-vous café avec des contacts potentiels.

7. **Utilisez des applications de réseautage** : Des applications comme Meetup, Eventbrite et Shapr peuvent vous aider à trouver des événements de réseautage et à entrer en contact avec des professionnels locaux.

8. **Soyez un bon auditeur** : Lors des interactions de réseautage, écoutez attentivement ce que disent les autres. Montrez un véritable intérêt pour leurs histoires et leurs besoins. Cela vous aidera à établir des relations authentiques.

9. **Préparez un pitch de présentation** : Ayez un court discours de présentation prêt pour vous introduire efficacement aux nouveaux contacts. Votre pitch doit inclure qui vous êtes, ce que vous faites, et ce que vous cherchez à accomplir.

10. **Offrez de l'aide et des ressources** : Soyez prêt à aider les autres sans attendre quelque chose en retour. Partager des ressources, offrir des conseils ou faire des introductions peuvent renforcer vos relations et établir votre réputation.

11. **Suivez et entretenez vos contacts** : Après avoir rencontré de nouvelles personnes, assurez-vous de les suivre. Envoyez des messages de remerciement,

ajoutez-les sur LinkedIn et restez en contact périodiquement pour entretenir la relation.

12. **Participez à des projets collaboratifs** : Travailler sur des projets collaboratifs ou bénévoles peut renforcer vos relations professionnelles et offrir des opportunités de démontrer vos compétences.
13. **Pratiquez la gratitude et la reconnaissance** : Remerciez vos contacts pour leur aide et reconnaissez leurs accomplissements. Un simple message de remerciement peut avoir un impact significatif sur vos relations professionnelles.
14. **Utilisez des cartes de visite numériques** : Utilisez des applications comme CamCard ou LinkedIn pour échanger des cartes de visite numériques, ce qui facilite la gestion et le suivi de vos contacts.

Applications et Outils pour Réseauter Activement

- **LinkedIn** : Réseau professionnel incontournable pour développer sa visibilité, entrer en contact avec des recruteurs, suivre des décideurs, publier du contenu expert et entretenir son réseau professionnel. Même si LinkedIn Learning a déjà été cité dans le chapitre consacré à la formation, LinkedIn reste ici pertinent pour sa fonction première de réseautage et de développement de carrière.

- **Meetup** : Permet de trouver des événements, ateliers, conférences et groupes de discussion locaux autour de thèmes professionnels, entrepreneuriaux ou sectoriels. Excellent pour transformer des contacts virtuels en rencontres réelles.

- **Eventbrite** : Plateforme de référence pour découvrir des conférences, salons, webinaires et événements professionnels. Un excellent moyen d'élargir son réseau tout en développant ses connaissances.

- **Shapr** : Application dédiée au networking professionnel qui utilise un système de mise en relation basé sur les centres d'intérêt, les objectifs professionnels et les complémentarités entre profils.

- **Lunchclub** : Plateforme de réseautage utilisant l'intelligence artificielle pour organiser des rencontres professionnelles ciblées avec des personnes susceptibles d'apporter de réelles opportunités de collaboration ou de carrière.

- **CamCard** : Application permettant de scanner, organiser et gérer efficacement les cartes de visite rencontrées lors d'événements professionnels ou de rendez-vous d'affaires.

- **Bumble For Friends & Networking (anciennement Bumble Bizz)** : Solution permettant de développer son réseau professionnel de manière plus informelle et de rencontrer des entrepreneurs, indépendants et professionnels de secteurs variés.

- **Slack** : De nombreuses communautés professionnelles, entrepreneuriales et sectorielles utilisent aujourd'hui Slack pour échanger des conseils, partager des opportunités d'emploi, trouver des partenaires ou développer leur réseau.

- **Discord** : Initialement destiné aux joueurs, Discord est devenu un puissant outil de réseautage dans les domaines de la technologie, de l'intelligence artificielle, du marketing digital, de la création de contenu et de l'entrepreneuriat.

- **Alignable** : Réseau professionnel particulièrement apprécié des entrepreneurs, consultants et dirigeants de petites entreprises souhaitant développer des partenariats commerciaux et obtenir des recommandations qualifiées.

13. DEMANDEZ DES AUGMENTATIONS : N'AYEZ PAS PEUR DE NÉGOCIER VOTRE SALAIRE.

En demandant des augmentations de manière stratégique et professionnelle, vous pouvez obtenir la reconnaissance financière que vous méritez pour vos contributions. Utilisez ces conseils et outils pour préparer et mener des discussions efficaces sur votre salaire.

Conseils et astuces pour demander des augmentations :

1. **Faites des recherches sur les salaires** : Avant de demander une augmentation, renseignez-vous sur les salaires moyens pour votre poste et votre niveau d'expérience dans votre secteur et votre région. Utilisez des outils en ligne comme Glassdoor, PayScale et LinkedIn Salary pour obtenir des données précises.

2. **Évaluez votre performance** : Documentez vos réalisations, vos contributions et l'impact positif que vous avez eu sur l'entreprise. Utilisez des métriques spécifiques et des exemples concrets pour démontrer votre valeur.

3. **Choisissez le bon moment** : Identifiez le moment idéal pour demander une augmentation, comme après avoir terminé un projet important, lors de votre évaluation annuelle ou lorsque l'entreprise est en bonne santé financière.

4. **Préparez votre argumentaire** : Préparez un discours clair et concis qui explique pourquoi vous méritez une augmentation. Mettez en avant vos réalisations, vos compétences uniques et les recherches sur les salaires que vous avez effectuées.

5. **Soyez confiant et assertif** : Abordez la discussion avec confiance et assertivité. Croyez en votre valeur et exprimez clairement vos attentes.

6. **Soyez prêt à négocier** : Soyez ouvert à la négociation et prêt à discuter d'autres formes de compensation si une augmentation immédiate n'est pas possible. Cela peut inclure des bonus, des avantages supplémentaires ou des opportunités de développement professionnel.

7. **Anticipez les objections** : Pensez aux raisons pour lesquelles votre demande pourrait être refusée et préparez des réponses convaincantes. Par exemple, si l'entreprise est en difficulté financière, mettez en avant comment vos contributions peuvent aider à améliorer la situation.

8. **Pratiquez votre discours** : Entraînez-vous à présenter votre argumentaire avec un ami ou un mentor. Cela vous aidera à être plus à l'aise et à affiner votre message.

9. **Demandez un rendez-vous formel** : Planifiez une réunion dédiée pour discuter de votre demande d'augmentation. Évitez de l'aborder de manière informelle ou lorsque votre supérieur est occupé ou stressé.
10. **Soyez flexible et professionnel** : Si votre demande est refusée, demandez des commentaires constructifs et des étapes claires pour atteindre une future augmentation. Montrez que vous êtes déterminé à vous améliorer et à atteindre vos objectifs.
11. **Suivez les tendances de l'industrie** : Restez informé des tendances salariales et des conditions de marché dans votre secteur. Cela vous aidera à adapter vos attentes et à mieux comprendre votre positionnement.
12. **Développez continuellement vos compétences** : Investissez dans votre développement professionnel pour augmenter votre valeur sur le marché du travail. Les compétences supplémentaires et les certifications peuvent renforcer votre argumentaire pour une augmentation.
13. **Restez patient et persévérant** : Si vous n'obtenez pas immédiatement l'augmentation souhaitée, continuez à démontrer votre valeur et à travailler dur. Réévaluez votre demande après quelques mois.

Ressources pour Préparer une Demande d'Augmentation

- **Glassdoor** : Permet de consulter les salaires pratiqués par entreprise, métier et localisation, ainsi que les avis d'employés. Très utile pour préparer des arguments basés sur le marché.
- **PayScale** : Fournit des estimations salariales détaillées selon l'expérience, les compétences, le secteur d'activité et la région géographique.
- **LinkedIn Salary** : Bien que moins mis en avant qu'auparavant, LinkedIn reste une excellente source pour analyser les tendances salariales, comparer les rémunérations et comprendre les compétences les plus recherchées par les employeurs.

- **Coursera** : Propose des certifications professionnelles reconnues par de grandes entreprises comme Google, IBM, Microsoft ou Meta. Renforcer ses compétences constitue souvent un argument solide pour justifier une augmentation.
- **Udemy** : Offre des milliers de formations pratiques à faible coût pour développer rapidement des compétences recherchées sur le marché du travail.
- **Harvard Program on Negotiation** : Référence mondiale en matière de négociation. Ses articles, études de cas et formations permettent d'améliorer sa préparation et sa capacité à négocier une augmentation de salaire.
- **Levels.fyi** : Particulièrement pertinent pour les métiers de la technologie, du management et des fonctions à responsabilité. Permet de comparer précisément les rémunérations, bonus et avantages dans de nombreuses entreprises.
- **Indeed Salaires** : Agrège des millions de données salariales déclarées par les employés et les employeurs, avec des comparaisons par ville, métier et secteur.

14. CHANGEZ DE TRAVAIL POUR DE MEILLEURES OFFRES : PARFOIS, CHANGER D'ENTREPRISE PEUT SIGNIFICATIVEMENT AUGMENTER VOTRE REVENU.

Changer de travail peut être un excellent moyen d'augmenter votre revenu et de progresser dans votre carrière. En suivant ces conseils et en utilisant les ressources appropriées, vous pouvez maximiser vos chances de trouver une meilleure offre et de réussir votre transition professionnelle.

Conseils et astuces pour changer de travail pour de meilleures offres :

1. **Évaluez votre situation actuelle** : Avant de commencer à chercher un nouvel emploi, évaluez votre satisfaction et vos perspectives de croissance dans votre

emploi actuel. Identifiez ce qui vous manque (salaire, opportunités de carrière, culture d'entreprise) pour savoir ce que vous recherchez dans un nouveau poste.

2. **Faites des recherches sur le marché** : Renseignez-vous sur le marché de l'emploi dans votre domaine. Utilisez des sites comme LinkedIn, Indeed et Glassdoor pour voir quelles entreprises recrutent, quels sont les salaires proposés et quelles compétences sont en demande.

3. **Améliorez votre CV et votre profil LinkedIn** : Assurez-vous que votre CV et votre profil LinkedIn sont à jour, bien structurés et mettent en valeur vos réalisations et compétences. Utilisez des mots-clés pertinents pour attirer l'attention des recruteurs.

4. **Réseautage** : Utilisez votre réseau professionnel pour découvrir des opportunités. Faites savoir à vos contacts que vous êtes à la recherche d'un nouveau poste et demandez-leur s'ils peuvent vous recommander ou vous informer des opportunités dans leur entreprise.

5. **Recherchez des entreprises qui correspondent à vos valeurs** : Identifiez des entreprises dont la culture et les valeurs correspondent à vos attentes. Travailler pour une entreprise alignée avec vos valeurs peut améliorer votre satisfaction professionnelle à long terme.

6. **Préparez-vous pour les entretiens** : Préparez-vous aux questions courantes d'entretien et réfléchissez à des exemples concrets de vos réussites professionnelles. Pratiquez avec un ami ou un mentor pour gagner en confiance.

7. **Négociez les offres d'emploi** : Lorsque vous recevez une offre d'emploi, n'acceptez pas immédiatement la première proposition. Négociez le salaire, les avantages, et les conditions de travail pour obtenir la meilleure offre possible. Utilisez les informations de marché que vous avez recueillies pour soutenir votre demande.

8. **Comparez les avantages** : En plus du salaire, prenez en compte les autres avantages offerts par l'entreprise, comme les primes, les congés payés, les options de télétravail, les plans de retraite, et les opportunités de développement professionnel.

9. **Considérez la croissance à long terme** : Évaluez les opportunités de progression de carrière dans la nouvelle entreprise. Un salaire plus élevé à court terme peut être moins attractif qu'une entreprise offrant des possibilités de croissance à long terme.

10. **Soyez discret** : Pendant votre recherche d'emploi, soyez discret pour éviter de compromettre votre position actuelle. Ne discutez pas de vos plans de changement de carrière avec des collègues de travail, et assurez-vous que vos recherches sont menées en dehors des heures de travail.

11. **Utilisez des recruteurs et des chasseurs de têtes** : Les recruteurs et chasseurs de têtes peuvent vous aider à trouver des opportunités adaptées à votre profil et à négocier des offres avantageuses.

12. **Mettez à jour vos compétences** : Si certaines compétences sont en forte demande dans le marché actuel, envisagez de suivre des formations pour vous mettre à jour et devenir un candidat plus attractif.

13. **Analysez les conditions de sortie** : Avant de quitter votre emploi actuel, assurez-vous de comprendre les conditions de votre contrat de travail, y compris les délais de préavis et les clauses de non-concurrence.

14. **Planifiez votre transition** : Préparez un plan de transition pour quitter votre poste actuel en bon terme. Fournissez un préavis adéquat et offrez votre aide pour former votre remplaçant.

Ressources pour Changer de Travail pour de Meilleures Offres

- **Glassdoor** : Permet de consulter les avis des employés, les processus de recrutement et les salaires pratiqués au sein des entreprises.

- **Indeed** : L'un des plus grands moteurs de recherche d'emploi au monde, avec des millions d'offres et des outils d'estimation salariale.

- **Welcome to the Jungle** : Très populaire en France, cette plateforme présente les entreprises de manière détaillée, leur culture, leurs valeurs et leurs opportunités de recrutement.
- **ZipRecruiter** : Utilise l'intelligence artificielle pour suggérer des offres adaptées à votre profil et faciliter votre recherche d'emploi.
- **Hired** : Plateforme spécialisée pour les profils qualifiés dans la technologie, le marketing, la vente et les fonctions de management. Les entreprises postulent directement auprès des candidats.
- **The Muse** : Combine offres d'emploi, conseils de carrière, préparation aux entretiens et informations sur la culture des entreprises.
- **Apec** : Référence incontournable en France pour les cadres et les managers. Propose des offres d'emploi, des études salariales et des conseils de carrière.
- **Cadremploi** : Plateforme spécialisée dans les postes à responsabilité, les fonctions managériales et les profils expérimentés.

15. PRENEZ DES RESPONSABILITÉS SUPPLÉMENTAIRES : MONTREZ QUE VOUS ÊTES PRÊT À AVANCER.

En prenant des responsabilités supplémentaires, vous démontrez votre engagement envers votre carrière et votre entreprise. Utilisez ces conseils et ressources pour identifier les opportunités, vous préparer et exceller dans vos nouvelles tâches. Cela vous aidera à progresser dans votre carrière et à atteindre vos objectifs professionnels.

Conseils et astuces pour prendre des responsabilités supplémentaires :

1. **Identifiez les opportunités** : Soyez attentif aux projets et aux tâches supplémentaires qui se présentent dans votre environnement de travail. Parlez

avec votre manager ou vos collègues pour identifier les domaines où vous pouvez apporter une valeur ajoutée.

2. **Proposez des solutions** : Lorsque vous identifiez un problème ou une opportunité d'amélioration, proposez des solutions concrètes. Les employeurs apprécient les employés proactifs qui ne se contentent pas de signaler les problèmes, mais qui apportent également des solutions.

3. **Communiquez votre volonté** : Faites savoir à votre manager que vous êtes intéressé par de nouvelles responsabilités. Exprimez clairement votre volonté d'apprendre et de contribuer davantage à l'entreprise.

4. **Prenez l'initiative** : Ne vous contentez pas d'attendre que les responsabilités vous soient confiées. Prenez l'initiative de proposer de nouvelles idées, de lancer des projets ou de prendre en charge des tâches qui ne font pas nécessairement partie de votre description de poste.

5. **Établissez des objectifs clairs** : Définissez des objectifs clairs et mesurables pour les responsabilités supplémentaires que vous prenez. Cela vous aidera à rester concentré et à démontrer votre impact.

6. **Développez vos compétences** : Investissez dans le développement de nouvelles compétences pertinentes pour les responsabilités que vous souhaitez assumer. Suivez des formations, lisez des livres ou assistez à des ateliers pour vous préparer à ces nouvelles tâches.

7. **Demandez des retours** : Sollicitez régulièrement des retours de votre manager et de vos collègues sur votre performance dans vos nouvelles responsabilités. Utilisez ces retours pour vous améliorer continuellement.

8. **Gérez votre temps efficacement** : Prendre des responsabilités supplémentaires peut augmenter votre charge de travail. Apprenez à gérer votre temps efficacement en priorisant les tâches, en déléguant lorsque c'est possible et en utilisant des outils de gestion du temps.

9. **Soyez adaptable et flexible** : Soyez prêt à vous adapter aux changements et aux nouvelles exigences. La capacité à être flexible et à s'adapter rapidement est souvent valorisée par les employeurs.

10. **Documentez vos réalisations** : Gardez une trace de vos réalisations et de l'impact positif que vous avez eu dans vos nouvelles responsabilités. Cela peut être utile lors des évaluations de performance ou des discussions sur les promotions.

11. **Montrez votre engagement** : En prenant des responsabilités supplémentaires, démontrez votre engagement envers l'entreprise et votre désir de contribuer à son succès. Cela peut vous aider à vous démarquer et à être considéré pour des opportunités de promotion.

12. **Participez aux réunions stratégiques** : Si possible, demandez à assister à des réunions stratégiques ou de haut niveau. Cela vous donne une meilleure compréhension des objectifs de l'entreprise et montre votre intérêt pour la vision globale.

13. **Collaborez avec d'autres départements** : Travailler avec différents départements vous permet d'élargir vos compétences et de comprendre les divers aspects de l'entreprise. Cela renforce également votre réseau professionnel interne.

14. **Mentorez vos collègues** : Partagez vos connaissances et compétences avec vos collègues. Être un mentor montre votre leadership et votre volonté de contribuer au développement des autres.

15. **Restez positif et proactif** : Maintenez une attitude positive et proactive, même face à des défis. Montrez que vous êtes capable de surmonter les obstacles et de trouver des solutions.

Ressources pour Développer des Compétences et Prendre des Responsabilités Supplémentaires

- **LinkedIn Learning** : Offre des formations courtes et pratiques sur le management d'équipe, la prise de décision, la gestion du temps, la communication et le leadership.
- **Udemy** : Met à disposition des milliers de cours permettant de développer des compétences professionnelles, techniques et managériales à son propre rythme.
- **MindTools** : Propose des ressources spécialisées dans le leadership, la gestion d'équipe, la communication, la résolution de problèmes et l'amélioration de la productivité.
- **CoachHub** : Plateforme de coaching professionnel utilisée par de nombreuses entreprises pour accompagner les collaborateurs dans leur évolution vers des postes à responsabilité.
- **MentorCruise** : Met en relation avec des mentors expérimentés dans de nombreux secteurs afin d'obtenir des conseils personnalisés et d'accélérer son développement professionnel.

16. TROUVEZ UN MENTOR : APPRENEZ DE QUELQU'UN QUI A RÉUSSI.

Trouver un mentor peut être un catalyseur puissant pour votre développement professionnel. En suivant ces conseils et en utilisant les ressources disponibles, vous pouvez identifier et établir une relation de mentorat enrichissante qui vous aidera à atteindre vos objectifs de carrière.

Conseils et astuces pour trouver un mentor :

1. **Identifiez vos objectifs et besoins** : Avant de chercher un mentor, clarifiez vos objectifs professionnels et les domaines où vous avez besoin de conseils. Comprendre vos besoins vous aidera à trouver un mentor adapté à vos aspirations.
2. **Recherchez des mentors potentiels** : Identifiez des personnes dans votre réseau professionnel, dans votre entreprise ou dans votre secteur d'activité qui ont réussi dans des domaines où vous souhaitez progresser. Recherchez des personnes ayant l'expérience et les compétences que vous admirez.
3. **Utilisez des plateformes professionnelles** : Utilisez des plateformes comme LinkedIn pour identifier et contacter des professionnels expérimentés. Rejoignez des groupes et des associations liés à votre industrie pour élargir votre réseau.
4. **Assistez à des événements de réseautage** : Participez à des conférences, des ateliers, des séminaires et des événements de l'industrie où vous pouvez rencontrer des professionnels expérimentés. Les interactions en personne peuvent faciliter la création de relations de mentorat.
5. **Demandez des recommandations** : Parlez à vos collègues, superviseurs et contacts professionnels pour obtenir des recommandations de mentors potentiels. Les introductions par des contacts communs peuvent renforcer la crédibilité de votre demande.
6. **Soyez respectueux et professionnel** : Lorsque vous contactez un mentor potentiel, faites-le de manière respectueuse et professionnelle. Expliquez clairement pourquoi vous cherchez un mentor et comment vous pensez que cette personne peut vous aider à atteindre vos objectifs.
7. **Proposez des rencontres informelles** : Invitez le mentor potentiel à prendre un café ou à déjeuner pour discuter de votre carrière et de vos objectifs. Utilisez cette rencontre pour évaluer l'alchimie et la compatibilité entre vous.
8. **Soyez précis dans vos demandes** : Lors de votre rencontre initiale, soyez clair sur ce que vous espérez obtenir du mentorat. Définissez des attentes précises

concernant la fréquence des rencontres, les sujets à aborder et les objectifs à atteindre.

9. **Montrez votre engagement** : Démontrez votre volonté d'apprendre et de vous améliorer. Prenez des initiatives, suivez les conseils donnés et donnez régulièrement des nouvelles de vos progrès. Les mentors sont plus enclins à s'engager avec des mentorés motivés et sérieux.

10. **Respectez le temps du mentor** : Les mentors sont souvent des professionnels occupés. Soyez respectueux de leur temps en préparant bien vos rencontres et en étant ponctuel. Ne demandez pas plus de temps que ce qu'ils sont prêts à offrir.

11. **Soyez ouvert aux critiques constructives** : Un bon mentor vous donnera des retours honnêtes et constructifs. Soyez réceptif à ces retours et utilisez-les pour vous améliorer. La capacité à accepter et à agir sur les critiques est essentielle pour votre développement professionnel.

12. **Établissez une relation réciproque** : Bien que le mentorat soit principalement bénéfique pour le mentoré, cherchez des moyens de contribuer à la relation. Offrez votre aide sur des projets, partagez des ressources utiles ou apportez une perspective différente.

13. **Soyez patient et persévérant** : Trouver le bon mentor peut prendre du temps. Si votre première tentative ne fonctionne pas, ne vous découragez pas. Continuez à chercher et à établir des relations jusqu'à ce que vous trouviez un mentor qui vous convient.

Ressources pour Trouver un Mentor

- **MentorCruise** : Plateforme spécialisée mettant en relation des professionnels avec des mentors expérimentés dans des domaines variés tels que le management, la technologie, la finance, le marketing ou l'entrepreneuriat.

- **Ten Thousand Coffees** : Facilite les rencontres entre professionnels pour échanger des conseils, partager des expériences et développer des relations de mentorat durables.
- **SCORE** : Réseau de mentorat gratuit destiné aux entrepreneurs, animé par des dirigeants et experts bénévoles possédant une solide expérience du monde des affaires.
- **GrowthMentor** : Plateforme donnant accès à des mentors spécialisés dans l'entrepreneuriat, le marketing, les ventes, les startups et le développement commercial.
- **ADPList** : Communauté mondiale de mentorat offrant des sessions gratuites avec des experts dans des domaines tels que le management, la technologie, le design, le marketing et l'entrepreneuriat.

17. DÉVELOPPEZ UNE EXPERTISE NICHE : DEVENEZ INDISPENSABLE DANS UN DOMAINE SPÉCIALISÉ.

En développant une expertise niche, vous devenez une ressource précieuse et irremplaçable dans votre domaine. Utilisez ces conseils et ressources pour identifier votre niche, acquérir des connaissances approfondies et vous établir comme un expert reconnu.

Conseils et astuces pour développer une expertise niche :

1. **Identifiez votre passion et vos intérêts** : Pour exceller dans une niche, choisissez un domaine qui vous passionne. L'intérêt et l'engagement personnel facilitent l'apprentissage et l'amélioration continue.
2. **Recherchez des niches en demande** : Analysez le marché du travail et identifiez les domaines spécialisés qui sont en forte demande. Consultez des

rapports d'industrie, des publications spécialisées et des plateformes d'emploi pour repérer les tendances.

3. **Acquérez des connaissances approfondies** : Investissez du temps dans l'apprentissage et la maîtrise de votre niche. Lisez des livres, des articles de recherche, et des blogs spécialisés. Suivez des cours en ligne et des webinaires pour approfondir vos connaissances.

4. **Obtenez des certifications et des diplômes** : Des certifications reconnues dans votre domaine peuvent renforcer votre crédibilité et démontrer votre expertise. Envisagez de poursuivre des diplômes ou des programmes de certification qui sont valorisés par l'industrie.

5. **Participez à des conférences et des ateliers** : Assistez à des événements professionnels pour rester à jour sur les dernières tendances et innovations dans votre niche. Ces événements offrent également des opportunités de réseautage avec des experts et des leaders du secteur.

6. **Pratiquez et appliquez vos compétences** : Cherchez des opportunités pour appliquer vos connaissances spécialisées dans des projets réels. Le travail pratique et l'expérience sur le terrain sont essentiels pour devenir un expert reconnu.

7. **Partagez vos connaissances** : Publiez des articles, des blogs, ou des vidéos sur des plateformes pertinentes pour partager votre expertise. Participer à des forums et à des groupes de discussion en ligne peut également renforcer votre visibilité et votre réputation dans votre domaine.

8. **Enseignez et formez les autres** : Donner des cours, animer des ateliers ou mentorer des collègues peut renforcer votre propre compréhension et établir votre autorité en tant qu'expert dans votre niche.

9. **Réseautage avec d'autres experts** : Entourez-vous de professionnels expérimentés et établissez des relations avec d'autres experts de votre domaine. Participer à des communautés professionnelles peut vous fournir des conseils précieux et des opportunités de collaboration.

10. **Suivez les leaders de l'industrie** : Identifiez et suivez les leaders d'opinion et les innovateurs dans votre domaine. Apprenez de leurs expériences, de leurs publications et de leurs conférences pour rester à la pointe de votre niche.
11. **Maintenez une formation continue** : Le développement d'une expertise ne s'arrête jamais. Engagez-vous dans une formation continue pour améliorer constamment vos compétences et rester compétitif dans votre domaine.
12. **Utilisez les réseaux sociaux pour promouvoir votre expertise** : Utilisez des plateformes comme LinkedIn, Twitter, et Medium pour partager vos idées et interagir avec d'autres professionnels de votre domaine.
13. **Évaluez et ajustez votre parcours** : Régulièrement, faites le point sur vos progrès et ajustez votre stratégie de développement de compétences en fonction des évolutions du marché et de vos objectifs personnels.

Ressources pour Développer une Expertise Niche

- **ResearchGate** : Plateforme permettant d'accéder à des publications scientifiques, des études spécialisées et aux travaux de chercheurs du monde entier dans de nombreux domaines d'expertise.
- **Google Scholar** : Moteur de recherche académique donnant accès à des articles scientifiques, thèses, études et publications universitaires pour approfondir un sujet spécifique.
- **MasterClass** : Permet d'apprendre directement auprès d'experts mondialement reconnus, de dirigeants, d'entrepreneurs, d'artistes et de spécialistes de haut niveau dans leur domaine.
- **DataCamp** : Référence pour développer une expertise dans l'analyse de données, l'intelligence artificielle, Python, SQL et les métiers de la data.
- **O'Reilly Learning** : Bibliothèque professionnelle regroupant des milliers de livres, formations et ressources avancées dans les domaines de la technologie, du management, de la cybersécurité et de l'innovation.

- **Substack** : Permet de suivre les meilleurs experts mondiaux d'une niche spécifique grâce à des newsletters spécialisées souvent plus pertinentes et plus récentes que les médias traditionnels.

18. TRAVAILLEZ À L'INTERNATIONAL : LES EXPÉRIENCES À L'ÉTRANGER PEUVENT ÊTRE TRÈS VALORISÉES

En travaillant à l'international, vous pouvez développer des compétences précieuses, élargir votre réseau professionnel et personnel, et enrichir votre carrière. Utilisez ces conseils et ressources pour rechercher, préparer et réussir vos expériences professionnelles à l'étranger.

Conseils et astuces pour travailler à l'international :

1. **Recherchez des opportunités internationales** : Identifiez les entreprises multinationales ou les organisations qui offrent des postes à l'étranger. Consultez des sites d'emploi spécialisés dans les offres internationales comme GoAbroad, Indeed Worldwide, et Glassdoor International.
2. **Développez des compétences linguistiques** : Apprendre la langue du pays où vous souhaitez travailler peut vous donner un avantage concurrentiel. Utilisez des applications comme Duolingo, Rosetta Stone, ou Babbel pour améliorer vos compétences linguistiques.
3. **Comprenez les différences culturelles** : Familiarisez-vous avec les normes culturelles, les pratiques professionnelles et les attentes sociales du pays où vous envisagez de travailler. Cela vous aidera à vous adapter plus facilement et à éviter les malentendus culturels.
4. **Réseautage international** : Utilisez des plateformes comme LinkedIn pour établir des connexions avec des professionnels travaillant à l'étranger. Participez à

des groupes de discussion et à des forums en ligne axés sur le travail international.

5. **Cherchez des programmes de rotation internationale** : Certaines entreprises offrent des programmes de rotation internationale pour leurs employés. Ces programmes vous permettent de travailler dans différents bureaux à travers le monde et d'acquérir une expérience précieuse.
6. **Postulez pour des missions à court terme** : Si un poste à long terme à l'étranger n'est pas immédiatement disponible, envisagez de postuler pour des missions à court terme ou des projets internationaux. Cela peut servir de tremplin pour des opportunités plus permanentes.
7. **Obtenez les visas et permis nécessaires** : Renseignez-vous sur les exigences en matière de visa et de permis de travail pour le pays où vous souhaitez travailler. Assurez-vous d'avoir tous les documents nécessaires avant de partir.
8. **Améliorez vos compétences interculturelles** : Suivez des formations ou des ateliers sur les compétences interculturelles pour mieux comprendre et naviguer dans des environnements multiculturels.
9. **Faites preuve de flexibilité et d'adaptabilité** : Travailler à l'étranger peut comporter des défis inattendus. Soyez prêt à vous adapter rapidement aux nouvelles situations et à faire preuve de flexibilité dans votre approche.
10. **Recherchez des avantages et des compensations** : Lorsque vous négociez une offre de travail à l'étranger, tenez compte des avantages spécifiques tels que les allocations de logement, les assurances santé, et les aides à la relocalisation.
11. **Préparez votre départ** : Organisez votre départ en amont en mettant en ordre vos affaires personnelles et administratives. Informez-vous sur les conditions de vie, le coût de la vie, et les services de santé dans votre pays de destination.
12. **Entourez-vous d'un réseau de soutien** : Une fois à l'étranger, créez un réseau de soutien local en vous connectant avec des expatriés, des collègues et des locaux. Cela facilitera votre intégration et vous fournira un soutien en cas de besoin.

13. **Participez à des programmes d'échange** : Envisagez de participer à des programmes d'échange comme Erasmus (pour les Européens) ou Fulbright (pour les Américains) qui offrent des opportunités de travailler ou d'étudier à l'étranger.
14. **Valorisez votre expérience internationale** : Sur votre CV et lors d'entretiens, mettez en avant les compétences et les connaissances acquises grâce à vos expériences internationales. Soulignez comment ces expériences ont enrichi votre perspective professionnelle et personnelle.

Ressources pour Travailler à l'International

- **GoAbroad** : Plateforme spécialisée dans les emplois, stages, missions de volontariat et programmes d'études à l'étranger. Idéale pour acquérir une première expérience internationale.
- **InterNations** : La plus grande communauté mondiale d'expatriés. Permet de rencontrer des professionnels locaux, d'obtenir des conseils pratiques et de développer son réseau dans son pays d'accueil.
- **Expat Network** : Fournit des informations et des conseils sur les visas, le logement, la fiscalité, la santé et l'installation à l'étranger.
- **Go Overseas** : Référence pour trouver des emplois, stages, programmes linguistiques et expériences professionnelles dans de nombreux pays.
- **EURES** : Portail officiel de l'Union européenne facilitant la recherche d'emploi, les démarches administratives et la mobilité professionnelle dans les pays européens.
- **Remote OK** : Plateforme spécialisée dans les emplois à distance permettant de travailler pour des entreprises internationales sans nécessairement quitter son pays de résidence.
- **FlexJobs** : Site dédié aux emplois flexibles, à distance et internationaux, avec des offres vérifiées provenant d'entreprises du monde entier.

19. PRATIQUEZ L'APPRENTISSAGE CONTINU : GARDEZ VOS COMPÉTENCES À JOUR.

En pratiquant l'apprentissage continu, vous pouvez rester compétitif sur le marché du travail, vous adapter aux changements technologiques et professionnels, et avancer dans votre carrière. Utilisez ces conseils et ressources pour garder vos compétences à jour et maintenir une trajectoire de croissance professionnelle.

Conseils et astuces pour pratiquer l'apprentissage continu :

1. **Suivez des cours en ligne** : Utilisez des plateformes comme Coursera, edX, Udemy et LinkedIn Learning pour suivre des cours dans votre domaine et au-delà. Choisissez des cours qui complètent vos compétences actuelles et qui vous permettent d'acquérir de nouvelles connaissances.
2. **Lisez régulièrement** : Lisez des livres, des articles, des blogs et des revues professionnelles dans votre secteur. Inscrivez-vous à des newsletters et des publications spécialisées pour rester informé des dernières tendances et développements.
3. **Assistez à des conférences et des ateliers** : Participez à des conférences, des séminaires et des ateliers pour apprendre des experts de l'industrie, découvrir les dernières innovations et élargir votre réseau professionnel.
4. **Obtenez des certifications** : Les certifications professionnelles peuvent renforcer votre CV et prouver votre expertise. Identifiez les certifications les plus pertinentes pour votre domaine et investissez du temps pour les obtenir.
5. **Participez à des webinaires** : Les webinaires sont une excellente façon d'acquérir de nouvelles connaissances sans quitter votre bureau. Recherchez des webinaires pertinents pour votre secteur et inscrivez-vous régulièrement.
6. **Rejoignez des groupes professionnels** : Adhérez à des associations professionnelles et des groupes de discussion en ligne pour échanger avec

d'autres professionnels, partager des idées et apprendre des meilleures pratiques de l'industrie.

7. **Pratiquez des projets personnels** : Travaillez sur des projets personnels ou des side projects qui vous permettent d'appliquer et d'expérimenter de nouvelles compétences. Cela peut inclure le développement de logiciels, la création d'un blog ou le lancement d'une petite entreprise.

8. **Mentorez et formez les autres** : Enseigner aux autres est une excellente façon de renforcer vos propres compétences. Devenez mentor ou formateur dans votre domaine et partagez vos connaissances avec vos collègues ou des débutants.

9. **Fixez des objectifs d'apprentissage** : Établissez des objectifs clairs et mesurables pour votre développement professionnel. Par exemple, vous pouvez viser à apprendre une nouvelle compétence technique chaque trimestre ou à lire un certain nombre de livres par an.

10. **Utilisez des applications d'apprentissage** : Des applications comme Duolingo, Khan Academy, Memrise et Quizlet peuvent vous aider à apprendre de nouvelles compétences de manière interactive et engageante.

11. **Sollicitez des retours** : Demandez régulièrement des retours à vos collègues, supérieurs et mentors sur votre performance et vos compétences. Utilisez ces retours pour identifier les domaines où vous pouvez vous améliorer et pour orienter votre apprentissage.

12. **Explorez des disciplines connexes** : Ne limitez pas votre apprentissage à votre domaine principal. Explorez des disciplines connexes ou complémentaires qui peuvent enrichir votre expertise et vous donner une perspective plus large.

13. **Adoptez la mentalité de l'apprentissage tout au long de la vie** : Considérez l'apprentissage comme un processus continu et non comme une tâche ponctuelle. Soyez curieux, posez des questions et cherchez constamment à élargir vos connaissances et compétences.

Ressources pour l'Apprentissage Continu

- **Blinkist** : Permet de découvrir les idées essentielles de milliers de livres de développement personnel, business, finance, management et productivité en quelques minutes.
- **Feedly** : Agrège les meilleurs blogs, médias spécialisés et sources d'information afin de suivre les évolutions de votre secteur d'activité en temps réel.
- **Substack** : Donne accès à des newsletters rédigées par des experts reconnus dans pratiquement tous les domaines professionnels et entrepreneuriaux.
- **MasterClass** : Offre l'opportunité d'apprendre auprès d'entrepreneurs, dirigeants, artistes et spécialistes mondialement reconnus à travers des formations de grande qualité.
- **TED** : Bibliothèque de conférences inspirantes couvrant l'innovation, le leadership, la technologie, la science, l'économie et le développement personnel.
- **Quizlet** : Application permettant de mémoriser efficacement des connaissances grâce à des fiches interactives et des techniques de répétition espacée.

20. DEVENEZ UN LEADER : LA GESTION PEUT MENER À DES RÔLES MIEUX RÉMUNÉRÉS.

En devenant un leader efficace, vous pouvez non seulement augmenter vos chances d'accéder à des rôles mieux rémunérés, mais aussi avoir un impact positif sur votre équipe et votre organisation. Utilisez ces conseils et ressources pour développer vos compétences en leadership et atteindre vos objectifs professionnels.

Conseils et astuces pour devenir un leader :

1. **Développez des compétences en communication** : Un bon leader sait bien communiquer. Travaillez sur vos compétences en écoute active, en prise de parole en public et en rédaction. La clarté et l'efficacité de votre communication sont essentielles pour diriger une équipe.

2. **Acquérez des compétences en gestion de projet** : Comprendre comment planifier, exécuter et évaluer des projets est crucial pour tout leader. Suivez des cours en gestion de projet et obtenez des certifications comme PMP (Project Management Professional) ou PRINCE2.

3. **Montrez l'exemple** : Soyez un modèle de comportement pour votre équipe. Faites preuve de professionnalisme, d'intégrité et de dévouement. Votre équipe sera plus encline à vous suivre si vous montrez l'exemple.

4. **Prenez des initiatives** : Ne vous contentez pas de suivre les instructions. Proposez des solutions innovantes et prenez des initiatives pour améliorer les processus et les résultats de votre équipe.

5. **Écoutez et soyez empathique** : Un bon leader comprend et respecte les besoins et les préoccupations de son équipe. Pratiquez l'empathie et montrez que vous êtes là pour soutenir et guider vos collègues.

6. **Développez vos compétences en résolution de conflits** : Les conflits sont inévitables dans toute organisation. Apprenez à gérer et à résoudre les conflits de manière constructive pour maintenir une atmosphère de travail positive.

7. **Investissez dans votre développement personnel** : Suivez des formations en leadership, lisez des livres sur le management et participez à des ateliers de développement personnel. Des ressources comme Coursera, Udemy, et LinkedIn Learning offrent de nombreux cours sur le leadership.

8. **Demandez et donnez des retours constructifs** : Sollicitez régulièrement des retours de vos supérieurs et collègues pour identifier vos points forts et vos axes d'amélioration. De même, donnez des retours constructifs à votre équipe pour les aider à grandir.

9. **Construisez un réseau solide** : Entourez-vous d'autres leaders et professionnels expérimentés. Participez à des groupes professionnels, des associations et des événements de réseautage pour échanger des idées et apprendre des autres.
10. **Fixez des objectifs clairs** : Définissez des objectifs précis et mesurables pour vous-même et pour votre équipe. Cela vous aidera à rester concentré et à motiver votre équipe vers l'atteinte de ces objectifs.
11. **Soyez adaptable et ouvert au changement** : Les leaders doivent être capables de s'adapter rapidement aux changements. Montrez que vous êtes flexible et capable de gérer les incertitudes de manière positive.
12. **Encouragez et valorisez votre équipe** : Reconnaissez et récompensez les contributions de votre équipe. Un leader qui valorise ses employés favorise un environnement de travail positif et motivant.
13. **Pratiquez le mentorat** : En mentorant d'autres personnes dans votre organisation, vous renforcez vos compétences en leadership et aidez à développer les talents de votre équipe. Le mentorat est une excellente façon de transmettre vos connaissances et d'inspirer les autres.
14. **Prenez des décisions réfléchies** : Un bon leader prend des décisions basées sur des analyses et des faits. Prenez le temps de bien comprendre les enjeux avant de prendre une décision importante.
15. **Soyez responsable et tenez vos promesses** : La fiabilité et la responsabilité sont des traits de leadership importants. Tenez vos engagements et assumez la responsabilité de vos actions et de celles de votre équipe.

Ressources pour Devenir un Leader

- **Toastmasters International** : Organisation internationale permettant de développer ses compétences en prise de parole en public, en communication et en leadership grâce à des exercices pratiques réguliers.

- **MindTools** : Propose des ressources spécialisées dans le leadership, la gestion d'équipe, la communication, la prise de décision et la résolution de conflits.

- **CoachHub** : Plateforme de coaching professionnel utilisée par de nombreuses entreprises pour accompagner les futurs managers et dirigeants dans leur développement.

- **FranklinCovey** : Référence mondiale en matière de leadership et d'efficacité professionnelle, proposant des formations inspirées notamment du livre The 7 Habits of Highly Effective People.

- **Center for Creative Leadership (CCL)** : Organisme reconnu internationalement pour ses programmes de développement du leadership, du management et de la performance organisationnelle.

- **Leaders Eat Last** de Simon Sinek : Un ouvrage de référence sur la confiance, l'engagement et la création d'équipes performantes.

3. ENTREPRENEURIAT

- LANCEZ VOTRE PROPRE ENTREPRISE
- RÉSOLVEZ UN PROBLÈME
- APPRENEZ DE L'ÉCHEC
- MINIMISEZ LES COÛTS DE DÉMARRAGE
- METTEZ À L'ÉCHELLE INTELLIGEMMENT
- INNOVEZ
- CONCENTREZ-VOUS SUR LE SERVICE CLIENT
- UTILISEZ LES MÉDIAS SOCIAUX
- RECHERCHEZ DES INVESTISSEURS
- APPRENEZ D'AUTRES ENTREPRENEURS

21. LANCEZ VOTRE PROPRE ENTREPRISE : CRÉEZ UNE SOURCE DE REVENU INDÉPENDANTE.

Lancer votre propre entreprise est un défi excitant et gratifiant. En suivant ces conseils et en utilisant les ressources disponibles, vous pouvez augmenter vos chances de succès et créer une source de revenu indépendante et durable.

Conseils et astuces pour lancer votre propre entreprise :

1. **Identifiez une idée d'entreprise viable** : Recherchez des problèmes non résolus ou des besoins insatisfaits dans le marché. Votre idée doit répondre à une demande réelle et offrir une solution unique ou améliorée par rapport à ce qui existe déjà.

2. **Faites une étude de marché** : Analysez le marché pour comprendre vos clients potentiels, la concurrence, et les tendances de l'industrie. Utilisez des sondages, des entretiens et des analyses de données pour valider votre idée.

3. **Élaborez un business plan solide** : Rédigez un business plan détaillé qui décrit votre vision, vos objectifs, votre modèle économique, vos stratégies de marketing, et vos projections financières. Un business plan bien conçu est essentiel pour attirer des investisseurs et guider votre entreprise.

4. **Définissez votre public cible** : Identifiez clairement votre clientèle idéale. Comprenez leurs besoins, leurs préférences et leurs comportements d'achat pour mieux adapter vos produits ou services.

5. **Choisissez une structure juridique** : Sélectionnez une structure juridique adaptée à votre entreprise (auto-entrepreneur, SARL, SAS, etc.). Chaque structure a des implications fiscales, légales et administratives différentes.

6. **Obtenez le financement nécessaire** : Évaluez combien de capital vous avez besoin pour démarrer et gérer votre entreprise jusqu'à ce qu'elle devienne rentable. Explorez différentes options de financement, telles que les prêts bancaires, les investisseurs privés, les subventions et le financement participatif.

7. **Construisez une présence en ligne** : Créez un site web professionnel et utilisez les médias sociaux pour promouvoir votre entreprise. Une présence en ligne solide est cruciale pour attirer et fidéliser des clients.
8. **Développez une stratégie marketing** : Élaborer une stratégie de marketing qui inclut le SEO, les médias sociaux, le marketing de contenu, le marketing par e-mail et la publicité en ligne. Utilisez des outils d'analyse pour suivre et optimiser vos campagnes marketing.
9. **Testez et adaptez votre produit ou service** : Avant de lancer officiellement votre entreprise, effectuez des tests bêta ou des essais pilotes pour recueillir des retours et apporter des améliorations. Soyez prêt à ajuster votre offre en fonction des retours des clients.
10. **Construisez une équipe compétente** : Entourez-vous de personnes talentueuses et passionnées qui partagent votre vision. Recrutez des employés ou des partenaires ayant des compétences complémentaires aux vôtres.
11. **Surveillez vos finances** : Gérez soigneusement votre trésorerie et surveillez vos dépenses. Utilisez des logiciels de comptabilité pour suivre vos finances et préparer des rapports financiers réguliers.
12. **Restez informé et adaptable** : Le monde des affaires est en constante évolution. Restez informé des tendances de l'industrie et des nouvelles technologies. Soyez prêt à adapter votre stratégie en fonction des changements du marché.
13. **Respectez les réglementations** : Assurez-vous que votre entreprise est conforme à toutes les lois et réglementations locales, nationales et internationales. Consultez des experts juridiques si nécessaire pour éviter les problèmes légaux.
14. **Créez une culture d'entreprise positive** : Favorisez un environnement de travail positif et motivant. La culture d'entreprise a un impact significatif sur la satisfaction des employés et la performance de l'entreprise.

15. **Demandez des conseils et du soutien** : Rejoignez des réseaux d'entrepreneurs et des incubateurs d'entreprises. Obtenez des conseils de mentors et d'autres entrepreneurs expérimentés pour éviter les erreurs courantes et accélérer votre croissance.

Ressources pour Lancer Votre Propre Entreprise

- **Business Model Canvas** : Outil visuel permettant de construire, tester et faire évoluer rapidement un modèle économique avant d'investir du temps et de l'argent dans un projet.

- **Bpifrance Création** : Référence incontournable en France pour les entrepreneurs. Propose des guides pratiques, des modèles financiers, des formations et des informations sur les aides à la création d'entreprise.

- **Legalstart** : Plateforme permettant de créer une entreprise, réaliser des formalités administratives et accéder à de nombreuses ressources juridiques destinées aux entrepreneurs.

- **LivePlan** : Logiciel spécialisé dans la création de business plans, de prévisions financières et de tableaux de bord de pilotage pour les dirigeants.

- **Indie Hackers** : Communauté mondiale d'entrepreneurs partageant leurs réussites, leurs échecs, leurs stratégies de croissance et leurs modèles économiques.

22. RÉSOLVEZ UN PROBLÈME : LES MEILLEURES ENTREPRISES RÉPONDENT À UN BESOIN CLAIR.

En résolvant un problème clair, vous créez une entreprise qui répond à un besoin réel et offre une valeur tangible à vos clients. Utilisez ces conseils et ressources pour identifier les problèmes pertinents, développer des solutions efficaces et construire une entreprise réussie.

Conseils et astuces pour résoudre un problème avec votre entreprise :

1. **Identifiez les problèmes réels** : Parlez à votre public cible pour comprendre leurs défis et frustrations. Utilisez des enquêtes, des entretiens, et des groupes de discussion pour recueillir des informations sur les problèmes qu'ils rencontrent régulièrement.

2. **Analysez les tendances du marché** : Suivez les tendances et les évolutions de votre secteur pour identifier les problèmes émergents et les besoins non satisfaits. Utilisez des rapports d'industrie, des blogs spécialisés et des études de marché pour rester informé.

3. **Utilisez votre propre expérience** : Parfois, les meilleures idées d'entreprise viennent des problèmes que vous avez personnellement rencontrés. Réfléchissez à vos propres expériences et cherchez des solutions aux défis que vous avez surmontés.

4. **Observez vos concurrents** : Analysez ce que font vos concurrents et identifiez les lacunes dans leurs offres. Cherchez des moyens d'améliorer les solutions existantes ou de proposer quelque chose de complètement nouveau.

5. **Brainstorming et mind mapping** : Organisez des sessions de brainstorming avec votre équipe ou vos collègues pour générer des idées de solutions innovantes. Utilisez des outils de mind mapping pour visualiser les connexions entre les problèmes et les solutions potentielles.

6. **Prototype et testez vos idées** : Avant de lancer une solution à grande échelle, créez un prototype ou une version minimale viable (MVP) de votre produit ou

service. Testez-le auprès d'un groupe restreint de clients pour recueillir des retours et apporter des améliorations.

7. **Écoutez les retours des clients** : Les retours des clients sont essentiels pour affiner votre produit ou service. Écoutez attentivement leurs commentaires et utilisez-les pour itérer et améliorer votre offre.
8. **Créez une proposition de valeur claire** : Définissez clairement ce qui rend votre solution unique et pourquoi elle est meilleure que les alternatives existantes. Votre proposition de valeur doit répondre directement aux besoins et aux désirs de vos clients.
9. **Focus sur l'impact** : Concentrez-vous sur la manière dont votre solution améliore la vie de vos clients ou résout leurs problèmes. Les clients sont plus susceptibles de s'engager avec des produits et services qui ont un impact tangible sur leurs vies.
10. **Éduquez votre marché** : Parfois, les clients ne réalisent pas qu'ils ont un problème ou ne connaissent pas la solution. Utilisez des stratégies de marketing de contenu pour éduquer votre marché sur le problème et la manière dont votre solution peut les aider.
11. **Soyez prêt à pivoter** : Si votre solution initiale ne résonne pas avec votre public cible, soyez prêt à pivoter et à explorer d'autres problèmes ou approches. La flexibilité et l'adaptabilité sont cruciales dans le parcours entrepreneurial.
12. **Utilisez les technologies et innovations récentes** : Intégrez les dernières technologies et innovations dans votre solution pour la rendre plus efficace et attractive. Restez informé des avancées technologiques et explorez comment elles peuvent être appliquées à votre problème.
13. **Mesurez les résultats** : Utilisez des métriques et des indicateurs de performance clés (KPI) pour mesurer l'impact de votre solution. Analysez les données pour comprendre ce qui fonctionne et ce qui doit être amélioré.

14. **Scalabilité et durabilité** : Assurez-vous que votre solution est scalable et durable à long terme. Pensez à la manière dont vous pouvez étendre votre solution à un marché plus large et la maintenir efficace au fil du temps.

Ressources pour Résoudre des Problèmes avec Votre Entreprise

- **Design Thinking Bootleg** : Guide pratique développé par la Stanford d.school pour apprendre à identifier les besoins réels des utilisateurs et concevoir des solutions innovantes centrées sur le client.
- **The Lean Startup** de Eric Ries : Ouvrage de référence expliquant comment tester rapidement une idée, créer un produit minimum viable (MVP) et améliorer son offre grâce aux retours des clients.
- **Harvard Business Review** : Source reconnue d'articles, d'études de cas et d'analyses sur l'innovation, la stratégie, le développement de produits et la résolution de problèmes complexes.
- **Google Trends** : Permet d'identifier les tendances de recherche, les sujets émergents et les besoins croissants des consommateurs avant qu'ils ne deviennent des marchés saturés.
- **Miro** : Outil collaboratif de cartographie visuelle permettant de réaliser des brainstormings, des cartes mentales, des parcours clients (Customer Journey Maps) et des ateliers de Design Thinking.
- **AnswerThePublic** : Analyse les questions réellement posées par les internautes sur Google afin d'identifier les problèmes, besoins et préoccupations de clients potentiels.

23. APPRENEZ DE L'ÉCHEC : NE LAISSEZ PAS LES REVERS VOUS ARRÊTER.

Apprendre de l'échec est une compétence essentielle pour tout entrepreneur. En adoptant une approche proactive et positive, vous pouvez transformer les revers en opportunités de croissance et de succès. Utilisez ces conseils et ressources pour surmonter les échecs et continuer à progresser dans votre parcours entrepreneurial.

Conseils et astuces pour apprendre de l'échec :

1. **Adoptez une mentalité de croissance** : Voyez l'échec comme une opportunité d'apprentissage plutôt qu'un signe de faiblesse. Comprenez que chaque échec est une étape vers le succès et une chance d'améliorer vos compétences et stratégies.

2. **Analysez les causes de l'échec** : Prenez le temps d'analyser ce qui n'a pas fonctionné. Identifiez les erreurs spécifiques, les décisions incorrectes, et les facteurs externes qui ont contribué à l'échec. Cette analyse vous aidera à éviter les mêmes erreurs à l'avenir.

3. **Demandez des retours** : Sollicitez des retours honnêtes de vos collègues, mentors, et clients. Leur perspective peut offrir des insights précieux que vous n'aviez pas considérés. Utilisez ces retours pour ajuster vos stratégies et améliorer vos performances.

4. **Adaptez et pivotez** : Si une stratégie ou un produit échoue, soyez prêt à pivoter et à explorer de nouvelles approches. La flexibilité et l'adaptabilité sont essentielles pour surmonter les échecs et trouver des solutions alternatives.

5. **Prenez des mesures correctives** : Après avoir analysé les causes de l'échec, définissez des actions concrètes pour corriger les erreurs et éviter qu'elles ne se reproduisent. Mettez en place des plans d'action pour améliorer vos processus et stratégies.

6. **Restez résilient** : La résilience est clé pour surmonter les échecs. Maintenez une attitude positive, gardez votre motivation intacte et continuez à avancer malgré les revers. La persévérance est souvent ce qui distingue les entrepreneurs à succès.

7. **Tirez des leçons des échecs des autres** : Étudiez les histoires d'autres entrepreneurs qui ont connu des échecs et apprenez comment ils les ont surmontés. Des livres, des articles, et des podcasts peuvent fournir des exemples inspirants et des stratégies pour gérer l'échec.

8. **Partagez vos expériences** : Parler de vos échecs avec d'autres entrepreneurs peut non seulement vous aider à mettre les choses en perspective, mais aussi à recevoir des conseils et du soutien. Participer à des groupes de discussion ou à des réseaux professionnels peut être très bénéfique.

9. **Évitez l'auto-culpabilisation** : L'échec fait partie intégrante du parcours entrepreneurial. Ne vous blâmez pas excessivement pour les revers. Reconnaissez les erreurs, mais ne laissez pas la culpabilité vous paralyser. Concentrez-vous sur ce que vous pouvez apprendre et comment vous pouvez vous améliorer.

10. **Célébrez les petites victoires** : Après un échec, il est important de reconnaître et de célébrer les petits succès et progrès. Cela vous aidera à maintenir un moral positif et à rester motivé.

11. **Maintenez une vision à long terme** : Ne laissez pas les échecs à court terme obscurcir votre vision à long terme. Restez concentré sur vos objectifs globaux et continuez à travailler vers votre mission, en ajustant votre approche au besoin.

12. **Prenez soin de vous** : L'échec peut être stressant et démoralisant. Assurez-vous de prendre soin de votre bien-être mental et physique. Pratiquez des activités qui vous relaxent et vous rechargent, comme le sport, la méditation, ou passer du temps avec des proches.

Ressources pour Apprendre de l'Échec

- **Failing Forward** de John C. Maxwell : Un ouvrage de référence expliquant comment transformer les erreurs et les échecs en opportunités d'apprentissage et de progression.

- **Grit** de Angela Duckworth : Explore le rôle de la persévérance, de la résilience et de la détermination dans la réussite à long terme.

- **How I Built This** : Podcast dans lequel des entrepreneurs de renom racontent les difficultés, erreurs et échecs qu'ils ont rencontrés avant de bâtir des entreprises prospères.

- **TED** : Bibliothèque de conférences inspirantes sur la résilience, l'échec, le courage et le développement personnel, présentées par des experts et des entrepreneurs du monde entier.

- **Failory** : Plateforme spécialisée dans les histoires d'échecs entrepreneuriaux, permettant d'apprendre des erreurs réelles commises par des fondateurs de startups et de PME.

- **Founders Podcast** : Podcast analysant les parcours de grands entrepreneurs, leurs succès mais aussi les erreurs et revers qui ont façonné leur réussite.

24. MINIMISEZ LES COÛTS DE DÉMARRAGE : DÉMARREZ PETIT SI NÉCESSAIRE.

En minimisant vos coûts de démarrage, vous pouvez allouer plus de ressources à des aspects critiques de votre entreprise et augmenter vos chances de succès à long terme. Utilisez ces conseils et ressources pour démarrer votre entreprise de manière économique et efficace.

Conseils et astuces pour minimiser les coûts de démarrage :

1. **Commencez par une étude de marché approfondie** : Avant de lancer votre entreprise, faites des recherches approfondies pour comprendre votre marché, identifier vos clients cibles et évaluer la concurrence. Cela vous aidera à éviter des dépenses inutiles.
2. **Lancez une version minimalement viable (MVP)** : Au lieu de développer un produit ou service complet, commencez par une version minimalement viable qui répond aux besoins de base de vos clients. Testez cette version pour recueillir des retours et améliorer votre offre avant d'investir davantage.
3. **Utilisez des outils gratuits et peu coûteux** : Profitez des nombreux outils gratuits ou à faible coût disponibles pour les petites entreprises, tels que les plateformes de gestion de projet (Trello, Asana), les logiciels de comptabilité (Wave, Zoho Books) et les services de marketing par e-mail (Mailchimp, Sendinblue).
4. **Sous-traitez des tâches spécifiques** : Plutôt que d'embaucher des employés à temps plein, envisagez de sous-traiter certaines tâches à des freelances ou des agences spécialisées. Des plateformes comme Upwork, Fiverr et Freelancer peuvent vous aider à trouver des talents à des coûts raisonnables.
5. **Travaillez à domicile** : Évitez les frais de location d'un bureau en travaillant depuis chez vous ou en utilisant des espaces de coworking à court terme. Cela peut réduire considérablement vos coûts fixes.

6. **Négociez avec les fournisseurs** : Lorsque vous achetez des biens ou des services, n'hésitez pas à négocier les prix avec les fournisseurs. Cherchez des remises pour les achats en gros ou des conditions de paiement plus favorables.
7. **Utilisez le bootstraping** : Financez votre entreprise avec vos propres économies et les revenus générés par l'activité plutôt que de recourir immédiatement à des prêts ou des investisseurs. Cela vous permettra de conserver un contrôle total sur votre entreprise et d'éviter des dettes importantes.
8. **Apprenez des compétences clés** : Investissez du temps pour apprendre des compétences essentielles comme le marketing, la comptabilité ou le développement web. Cela peut vous éviter d'avoir à payer des services externes pour ces tâches.
9. **Collaborez avec d'autres startups** : Partagez des ressources, des bureaux et des équipements avec d'autres startups pour réduire les coûts. Les incubateurs et les accélérateurs d'entreprises peuvent offrir des opportunités de collaboration et de soutien à faible coût.
10. **Recherchez des subventions et des aides** : Informez-vous sur les subventions, les prêts à faible intérêt et les aides disponibles pour les startups dans votre secteur ou votre région. Ces fonds peuvent vous aider à couvrir certains coûts initiaux sans grever votre budget.
11. **Adoptez le marketing digital** : Utilisez des stratégies de marketing numérique peu coûteuses, comme le marketing sur les réseaux sociaux, le SEO (optimisation pour les moteurs de recherche) et le marketing de contenu, pour promouvoir votre entreprise sans dépenser une fortune en publicité traditionnelle.
12. **Révisez régulièrement vos dépenses** : Surveillez de près vos dépenses et ajustez votre budget régulièrement. Identifiez les domaines où vous pouvez réduire les coûts et réinvestissez ces économies dans des aspects essentiels de votre entreprise.
13. **Utilisez des logiciels en mode SaaS** : Optez pour des logiciels en tant que service (SaaS) qui offrent des solutions flexibles et évolutives à un coût mensuel

fixe, plutôt que d'investir dans des logiciels coûteux avec des licences permanentes.

14. **Tirez parti des offres et des essais gratuits** : Profitez des offres promotionnelles et des périodes d'essai gratuites pour tester des outils et des services avant de vous engager financièrement.

Ressources pour Minimiser les Coûts de Démarrage

- **Fiverr** : Permet de trouver rapidement des freelances pour des missions ponctuelles telles que la création d'un logo, la rédaction de contenus, le montage vidéo ou le développement web à des tarifs accessibles.
- **Upwork** : Plateforme internationale donnant accès à des milliers de freelances spécialisés dans pratiquement tous les domaines nécessaires au lancement d'une entreprise.
- **Malt** : Référence en France pour trouver des experts indépendants en marketing, développement, design, finance ou gestion de projet sans avoir à recruter immédiatement.
- **Zoho Books** : Solution de comptabilité abordable permettant de gérer ses factures, dépenses et flux financiers dès les premiers mois d'activité.
- **Brevo** (anciennement Sendinblue) : Outil de marketing par e-mail proposant une offre gratuite adaptée aux jeunes entreprises souhaitant développer leur clientèle sans investissement important.
- **Bpifrance Création** : Met à disposition des guides, des aides, des financements et des ressources pratiques pour limiter les coûts liés au lancement d'une activité.

25. METTEZ À L'ÉCHELLE INTELLIGEMMENT : CROÎTRE TROP RAPIDEMENT PEUT ÊTRE DANGEREUX.

Mettre à l'échelle intelligemment implique une planification minutieuse, une exécution précise et une gestion proactive des risques. Utilisez ces conseils et ressources pour assurer une croissance durable et réussie de votre entreprise.

Conseils et astuces pour mettre à l'échelle intelligemment :

1. **Évaluez votre capacité actuelle** : Avant de penser à l'expansion, évaluez vos capacités actuelles en termes de personnel, de production et de finances. Assurez-vous que votre entreprise peut gérer une croissance sans compromettre la qualité ou la satisfaction des clients.

2. **Définissez des objectifs clairs** : Fixez des objectifs de croissance précis, mesurables, atteignables, pertinents et temporels (SMART). Cela vous aidera à rester concentré et à suivre vos progrès.

3. **Analysez le marché** : Effectuez des études de marché approfondies pour comprendre la demande potentielle, la concurrence et les tendances. Utilisez ces informations pour informer vos décisions d'expansion.

4. **Automatisez les processus** : Identifiez les processus répétitifs et chronophages qui peuvent être automatisés. Utilisez des logiciels de gestion d'entreprise pour améliorer l'efficacité et réduire les erreurs.

5. **Renforcez votre équipe** : Avant de croître, assurez-vous d'avoir une équipe solide en place. Recrutez des talents clés et formez vos employés existants pour qu'ils soient prêts à gérer une charge de travail accrue.

6. **Optimisez vos finances** : Assurez-vous d'avoir une gestion financière solide. Maintenez des flux de trésorerie positifs et assurez-vous que vous avez accès à des lignes de crédit ou à d'autres sources de financement en cas de besoin.

7. **Testez de nouveaux marchés** : Avant de vous lancer pleinement dans un nouveau marché, effectuez des tests à petite échelle. Cela peut inclure des

lancements de produits pilotes ou des campagnes marketing ciblées pour évaluer la réponse du marché.

8. **Priorisez la satisfaction client** : Maintenez un haut niveau de satisfaction client pendant la croissance. Les clients fidèles et satisfaits peuvent devenir des ambassadeurs de votre marque et contribuer à la croissance par le bouche-à-oreille.

9. **Surveillez les indicateurs clés de performance (KPI)** : Utilisez des KPI pour suivre les aspects critiques de votre entreprise, tels que les ventes, les marges bénéficiaires, la satisfaction client et la performance des employés. Ajustez vos stratégies en fonction des données.

10. **Soyez prêt à pivoter** : La flexibilité est essentielle. Si une stratégie de croissance ne fonctionne pas, soyez prêt à pivoter et à essayer une approche différente.

11. **Établissez des partenariats stratégiques** : Collaborez avec d'autres entreprises ou partenaires stratégiques pour accéder à de nouveaux marchés, partager des ressources et réduire les risques.

12. **Contrôlez les coûts** : Surveillez de près vos coûts opérationnels pour éviter les dépenses inutiles. Cherchez des moyens d'optimiser l'efficacité et de réduire les dépenses sans sacrifier la qualité.

13. **Maintenez une culture d'entreprise solide** : Assurez-vous que la culture de votre entreprise reste forte et cohérente pendant la croissance. Communiquez clairement vos valeurs et impliquez votre équipe dans le processus de croissance.

14. **Préparez des plans d'urgence** : Ayez des plans de secours en place pour faire face aux imprévus. Cela peut inclure des plans de continuité des activités, des réserves financières et des stratégies de gestion des crises.

15. **Apprenez des autres entreprises** : Étudiez les parcours d'autres entreprises qui ont réussi à mettre à l'échelle intelligemment. Apprenez de leurs succès et de leurs erreurs pour éviter les pièges courants.

Ressources pour Mettre à l'Échelle Intelligemment

- **HubSpot** : Plateforme CRM permettant d'automatiser les ventes, le marketing et le service client afin de soutenir la croissance sans multiplier les tâches manuelles.
- **Xero** : Logiciel de gestion financière conçu pour aider les entrepreneurs à suivre leur trésorerie, leurs dépenses et leurs indicateurs financiers pendant les phases de croissance.
- **Notion** : Outil centralisant procédures, documentation, gestion des connaissances et suivi des projets, particulièrement utile lorsque les équipes grandissent.
- **Zapier** : Permet d'automatiser les tâches répétitives entre différentes applications sans compétences techniques, ce qui améliore l'efficacité opérationnelle à moindre coût.
- **Scale at Speed** de Nick Bradley : Ressource reconnue pour comprendre les mécanismes de croissance durable et éviter les erreurs fréquentes lors du passage à l'échelle.
- **McKinsey Insights** : Bibliothèque d'articles et d'études sur la croissance des entreprises, la stratégie, l'organisation et la transformation à grande échelle.

26. INNOVER : DISTINGUEZ-VOUS DE LA CONCURRENCE.

En intégrant ces conseils et en utilisant ces ressources, vous pouvez stimuler l'innovation au sein de votre entreprise, vous distinguer de la concurrence et créer des produits et services qui répondent mieux aux besoins de vos clients.

Conseils et astuces pour innover et se distinguer de la concurrence :

1. **Encouragez une culture de l'innovation** : Créez un environnement où les idées nouvelles sont encouragées et valorisées. Favorisez la prise de risques calculés et soutenez les initiatives innovantes de vos employés.
2. **Investissez dans la recherche et le développement (R&D)** : Allouez des ressources spécifiques à la R&D pour explorer de nouvelles technologies, produits et services. Une recherche constante peut conduire à des innovations révolutionnaires.
3. **Écoutez vos clients** : Utilisez les retours clients pour identifier les besoins non satisfaits et les opportunités d'amélioration. Implémentez des systèmes pour recueillir régulièrement des avis et des suggestions.
4. **Analysez la concurrence** : Étudiez vos concurrents pour comprendre ce qu'ils font bien et où ils manquent. Utilisez ces informations pour trouver des opportunités de différenciation.
5. **Embauchez des talents créatifs** : Recrutez des personnes ayant des compétences en pensée créative et en résolution de problèmes. Une équipe diversifiée avec différentes perspectives peut générer des idées innovantes.
6. **Collaborez avec des partenaires externes** : Participez à des partenariats avec des universités, des instituts de recherche, des startups et d'autres entreprises pour accéder à des connaissances et des technologies nouvelles.
7. **Utilisez des techniques de brainstorming** : Organisez régulièrement des sessions de brainstorming pour générer des idées nouvelles. Utilisez des

techniques comme le mind mapping, le SCAMPER ou le six thinking hats pour stimuler la créativité.

8. **Adoptez la méthode du design thinking** : Utilisez le design thinking pour aborder les problèmes de manière centrée sur l'utilisateur. Cette approche vous aide à créer des solutions innovantes en comprenant profondément les besoins des utilisateurs.

9. **Expérimentez et prototypez rapidement** : Mettez en œuvre des cycles rapides de test et de prototypage pour valider vos idées innovantes. Les itérations rapides permettent d'affiner les concepts avant de les lancer sur le marché.

10. **Restez à jour avec les tendances technologiques** : Suivez les avancées technologiques et explorez comment elles peuvent être intégrées dans vos produits ou services pour offrir quelque chose de nouveau et de pertinent.

11. **Impliquez tous les niveaux de l'entreprise** : Encouragez tous les employés, quel que soit leur niveau hiérarchique, à proposer des idées et à participer au processus d'innovation. Les meilleures idées peuvent venir de n'importe où dans l'organisation.

12. **Utilisez des outils de gestion de l'innovation** : Adoptez des plateformes et des outils dédiés à la gestion de l'innovation pour suivre les idées, collaborer et gérer les projets innovants.

13. **Mesurez et évaluez l'impact de l'innovation** : Suivez les performances de vos initiatives innovantes à l'aide de KPIs (indicateurs clés de performance). Analysez les résultats pour comprendre ce qui fonctionne et ce qui doit être amélioré.

14. **Apprenez de vos échecs** : Les échecs sont une partie inévitable du processus d'innovation. Analysez les échecs pour en tirer des leçons et ajuster vos stratégies futures.

15. **Communiquez vos innovations** : Faites connaître vos innovations à vos clients et à l'industrie. Utilisez le marketing et les relations publiques pour montrer comment vos innovations vous distinguent de la concurrence.

Ressources pour Innover

- **IDEO U** : Propose des formations pratiques sur l'innovation, la créativité, le design thinking et la résolution de problèmes centrée sur l'utilisateur.
- **MIT OpenCourseWare** : Met gratuitement à disposition des cours du MIT sur l'innovation, l'entrepreneuriat, la technologie et le management.
- **TrendWatching** : Plateforme spécialisée dans l'identification des tendances émergentes, des nouveaux comportements de consommation et des opportunités d'innovation.
- **MindMeister** : Outil de cartographie mentale permettant d'organiser des idées, de stimuler la créativité et de structurer des sessions de brainstorming.
- **Innovation Management** : Bibliothèque de ressources consacrées à l'innovation, à la transformation des entreprises et à la gestion des idées innovantes.
- **Springwise** : Répertorie chaque semaine des innovations remarquables provenant du monde entier afin d'inspirer les entrepreneurs et les dirigeants.

27. CONCENTREZ-VOUS SUR LE SERVICE CLIENT : LES CLIENTS SATISFAITS SONT DES CLIENTS FIDÈLES.

En mettant l'accent sur le service client, vous pouvez créer une base de clients fidèles qui non seulement reviennent, mais recommandent également votre entreprise à d'autres. Utilisez ces conseils et ressources pour améliorer continuellement votre service client et distinguer votre entreprise de la concurrence.

Conseils et astuces pour se concentrer sur le service client :

1. **Écoutez activement vos clients** : Recueillez des retours régulièrement par le biais de sondages, d'entretiens, de commentaires en ligne et de réseaux sociaux. Utilisez ces informations pour comprendre les besoins et les attentes de vos clients.
2. **Offrez une formation continue à votre équipe** : Assurez-vous que tous les membres de votre équipe de service client sont bien formés sur vos produits, vos services et les meilleures pratiques en matière de service à la clientèle.
3. **Personnalisez l'expérience client** : Utilisez les données clients pour offrir des expériences personnalisées. Adaptez vos interactions en fonction des préférences et de l'historique d'achat de chaque client.
4. **Répondez rapidement aux demandes** : Une réponse rapide aux questions et préoccupations des clients montre que vous vous souciez de leurs besoins. Utilisez des outils de gestion des tickets pour suivre et répondre rapidement aux demandes.
5. **Soyez accessible** : Proposez plusieurs canaux de communication (téléphone, e-mail, chat en ligne, réseaux sociaux) pour que les clients puissent vous contacter facilement.
6. **Anticipez les besoins des clients** : Essayez de prévoir les problèmes ou questions que les clients pourraient avoir et fournissez des réponses proactives.

Un service client proactif peut résoudre les problèmes avant qu'ils ne deviennent des plaintes.

7. **Restez courtois et professionnel** : Même face à des clients difficiles, maintenez une attitude courtoise et professionnelle. La façon dont vous traitez les plaintes peut transformer une expérience négative en une opportunité de fidélisation.

8. **Utilisez la technologie pour améliorer le service** : Exploitez des outils CRM (Customer Relationship Management) pour suivre les interactions avec les clients et personnaliser les communications. Utilisez des chatbots pour offrir une assistance 24/7.

9. **Suivez les performances de votre service client** : Utilisez des indicateurs clés de performance (KPI) comme le taux de résolution au premier contact, le temps de réponse moyen et la satisfaction client pour évaluer et améliorer vos services.

10. **Demandez des avis et des témoignages** : Encouragez vos clients satisfaits à laisser des avis et des témoignages. Cela renforce la crédibilité de votre entreprise et peut attirer de nouveaux clients.

11. **Offrez des programmes de fidélité** : Récompensez vos clients fidèles avec des réductions, des offres spéciales et des programmes de fidélité. Cela incite les clients à revenir et à recommander votre entreprise à d'autres.

12. **Faites preuve de transparence** : Soyez honnête et transparent avec vos clients, surtout en cas de problème. Informez-les des délais réalistes et des solutions que vous proposez pour résoudre leurs problèmes.

13. **Surprenez et dépassez les attentes** : De temps en temps, faites des gestes supplémentaires pour surprendre vos clients, comme des cadeaux inattendus, des notes de remerciement personnalisées ou des mises à jour gratuites.

14. **Apprenez de vos erreurs** : Analysez les retours négatifs et les plaintes pour identifier les domaines à améliorer. Montrez à vos clients que vous prenez leurs retours au sérieux et que vous travaillez activement à résoudre les problèmes.

15. **Impliquez toute l'équipe dans le service client** : Faites en sorte que le service client soit une priorité pour toute l'entreprise, pas seulement pour l'équipe dédiée. Chaque employé doit comprendre l'importance de la satisfaction client et contribuer à offrir une excellente expérience.

Ressources pour Améliorer le Service Client

- **Zendesk** : Plateforme de service client permettant de centraliser les demandes, gérer les tickets de support et améliorer la qualité des réponses apportées aux clients.
- **Salesforce Service Cloud** : Solution complète de gestion de la relation client offrant des outils avancés pour le support, le suivi des interactions et la personnalisation de l'expérience client.
- **Intercom** : Plateforme de communication client intégrant messagerie, assistance en direct, automatisation et bases de connaissances pour améliorer l'expérience utilisateur.
- **Qualtrics** : Outil spécialisé dans la mesure de la satisfaction client, les enquêtes de feedback et l'analyse de l'expérience client.
- **Delivering Happiness** de Tony Hsieh : Livre de référence expliquant comment une culture d'entreprise centrée sur le client peut devenir un avantage concurrentiel majeur.
- **The Effortless Experience** de Matthew Dixon : Présente des stratégies concrètes pour simplifier le parcours client et améliorer durablement la satisfaction et la fidélisation.

28. UTILISEZ LES MÉDIAS SOCIAUX : DÉVELOPPEZ VOTRE MARQUE ET INTERAGISSEZ DIRECTEMENT AVEC LES CLIENTS.

En utilisant ces conseils et outils, vous pouvez tirer parti des médias sociaux pour développer votre marque, engager votre audience et interagir directement avec vos clients, ce qui contribuera à la croissance et au succès de votre entreprise.

Conseils et astuces pour utiliser les médias sociaux efficacement :

1. **Choisissez les bonnes plateformes** : Identifiez les plateformes de médias sociaux les plus pertinentes pour votre entreprise et votre public cible. Par exemple, LinkedIn est idéal pour les entreprises B2B, tandis qu'Instagram et Facebook conviennent mieux aux entreprises B2C.
2. **Créez une stratégie de contenu** : Développez un plan de contenu qui inclut des types de publications variées, comme des articles de blog, des infographies, des vidéos, et des témoignages clients. Assurez-vous que votre contenu est pertinent et engageant pour votre public.
3. **Postez régulièrement** : Maintenez une présence active en publiant régulièrement du contenu. Utilisez des outils de planification de publications comme Buffer ou Hootsuite pour planifier vos posts à l'avance et maintenir une cadence cohérente.
4. **Engagez-vous avec votre audience** : Répondez rapidement aux commentaires, messages et mentions. Montrez à votre audience que vous appréciez leurs interactions et que vous êtes là pour répondre à leurs questions et préoccupations.
5. **Utilisez des hashtags pertinents** : Les hashtags peuvent aider à augmenter la visibilité de vos publications. Utilisez des hashtags populaires et spécifiques à votre secteur pour atteindre un public plus large.
6. **Créez du contenu visuel attrayant** : Utilisez des images, des vidéos et des infographies de haute qualité pour capter l'attention de votre audience. Les contenus visuels ont tendance à générer plus d'engagement que les textes seuls.

7. **Partagez des témoignages et des avis clients** : Publiez des témoignages positifs et des avis de clients pour renforcer la crédibilité de votre marque et attirer de nouveaux clients.

8. **Organisez des concours et des promotions** : Utilisez les concours et les promotions pour augmenter l'engagement et attirer de nouveaux abonnés. Assurez-vous que les règles sont claires et que les récompenses sont attractives pour votre public cible.

9. **Analysez les performances de vos publications** : Utilisez les outils d'analyse des réseaux sociaux pour suivre les performances de vos publications. Identifiez les types de contenu qui génèrent le plus d'engagement et ajustez votre stratégie en conséquence.

10. **Utilisez les publicités payantes** : Investissez dans des publicités sur les médias sociaux pour atteindre un public plus large. Les options de ciblage avancées permettent de toucher des segments spécifiques de votre marché cible.

11. **Participez à des groupes et des communautés** : Rejoignez des groupes et des communautés en ligne liés à votre secteur. Participez aux discussions, partagez votre expertise et établissez des relations avec d'autres professionnels.

12. **Collaborez avec des influenceurs** : Identifiez des influenceurs dans votre secteur qui ont une audience pertinente pour votre entreprise. Collaborez avec eux pour promouvoir vos produits ou services et atteindre de nouveaux clients.

13. **Restez authentique et transparent** : Soyez honnête et transparent dans vos communications sur les réseaux sociaux. Les clients apprécient les marques qui montrent leur véritable personnalité et qui sont authentiques dans leurs interactions.

14. **Utilisez des stories et des lives** : Les stories et les vidéos en direct sont des formats populaires qui peuvent augmenter l'engagement. Utilisez-les pour partager des coulisses, des mises à jour en temps réel et des événements spéciaux.

15. **Intégrez des appels à l'action (CTA)** : Incitez votre audience à agir en incluant des appels à l'action clairs dans vos publications, comme s'abonner à votre newsletter, visiter votre site web ou acheter un produit.

Ressources pour Utiliser les Médias Sociaux

- **Hootsuite** : Plateforme permettant de planifier, publier et gérer du contenu sur plusieurs réseaux sociaux depuis une seule interface tout en suivant les performances des publications.
- **Buffer** : Outil simple et efficace pour programmer ses publications, analyser les résultats et maintenir une présence régulière sur les réseaux sociaux.
- **Canva** : Solution de conception graphique intuitive permettant de créer rapidement des visuels professionnels, des carrousels, des stories et des vidéos pour les réseaux sociaux.
- **Sprout Social** : Plateforme avancée de gestion des médias sociaux offrant des fonctionnalités d'analyse, d'écoute sociale, d'engagement client et de reporting.
- **Later** : Outil spécialisé dans la planification et l'optimisation des contenus visuels sur Instagram, TikTok, Pinterest et d'autres plateformes sociales.
- **Social Blade** : Permet d'analyser la croissance des comptes, de suivre les performances des créateurs de contenu et d'étudier les stratégies des concurrents sur plusieurs réseaux sociaux.

29. RECHERCHER DES INVESTISSEURS : PARFOIS, UN FINANCEMENT EXTERNE EST NÉCESSAIRE POUR SE DÉVELOPPER.

En suivant ces conseils et en utilisant ces ressources, vous pouvez augmenter vos chances de trouver des investisseurs adaptés pour soutenir la croissance et le développement de votre entreprise.

Conseils et astuces pour rechercher des investisseurs :

1. **Préparez un business plan solide** : Avant de chercher des investisseurs, assurez-vous d'avoir un business plan détaillé qui décrit votre vision, votre mission, votre marché cible, vos stratégies de croissance et vos projections financières. Un business plan bien préparé montre que vous avez une vision claire de votre entreprise et de ses perspectives de croissance.
2. **Élaborez un pitch percutant** : Créez un pitch de présentation convaincant qui capte l'attention des investisseurs. Votre pitch doit inclure une introduction captivante, une présentation de votre produit ou service, une explication du problème que vous résolvez, votre modèle économique, vos avantages concurrentiels et vos projections financières.
3. **Identifiez les investisseurs potentiels** : Recherchez des investisseurs qui ont un intérêt particulier pour votre secteur d'activité et votre type d'entreprise. Les investisseurs peuvent être des business angels, des sociétés de capital-risque, des fonds d'investissement ou des investisseurs institutionnels.
4. **Utilisez des plateformes de financement** : Inscrivez votre entreprise sur des plateformes de financement participatif comme Kickstarter, Indiegogo, ou des plateformes spécifiques aux startups comme AngelList et Seedrs. Ces plateformes peuvent vous aider à atteindre un large éventail d'investisseurs potentiels.
5. **Participez à des événements de réseautage** : Assistez à des conférences, des salons professionnels, des concours de pitch et d'autres événements de

réseautage où vous pouvez rencontrer des investisseurs potentiels. Ces événements offrent l'opportunité de présenter votre entreprise et de nouer des contacts précieux.

6. **Recherchez des incubateurs et des accélérateurs** : Envisagez de rejoindre un incubateur ou un accélérateur de startups. Ces programmes offrent non seulement du financement, mais aussi du mentorat, des ressources et des opportunités de réseautage avec des investisseurs.
7. **Utilisez votre réseau professionnel** : Utilisez votre réseau existant pour obtenir des recommandations et des introductions auprès d'investisseurs potentiels. Les introductions chaudes de contacts de confiance peuvent souvent mener à des opportunités de financement.
8. **Préparez des documents financiers détaillés** : Les investisseurs voudront voir des documents financiers détaillés, y compris des états financiers, des prévisions de trésorerie et des analyses de rentabilité. Assurez-vous que vos finances sont en ordre et que vous pouvez répondre à toutes les questions potentielles des investisseurs.
9. **Montrez des preuves de traction** : Les investisseurs veulent voir que votre entreprise a déjà un certain niveau de succès. Montrez des preuves de traction, telles que des revenus, des utilisateurs actifs, des partenariats stratégiques ou des témoignages de clients.
10. **Soyez transparent et honnête** : Soyez honnête sur les défis et les risques associés à votre entreprise. Les investisseurs apprécient la transparence et sont plus susceptibles de faire confiance à des entrepreneurs qui présentent une image réaliste de leur entreprise.
11. **Proposez des conditions attractives** : Offrez des termes de financement attractifs qui sont justes pour les investisseurs tout en vous assurant que vous conservez une participation suffisante dans votre entreprise.
12. **Soyez prêt à négocier** : Les négociations font partie intégrante du processus de recherche de financement. Soyez prêt à discuter des conditions et à trouver des compromis qui conviennent à la fois à vous et à vos investisseurs.

13. **Maintenez une communication régulière** : Une fois que vous avez des investisseurs intéressés, maintenez une communication régulière pour les tenir informés de vos progrès et des développements importants. Une communication transparente et fréquente renforce la confiance et la relation avec vos investisseurs.
14. **Pensez à long terme** : Choisissez des investisseurs qui partagent votre vision à long terme pour l'entreprise. Les bons investisseurs apportent non seulement de l'argent, mais aussi des conseils, des contacts et un soutien stratégique.

Ressources pour Rechercher des Investisseurs

- **AngelList** : Plateforme permettant aux startups de se faire connaître auprès d'investisseurs, de recruter des talents et d'accéder à un vaste écosystème entrepreneurial.
- **Seedrs** : Plateforme de financement participatif en actions permettant aux entreprises de lever des fonds auprès d'investisseurs particuliers et professionnels.
- **Crunchbase** : Base de données incontournable pour identifier des investisseurs, analyser les levées de fonds récentes et étudier les entreprises financées dans votre secteur.
- **Gust** : Réseau international mettant en relation entrepreneurs, business angels, fonds d'investissement et organisations de soutien aux startups.
- **OpenVC** : Plateforme gratuite permettant de rechercher des fonds d'investissement et des capital-risqueurs selon leur secteur, leur géographie et leur thèse d'investissement.
- **PitchBook** : Référence mondiale pour l'analyse des marchés privés, du capital-risque, des fusions-acquisitions et de l'activité des investisseurs.

30. APPRENEZ D'AUTRES ENTREPRENEURS : LISEZ LEURS LIVRES, ÉCOUTEZ LEURS PODCASTS.

En apprenant des expériences des autres entrepreneurs, vous pouvez éviter des erreurs courantes, découvrir de nouvelles stratégies et trouver l'inspiration pour surmonter vos propres défis. Utilisez ces conseils et ressources pour enrichir vos connaissances et améliorer vos compétences entrepreneuriales.

Conseils et astuces pour apprendre d'autres entrepreneurs :

1. **Lisez des livres d'entrepreneurs à succès** : Choisissez des livres écrits par des entrepreneurs qui ont réussi. Ces livres offrent des insights précieux sur leurs parcours, leurs stratégies et les leçons qu'ils ont apprises. Recherchez des titres comme "Lean Startup" d'Eric Ries, "Shoe Dog" de Phil Knight, ou "Zero to One" de Peter Thiel.

2. **Écoutez des podcasts d'entrepreneurs** : Les podcasts sont une excellente façon d'apprendre des expériences d'autres entrepreneurs. Écoutez des podcasts populaires comme "How I Built This" de Guy Raz, "The Tim Ferriss Show", ou "Masters of Scale" de Reid Hoffman.

3. **Suivez des blogs et des articles** : De nombreux entrepreneurs partagent leurs idées et expériences sur des blogs personnels ou des plateformes comme Medium. Suivre ces blogs peut vous offrir des conseils pratiques et des inspirations pour votre propre parcours entrepreneurial.

4. **Participez à des conférences et des webinaires** : Assistez à des conférences, des séminaires et des webinaires où des entrepreneurs partagent leurs histoires et leurs stratégies. Ces événements peuvent vous fournir des connaissances actualisées et des opportunités de réseautage.

5. **Rejoignez des communautés en ligne** : Engagez-vous dans des forums et des groupes de discussion en ligne où les entrepreneurs partagent leurs

expériences et conseils. Des plateformes comme Reddit (r/entrepreneur) et des groupes LinkedIn peuvent être des ressources précieuses.

6. **Prenez des cours en ligne** : De nombreux entrepreneurs proposent des cours en ligne sur des plateformes comme Udemy, Coursera, et MasterClass. Ces cours couvrent une variété de sujets liés à l'entrepreneuriat et peuvent vous aider à développer vos compétences.

7. **Regardez des documentaires et des interviews** : De nombreux documentaires et interviews vidéo présentent des entrepreneurs à succès. Ces formats peuvent offrir des perspectives uniques sur leurs défis et réussites. Recherchez des séries comme "Inside Bill's Brain: Decoding Bill Gates" ou des interviews sur YouTube.

8. **Étudiez les études de cas** : Les études de cas détaillent les succès et les échecs des entreprises et des entrepreneurs. Elles sont souvent disponibles dans les publications académiques et les livres de management.

9. **Trouvez des mentors** : Cherchez des mentors expérimentés dans votre domaine qui peuvent partager leurs connaissances et vous guider. Un mentorat direct peut offrir des conseils personnalisés et des feedbacks constructifs.

10. **Impliquez-vous dans des réseaux professionnels** : Rejoignez des associations et des réseaux d'entrepreneurs pour échanger des idées et apprendre des autres. Participer activement à ces réseaux peut vous exposer à des expériences diverses et à des solutions créatives.

11. **Appliquez les leçons apprises** : Mettez en pratique ce que vous apprenez des autres entrepreneurs. Expérimentez avec différentes stratégies et techniques pour voir ce qui fonctionne le mieux pour votre entreprise.

12. **Prenez des notes et réfléchissez** : Lorsque vous lisez un livre, écoutez un podcast ou assistez à un événement, prenez des notes sur les points clés et les idées qui vous semblent pertinentes. Réfléchissez régulièrement à ces leçons et comment elles peuvent s'appliquer à votre situation.

13. **Partagez vos propres expériences** : En partageant vos propres réussites et échecs, vous pouvez contribuer à la communauté des entrepreneurs tout en renforçant votre compréhension des concepts. Écrire des articles de blog ou participer à des podcasts peut également renforcer votre réseau.

14. **Évaluez et ajustez régulièrement** : Revoyez régulièrement ce que vous avez appris et comment vous l'avez appliqué. Ajustez vos stratégies en fonction des résultats obtenus et des nouvelles informations que vous continuez à acquérir.

Ressources pour Apprendre d'Autres Entrepreneurs

- **Goodreads** : Permet de découvrir les livres les plus recommandés par les entrepreneurs, consulter les avis des lecteurs et construire sa propre bibliothèque entrepreneuriale.

- **Podchaser** : Répertoire de podcasts permettant de trouver facilement des émissions consacrées à l'entrepreneuriat, à l'innovation et au développement d'entreprise.

- **Medium** : Plateforme où des entrepreneurs, dirigeants et investisseurs partagent régulièrement leurs expériences, leurs stratégies et leurs leçons apprises.

- **How I Built This** : Podcast dans lequel des fondateurs d'entreprises mondialement connues racontent les succès, les erreurs et les défis rencontrés tout au long de leur parcours.

- **Founders Podcast** : Analyse approfondie de la vie et des stratégies de certains des plus grands entrepreneurs de l'histoire afin d'en tirer des enseignements pratiques.

- **Starter Story** : Plateforme regroupant des milliers d'études de cas détaillées d'entrepreneurs expliquant comment ils ont créé, développé et parfois transformé leur entreprise.

4. INVESTISSEMENTS

- INVESTISSEZ EN BOURSE
- CONSIDÉREZ L'IMMOBILIER
- EXPLOREZ LES OBLIGATIONS
- ESSAYEZ LE FINANCEMENT PARTICIPATIF
- INVESTISSEZ DANS DES FONDS MUTUELS
- OPTEZ POUR DES FONDS INDICIELS
- EXAMINEZ LES ETFS (FONDS NÉGOCIÉS EN BOURSE)
- PENSEZ À L'IMMOBILIER LOCATIF
- CONSIDÉREZ LES INVESTISSEMENTS ALTERNATIFS
- UTILISEZ LA RÈGLE DES 4 %

31. INVESTISSEZ EN BOURSE : LES ACTIONS OFFRENT UN POTENTIEL DE CROISSANCE À LONG TERME.

En suivant ces conseils et en utilisant ces ressources, vous pouvez investir en bourse de manière informée et stratégique, augmentant ainsi vos chances de réaliser une croissance à long terme de votre capital.

Conseils et astuces pour investir en bourse :

1. **Éduquez-vous sur les bases de la bourse** : Avant de commencer à investir, prenez le temps d'apprendre les principes fondamentaux du marché boursier. Lisez des livres, suivez des cours en ligne et consultez des ressources fiables pour comprendre comment fonctionne la bourse.
2. **Définissez vos objectifs financiers** : Déterminez vos objectifs d'investissement à long terme, comme l'épargne-retraite, l'achat d'une maison ou l'éducation des enfants. Vos objectifs influenceront vos stratégies d'investissement et votre tolérance au risque.
3. **Établissez un budget d'investissement** : Décidez combien d'argent vous pouvez vous permettre d'investir sans compromettre vos dépenses quotidiennes et votre épargne d'urgence. Investissez uniquement de l'argent que vous pouvez vous permettre de perdre.
4. **Diversifiez votre portefeuille** : Ne mettez pas tous vos œufs dans le même panier. Investissez dans une variété d'actions provenant de différents secteurs et régions pour réduire le risque global de votre portefeuille.
5. **Choisissez entre les actions individuelles et les fonds communs de placement** : Si vous n'avez pas le temps ou l'expertise pour sélectionner des actions individuelles, envisagez d'investir dans des fonds communs de placement ou des fonds négociés en bourse (ETF) qui offrent une diversification intégrée.
6. **Recherchez les entreprises avant d'investir** : Faites des recherches approfondies sur les entreprises dans lesquelles vous envisagez d'investir. Examinez leurs états financiers, leurs modèles économiques, leurs avantages concurrentiels et leurs perspectives de croissance.

7. **Suivez une stratégie d'investissement à long terme** : Investir en bourse nécessite de la patience. Évitez de réagir de manière impulsive aux fluctuations du marché. Adoptez une stratégie d'achat et de conservation à long terme pour maximiser vos rendements.

8. **Utilisez l'investissement automatique** : Mettez en place des investissements automatiques réguliers, comme des plans d'achat d'actions ou des plans d'épargne automatisés. Cela vous permet de bénéficier de l'effet de lissage des coûts.

9. **Surveillez les frais de transaction** : Les frais de courtage et les frais de gestion peuvent réduire vos rendements. Recherchez des courtiers à faible coût et soyez attentif aux frais associés aux fonds dans lesquels vous investissez.

10. **Rebalancez régulièrement votre portefeuille** : Revoyez et ajustez périodiquement la composition de votre portefeuille pour vous assurer qu'il reste aligné avec vos objectifs financiers et votre tolérance au risque.

11. **Tenez compte des aspects fiscaux** : Comprenez les implications fiscales de vos investissements en bourse. Par exemple, les gains en capital et les dividendes peuvent être soumis à des impôts. Utilisez des comptes d'investissement fiscalement avantageux, comme les comptes de retraite, lorsque cela est possible.

12. **Suivez l'actualité économique et financière** : Restez informé des développements économiques et des nouvelles de l'industrie qui peuvent affecter vos investissements. Utilisez des sources d'information fiables pour prendre des décisions éclairées.

13. **Évitez le market timing** : Essayer de prédire les hauts et les bas du marché peut être risqué et inefficace. Au lieu de cela, concentrez-vous sur l'investissement à long terme et sur la régularité de vos contributions.

14. **Consultez un conseiller financier** : Si vous êtes novice en matière d'investissement ou si vous avez des doutes, consultez un conseiller financier qualifié. Un professionnel peut vous aider à élaborer une stratégie d'investissement adaptée à vos objectifs et à votre profil de risque.

15. **Restez discipliné et gardez une perspective à long terme** : Les marchés boursiers peuvent être volatils à court terme, mais ils ont historiquement tendance à croître à long terme. Restez discipliné dans votre approche et gardez une perspective à long terme pour maximiser vos rendements.

Ressources pour Investir en Bourse

- **The Intelligent Investor** de Benjamin Graham : Considéré comme l'un des ouvrages les plus influents de l'histoire de l'investissement, il présente les principes fondamentaux de l'investissement à long terme.

- **A Random Walk Down Wall Street** de Burton G. Malkiel : Explique pourquoi les investisseurs particuliers ont souvent intérêt à privilégier les fonds indiciels et une approche disciplinée de long terme.

- **Morningstar** : Fournit des analyses indépendantes sur les actions, les ETF et les fonds d'investissement, ainsi que des outils d'évaluation de portefeuille.

- **Yahoo Finance** : Permet de suivre les marchés financiers, consulter les données boursières en temps réel et analyser les entreprises cotées.

- **TradingView** : Plateforme de référence pour l'analyse graphique, le suivi des marchés et la création de listes de surveillance personnalisées.

- **Investopedia** : Véritable encyclopédie de l'investissement, idéale pour comprendre les concepts financiers, les stratégies boursières et les termes techniques.

32. CONSIDÉREZ L'IMMOBILIER : L'ACHAT DE PROPRIÉTÉS PEUT ÊTRE UN EXCELLENT MOYEN DE CONSTRUIRE DES RICHESSES.

En suivant ces conseils et en utilisant ces ressources, vous pouvez investir dans l'immobilier de manière informée et stratégique, ce qui peut contribuer à la construction de votre richesse à long terme.

Conseils et astuces pour investir dans l'immobilier :

1. **Faites une recherche approfondie** : Avant d'acheter une propriété, effectuez des recherches détaillées sur le marché immobilier local. Comprenez les tendances de prix, la demande locative, et les perspectives de croissance de la région.

2. **Évaluez vos finances** : Assurez-vous que vous êtes financièrement prêt à investir dans l'immobilier. Cela inclut avoir un bon pointage de crédit, des économies pour l'acompte, et une gestion saine de vos dettes actuelles.

3. **Choisissez le bon type de propriété** : Il existe différents types de propriétés dans lesquelles investir, comme les résidences unifamiliales, les immeubles à appartements, les propriétés commerciales, et les terrains. Sélectionnez le type de propriété qui correspond le mieux à vos objectifs financiers et à votre tolérance au risque.

4. **Calculez les coûts totaux** : Prenez en compte tous les coûts associés à l'achat et à la possession d'une propriété, y compris les frais de clôture, les taxes foncières, l'assurance, l'entretien, et les éventuels coûts de gestion immobilière.

5. **Obtenez un financement adéquat** : Explorez les options de financement disponibles, comme les prêts hypothécaires classiques, les prêts FHA (Federal Housing Administration), ou les prêts VA (Veterans Affairs). Comparez les taux d'intérêt et les conditions pour obtenir la meilleure offre.

6. **Utilisez l'effet de levier avec précaution** : L'immobilier permet d'utiliser l'effet de levier, c'est-à-dire d'emprunter de l'argent pour acheter une propriété.

Utilisez-le de manière prudente pour maximiser vos rendements sans vous exposer à un risque financier excessif.

7. **Envisagez la location** : Acheter des propriétés pour les louer peut générer un revenu passif stable. Assurez-vous de choisir des emplacements avec une forte demande locative et de fixer des loyers compétitifs.
8. **Entretenez bien votre propriété** : Un entretien régulier de la propriété permet de préserver sa valeur et d'attirer des locataires de qualité. Planifiez des inspections périodiques et des travaux d'entretien nécessaires.
9. **Utilisez une gestion immobilière professionnelle** : Si vous possédez plusieurs propriétés ou si vous manquez de temps, envisagez de faire appel à une société de gestion immobilière pour s'occuper de la gestion quotidienne des biens, y compris la recherche de locataires, la collecte des loyers, et l'entretien.
10. **Diversifiez vos investissements immobiliers** : Ne mettez pas tous vos investissements dans une seule propriété ou un seul type de propriété. Diversifiez votre portefeuille immobilier pour réduire les risques.
11. **Utilisez les avantages fiscaux** : L'immobilier offre plusieurs avantages fiscaux, comme la déduction des intérêts hypothécaires, l'amortissement des propriétés, et la possibilité de différer les gains en capital grâce aux échanges 1031 aux États-Unis.
12. **Restez informé des lois et régulations locales** : Les lois et régulations immobilières varient selon les régions. Assurez-vous de bien comprendre les règles locales concernant la location, la propriété, et la gestion immobilière.
13. **Préparez-vous aux imprévus** : Constituez un fonds de réserve pour couvrir les imprévus, tels que les réparations d'urgence, les périodes de vacance locative, ou les fluctuations du marché immobilier.
14. **Consultez des professionnels** : Faites appel à des agents immobiliers, des avocats spécialisés en immobilier, et des conseillers financiers pour vous guider dans vos investissements immobiliers et vous aider à éviter les erreurs coûteuses.

15. **Évaluez régulièrement la performance de vos investissements** : Surveillez la performance de vos propriétés et ajustez votre stratégie d'investissement en fonction des résultats obtenus et des conditions du marché.

Ressources pour Investir dans l'Immobilier

- **Rich Dad Poor Dad** de Robert Kiyosaki : Un classique de l'éducation financière qui a popularisé l'investissement immobilier auprès du grand public et l'importance des actifs générateurs de revenus.

- **The Book on Rental Property Investing** de Brandon Turner : Guide pratique consacré à l'investissement locatif, à l'analyse des biens et à la gestion des propriétés.

- **BiggerPockets** : L'une des plus grandes communautés mondiales dédiées à l'investissement immobilier, avec des podcasts, des études de cas, des calculateurs et des forums spécialisés.

- **Buildium** : Logiciel de gestion locative permettant de suivre les loyers, les dépenses, les locataires et les performances d'un portefeuille immobilier.

- **AppFolio** : Solution professionnelle destinée aux investisseurs et gestionnaires immobiliers souhaitant automatiser la gestion administrative et opérationnelle de leurs biens.

- **Meilleurs Agents** : Plateforme de référence en France permettant d'estimer la valeur d'un bien, d'analyser les prix de marché et d'étudier les tendances immobilières locales.

33. EXPLOREZ LES OBLIGATIONS : ELLES OFFRENT DES RETOURS RÉGULIERS, BIEN QUE GÉNÉRALEMENT PLUS FAIBLES.

En suivant ces conseils et en utilisant ces ressources, vous pouvez investir dans les obligations de manière éclairée et stratégique, en profitant de leurs rendements réguliers et de leur relative sécurité pour diversifier votre portefeuille d'investissements.

Conseils et astuces pour investir dans les obligations :

1. **Comprenez les bases des obligations** : Avant d'investir, assurez-vous de bien comprendre ce que sont les obligations. Une obligation est un instrument de dette par lequel vous prêtez de l'argent à un émetteur (gouvernement, entreprise, etc.) en échange de paiements d'intérêts réguliers et du remboursement du principal à l'échéance.

2. **Connaissez les différents types d'obligations** : Il existe plusieurs types d'obligations, y compris les obligations d'État, les obligations municipales, les obligations de sociétés, et les obligations internationales. Chacune a des caractéristiques et des risques différents.

3. **Évaluez la qualité de crédit** : Les obligations sont notées par des agences de notation de crédit comme Moody's, Standard & Poor's, et Fitch. Les obligations de haute qualité (investment grade) sont moins risquées mais offrent des rendements plus faibles, tandis que les obligations à haut rendement (junk bonds) offrent des rendements plus élevés mais présentent plus de risques.

4. **Comprenez le risque de taux d'intérêt** : Les prix des obligations sont inversément liés aux taux d'intérêt. Lorsque les taux d'intérêt augmentent, la valeur des obligations existantes diminue, et vice versa. Soyez conscient de ce risque lorsque vous investissez dans des obligations, surtout si vous prévoyez de vendre avant l'échéance.

5. **Diversifiez vos investissements en obligations** : Ne mettez pas tout votre argent dans une seule obligation ou un seul type d'obligation. Diversifiez votre portefeuille d'obligations pour réduire les risques associés à un émetteur unique ou à un type spécifique d'obligation.

6. **Tenez compte de l'échéance des obligations** : Les obligations à court terme (moins de 3 ans) sont généralement moins risquées mais offrent des rendements plus faibles. Les obligations à long terme (10 ans et plus) offrent des rendements plus élevés mais sont plus sensibles aux variations des taux d'intérêt.
7. **Investissez dans des fonds obligataires** : Si vous ne souhaitez pas acheter des obligations individuelles, envisagez d'investir dans des fonds obligataires ou des ETFs obligataires. Ces fonds offrent une diversification immédiate et sont gérés par des professionnels.
8. **Réinvestissez les intérêts** : Utilisez les paiements d'intérêts réguliers pour acheter d'autres obligations ou réinvestissez-les dans d'autres placements. Cela peut aider à augmenter la valeur de votre portefeuille au fil du temps.
9. **Consultez un conseiller financier** : Si vous êtes nouveau dans l'investissement en obligations, consultez un conseiller financier pour obtenir des conseils adaptés à votre situation et à vos objectifs financiers.
10. **Utilisez des outils en ligne pour comparer les obligations** : Utilisez des plateformes en ligne pour comparer les rendements, les notations et les caractéristiques des différentes obligations disponibles. Cela peut vous aider à prendre des décisions d'investissement éclairées.
11. **Soyez conscient des taxes** : Les intérêts des obligations peuvent être soumis à l'impôt. Les obligations municipales sont souvent exemptes d'impôts fédéraux, et parfois d'impôts étatiques et locaux, tandis que les obligations de sociétés sont généralement imposables.
12. **Suivez les actualités économiques** : Les conditions économiques et les décisions de politique monétaire peuvent affecter les rendements des obligations. Restez informé des nouvelles économiques et des tendances des taux d'intérêt.
13. **Préparez-vous aux fluctuations de marché** : Même si les obligations sont généralement moins volatiles que les actions, leurs valeurs peuvent fluctuer en fonction des changements des taux d'intérêt et des conditions économiques. Soyez prêt à conserver vos obligations jusqu'à l'échéance pour éviter les pertes potentielles.

14. **Vérifiez la liquidité** : Assurez-vous que les obligations que vous achetez sont liquides, c'est-à-dire qu'elles peuvent être facilement achetées ou vendues sur le marché sans affecter leur prix de manière significative.

Ressources pour Investir dans les Obligations

- **The Bond Book** de Annette Thau : Considéré comme l'un des ouvrages de référence pour comprendre le fonctionnement des obligations, leurs risques et leurs opportunités.

- **Bond Investing For Dummies** de Russell Wild : Une introduction accessible aux différents types d'obligations et aux stratégies de gestion obligataire.

- **Morningstar** : Fournit des analyses détaillées sur les fonds obligataires, les ETF obligataires et les performances des différentes catégories d'obligations.

- **FINRA Bond Center** : Plateforme éducative offrant des explications claires sur les obligations, les rendements, les risques et les mécanismes du marché obligataire.

- **Investopedia** : Excellente ressource pour comprendre les concepts liés aux obligations, aux taux d'intérêt, aux notations de crédit et aux stratégies de diversification.

- **Bond Calculator** : Outil permettant d'estimer le rendement à l'échéance, la valeur actuelle et les flux financiers d'une obligation afin de comparer différentes opportunités d'investissement.

34. ESSAYEZ LE FINANCEMENT PARTICIPATIF : IL PERMET DE PRÊTER DE L'ARGENT ET DE RECEVOIR DES INTÉRÊTS.

En utilisant ces conseils et ressources, vous pouvez investir dans le financement participatif de manière informée et stratégique, en bénéficiant de rendements potentiels tout en diversifiant votre portefeuille d'investissements.

Conseils et astuces pour investir dans le financement participatif :

1. **Comprenez les différentes plateformes de financement participatif** : Il existe plusieurs types de plateformes de financement participatif, y compris celles pour les prêts aux particuliers (prêt entre pairs), les prêts aux entreprises, et les investissements immobiliers. Choisissez une plateforme qui correspond à vos objectifs d'investissement.

2. **Faites des recherches sur les plateformes** : Avant d'investir, comparez les différentes plateformes de financement participatif en termes de réputation, de frais, de taux de défaut et de rendement potentiel. Des sites comme LendingClub, Prosper, Fundrise, et RealtyMogul sont populaires.

3. **Lisez les conditions générales** : Assurez-vous de bien comprendre les termes et conditions de la plateforme. Cela inclut les frais de gestion, les politiques de recouvrement de créances et les risques associés.

4. **Diversifiez vos investissements** : Répartissez vos investissements sur plusieurs prêts ou projets pour réduire le risque de perte. Investir dans différentes catégories et sur différentes plateformes peut aider à équilibrer votre portefeuille.

5. **Évaluez les risques de crédit** : Les plateformes de financement participatif notent généralement les emprunteurs ou les projets en fonction de leur solvabilité. Investissez dans des prêts ou des projets qui correspondent à votre tolérance au risque. Les prêts à haut risque offrent des rendements plus élevés mais présentent également un risque de défaut plus élevé.

6. **Commencez petit** : Si vous êtes nouveau dans le financement participatif, commencez par investir de petites sommes pour vous familiariser avec le fonctionnement et évaluer les performances avant de vous engager davantage.

7. **Utilisez des outils d'automatisation** : Certaines plateformes offrent des outils d'investissement automatisé qui peuvent vous aider à sélectionner des prêts ou des projets en fonction de critères prédéfinis. Cela peut simplifier le processus d'investissement et diversifier automatiquement votre portefeuille.

8. **Suivez les mises à jour de la plateforme** : Les plateformes de financement participatif fournissent généralement des mises à jour sur les performances des prêts ou des projets. Restez informé des remboursements, des défauts et des actualités pertinentes.

9. **Recherchez les antécédents des emprunteurs** : Avant de prêter de l'argent, examinez les antécédents des emprunteurs ou des porteurs de projets. Assurez-vous qu'ils ont une bonne réputation et une capacité démontrée à rembourser les prêts.

10. **Considérez la liquidité** : Contrairement aux actions ou obligations, les investissements en financement participatif peuvent être moins liquides. Soyez prêt à immobiliser votre capital pour une période déterminée, souvent de plusieurs années.

11. **Surveillez les rendements** : Suivez régulièrement les rendements de vos investissements. Comparez-les aux autres opportunités d'investissement pour vous assurer que le financement participatif reste une option viable pour votre portefeuille.

12. **Tenez compte des aspects fiscaux** : Les revenus générés par le financement participatif sont généralement imposables. Consultez un conseiller fiscal pour comprendre les implications fiscales et maximiser vos avantages.

13. **Recherchez des opportunités d'investissement local** : Certaines plateformes offrent des projets locaux, ce qui vous permet de soutenir les entreprises et initiatives de votre communauté tout en investissant.

14. **Participez à des forums et communautés en ligne** : Engagez-vous avec d'autres investisseurs en financement participatif pour partager des expériences, des conseils et des stratégies. Des forums comme ceux de Reddit ou les groupes LinkedIn peuvent être utiles.

15. **Soyez prêt à accepter les pertes** : Comme pour tout investissement, il existe un risque de perte dans le financement participatif. Soyez prêt à accepter les pertes potentielles et n'investissez que de l'argent que vous pouvez vous permettre de perdre.

Ressources pour Investir dans le Financement Participatif

- **Mintos** : L'une des plus grandes plateformes européennes d'investissement dans les prêts, permettant de diversifier son portefeuille sur de nombreux emprunteurs et pays.

- **October** : Plateforme européenne spécialisée dans le financement des PME, permettant aux investisseurs de prêter directement à des entreprises et de percevoir des intérêts.

- **Fundrise** : Plateforme d'investissement immobilier participatif donnant accès à des projets immobiliers diversifiés avec des montants d'entrée relativement faibles.

- **EstateGuru** : Plateforme européenne de financement participatif immobilier permettant d'investir dans des prêts garantis par des actifs immobiliers.

- **Crowdcube** : Plateforme de financement participatif en actions permettant d'investir dans des startups et des entreprises en croissance.

- **Seedrs** : Plateforme de financement participatif en actions déjà reconnue dans l'écosystème entrepreneurial, donnant accès à des opportunités d'investissement dans des sociétés non cotées.

35. INVESTISSEZ DANS DES FONDS MUTUELS : ILS OFFRENT UNE DIVERSIFICATION INTÉGRÉE.

En suivant ces conseils et en utilisant ces ressources, vous pouvez investir dans des fonds mutuels de manière éclairée et stratégique, profitant de la diversification intégrée et des rendements potentiels pour atteindre vos objectifs financiers.

Conseils et astuces pour investir dans des fonds mutuels :

1. **Comprenez ce que sont les fonds mutuels** : Un fonds mutuel est un véhicule d'investissement qui regroupe de l'argent provenant de nombreux investisseurs pour acheter une variété d'actifs, tels que des actions, des obligations et d'autres titres. La diversification intégrée réduit le risque global du portefeuille.
2. **Définissez vos objectifs financiers** : Déterminez vos objectifs d'investissement à court, moyen et long terme. Vos objectifs influenceront le type de fonds mutuels dans lesquels vous devriez investir, que ce soit des fonds d'actions, des fonds obligataires ou des fonds équilibrés.
3. **Connaissez les différents types de fonds mutuels** : Il existe plusieurs types de fonds mutuels, y compris les fonds indiciels, les fonds gérés activement, les fonds sectoriels et les fonds de croissance. Chaque type de fonds a ses propres avantages et inconvénients.
4. **Recherchez les frais de gestion** : Les fonds mutuels facturent des frais de gestion (ratio des dépenses). Choisissez des fonds avec des frais de gestion bas pour maximiser vos rendements. Les fonds indiciels, par exemple, ont généralement des frais plus bas que les fonds gérés activement.
5. **Examinez les performances passées** : Bien que les performances passées ne garantissent pas les résultats futurs, elles peuvent donner une idée de la gestion du fonds. Comparez les performances sur plusieurs périodes (1 an, 5 ans, 10 ans) et contre des indices de référence similaires.

6. **Lisez le prospectus du fonds** : Le prospectus du fonds fournit des informations détaillées sur les objectifs d'investissement, les stratégies, les frais, les risques et les performances historiques. Prenez le temps de le lire pour bien comprendre dans quoi vous investissez.

7. **Consultez les notations des fonds** : Utilisez les notations des fonds fournies par des agences comme Morningstar pour évaluer la qualité et la stabilité des fonds. Les notations prennent en compte les performances, les frais et la gestion des risques.

8. **Diversifiez vos investissements en fonds mutuels** : Ne mettez pas tout votre argent dans un seul fonds. Investissez dans une variété de fonds pour diversifier votre portefeuille et réduire le risque global. Par exemple, combinez des fonds d'actions avec des fonds obligataires.

9. **Investissez régulièrement** : Envisagez de mettre en place un plan d'investissement automatique (comme un plan d'épargne mensuel) pour acheter des parts de fonds mutuels régulièrement. Cela vous permet de profiter de l'effet de lissage des coûts.

10. **Surveillez régulièrement vos investissements** : Revoyez périodiquement la performance de vos fonds mutuels et assurez-vous qu'ils restent alignés avec vos objectifs financiers. Ajustez votre portefeuille si nécessaire.

11. **Soyez conscient des implications fiscales** : Les fonds mutuels peuvent générer des gains en capital et des revenus imposables. Consultez un conseiller fiscal pour comprendre les implications fiscales et planifier en conséquence.

12. **Consultez un conseiller financier** : Si vous êtes novice en matière de fonds mutuels ou si vous avez des questions spécifiques, consultez un conseiller financier. Un professionnel peut vous aider à choisir les bons fonds et à élaborer une stratégie d'investissement adaptée à vos besoins.

13. **Investissez dans des fonds de date cible** : Si vous planifiez pour un objectif financier spécifique, comme la retraite, envisagez d'investir dans des fonds de date cible. Ces fonds ajustent automatiquement la composition de l'actif en fonction de la date cible.

14. **Utilisez des plateformes de courtage en ligne** : Des plateformes comme Vanguard, Fidelity, et Charles Schwab offrent une large gamme de fonds mutuels et des outils pour vous aider à sélectionner et à gérer vos investissements.
15. **Restez discipliné** : Investir dans des fonds mutuels nécessite de la patience et de la discipline. Évitez de réagir de manière impulsive aux fluctuations du marché et restez concentré sur vos objectifs à long terme.

Ressources pour Investir dans des Fonds Mutuels

- **Morningstar** : Référence mondiale pour analyser les fonds d'investissement. Fournit des notations, des comparatifs, des analyses de risques et des données historiques détaillées.
- **Investopedia** : Bibliothèque pédagogique permettant de comprendre les différents types de fonds, leurs stratégies d'investissement et leurs caractéristiques.
- **JustETF** : Plateforme spécialisée dans les ETF et les fonds indiciels, offrant des outils de comparaison, des filtres de recherche et des informations détaillées sur les frais et les performances.
- **Trackinsight** : Ressource dédiée à l'analyse et à la comparaison des ETF internationaux, avec des données sur les performances, la composition et les risques.
- **Quantalys** : Outil d'analyse de fonds largement utilisé en Europe pour comparer les performances, les frais et les niveaux de risque de milliers de fonds d'investissement.
- **Bogleheads** : Communauté d'investisseurs inspirée des principes de John C. Bogle, mettant l'accent sur la diversification, les faibles frais et l'investissement à long terme.

36. OPTEZ POUR DES FONDS INDICIELS : ILS REPRODUISENT LA PERFORMANCE D'UN INDICE DE MARCHÉ.

En suivant ces conseils et en utilisant ces ressources, vous pouvez investir dans des fonds indiciels de manière informée et stratégique, bénéficiant de leurs faibles coûts, de leur diversification intégrée et de leur potentiel de croissance à long terme.

Conseils et astuces pour investir dans des fonds indiciels :

1. **Comprenez ce qu'est un fonds indiciel** : Un fonds indiciel est un type de fonds mutuel ou un fonds négocié en bourse (ETF) qui vise à reproduire la performance d'un indice de marché spécifique, comme le S&P 500 ou le NASDAQ-100. Ils sont conçus pour offrir une exposition large au marché avec des coûts faibles.

2. **Connaissez les avantages des fonds indiciels** : Les fonds indiciels sont souvent moins coûteux que les fonds gérés activement en raison de leurs frais de gestion plus faibles. Ils offrent également une diversification immédiate, ce qui réduit le risque global de votre portefeuille.

3. **Choisissez le bon indice** : Sélectionnez un fonds indiciel qui suit un indice correspondant à vos objectifs d'investissement. Par exemple, le S&P 500 est une bonne option pour une exposition large aux grandes entreprises américaines, tandis que le MSCI EAFE peut convenir pour une exposition internationale.

4. **Recherchez les frais de gestion** : Les fonds indiciels sont connus pour leurs faibles frais de gestion, mais ces frais peuvent varier d'un fonds à l'autre. Comparez les ratios de frais (expense ratios) pour trouver les fonds les plus rentables.

5. **Utilisez des plateformes réputées** : Investissez dans des fonds indiciels proposés par des sociétés de gestion réputées telles que Vanguard, BlackRock (iShares), Fidelity, et Charles Schwab. Ces sociétés offrent une large gamme de fonds indiciels avec des frais compétitifs.

6. **Investissez régulièrement** : Mettez en place des plans d'achat régulier (DCA - Dollar Cost Averaging) pour acheter des parts de fonds indiciels de manière régulière, indépendamment des conditions du marché. Cela permet de lisser les coûts d'achat et de réduire le risque de timing du marché.

7. **Diversifiez vos fonds indiciels** : Bien que les fonds indiciels soient diversifiés par nature, vous pouvez encore améliorer la diversification en investissant dans différents types de fonds indiciels, tels que des fonds d'actions, des fonds obligataires, et des fonds sectoriels ou géographiques.

8. **Surveillez et rééquilibrez votre portefeuille** : Même avec des fonds indiciels, il est important de surveiller régulièrement votre portefeuille pour vous assurer qu'il reste aligné avec vos objectifs d'investissement. Rééquilibrez votre portefeuille si nécessaire pour maintenir la répartition d'actifs souhaitée.

9. **Soyez patient et à long terme** : Les fonds indiciels sont particulièrement adaptés aux investisseurs à long terme. Évitez de réagir aux fluctuations à court terme du marché et gardez une perspective à long terme pour maximiser vos rendements.

10. **Consultez des ressources éducatives** : Utilisez des ressources éducatives pour approfondir votre compréhension des fonds indiciels. Des sites comme Investopedia, Morningstar, et les blogs des sociétés de gestion de fonds offrent des informations précieuses.

11. **Considérez les fonds indiciels pour la retraite** : Les fonds indiciels sont idéaux pour les comptes de retraite tels que les IRA et les 401(k). Ils offrent une croissance à long terme avec des frais de gestion faibles, ce qui est crucial pour l'épargne-retraite.

12. **Restez informé des actualités économiques** : Même si les fonds indiciels suivent passivement un indice, il est utile de rester informé des tendances économiques et des événements majeurs qui peuvent affecter les marchés.

13. **Utilisez des outils de comparaison de fonds** : Utilisez des outils en ligne pour comparer les performances, les frais et les caractéristiques des différents fonds indiciels. Cela vous aidera à faire des choix éclairés.

14. **Investissez dans des ETF indiciels** : En plus des fonds indiciels traditionnels, envisagez les ETF indiciels, qui offrent la même diversification avec la flexibilité de négocier en bourse. Les ETF ont généralement des frais de gestion encore plus bas.

15. **Évitez de trop fréquents échanges** : Les fonds indiciels sont conçus pour une stratégie d'achat et de conservation. Évitez les échanges fréquents pour minimiser les frais de transaction et les impacts fiscaux.

Ressources pour Investir dans des Fonds Indiciels

- **Vanguard** : Pionnier des fonds indiciels à faible coût, proposant une large gamme de fonds et d'ETF conçus pour les investisseurs de long terme.

- **iShares** : Gamme d'ETF de BlackRock couvrant la plupart des grands indices mondiaux, secteurs d'activité et classes d'actifs.

- **JustETF** : Plateforme spécialisée dans les ETF permettant de comparer les fonds indiciels, analyser les frais, les performances et la composition des portefeuilles.

- **Trackinsight** : Outil d'analyse et de comparaison des ETF offrant des données détaillées sur les performances, les risques et les caractéristiques des fonds indiciels.

- **Bogleheads** : Communauté d'investisseurs inspirée des principes de John C. Bogle, mettant l'accent sur les faibles frais, la diversification et l'investissement à long terme.

- **ETF Database (ETFDB)** : Base de données spécialisée permettant d'explorer et de comparer des centaines d'ETF selon leur indice, leur secteur, leur stratégie ou leur zone géographique.

37. EXAMINEZ LES ETFS (FONDS NÉGOCIÉS EN BOURSE) : MOINS COÛTEUX ET FLEXIBLES, ILS SUIVENT DES INDICES, DES SECTEURS OU DES MATIÈRES PREMIÈRES.

En suivant ces conseils et en utilisant ces ressources, vous pouvez investir dans des ETFs de manière éclairée et stratégique, en profitant de leurs coûts réduits, de leur flexibilité et de leur capacité à diversifier votre portefeuille.

Conseils et astuces pour investir dans les ETFs :

1. **Comprenez ce que sont les ETFs** : Un ETF est un type de fonds d'investissement qui se négocie en bourse, comme une action. Les ETFs peuvent suivre un indice de marché, un secteur spécifique, une classe d'actifs ou même des matières premières.

2. **Connaissez les avantages des ETFs** : Les ETFs offrent des frais de gestion généralement plus bas que les fonds mutuels, une diversification instantanée, et une flexibilité de négociation. Vous pouvez acheter et vendre des ETFs à tout moment pendant les heures de marché.

3. **Choisissez le bon type d'ETF** : Il existe différents types d'ETFs, notamment les ETFs indiciels, sectoriels, obligataires, de matières premières, et thématiques. Sélectionnez des ETFs qui correspondent à vos objectifs d'investissement et à votre tolérance au risque.

4. **Recherchez les frais de gestion** : Comparez les ratios de frais (expense ratios) des différents ETFs. Les frais de gestion des ETFs sont généralement faibles, mais ils peuvent varier. Optez pour des ETFs avec des frais compétitifs pour maximiser vos rendements.

5. **Examinez la liquidité de l'ETF** : La liquidité d'un ETF est déterminée par son volume de transactions et le spread bid-ask (écart entre le prix d'achat et le prix de vente). Les ETFs plus liquides ont des spreads plus étroits et sont plus faciles à acheter et à vendre sans affecter le prix.

6. **Utilisez des outils de recherche d'ETFs** : Des plateformes comme ETF.com, Morningstar, et les sites des sociétés de gestion d'actifs offrent des outils pour rechercher et comparer les ETFs en fonction de divers critères comme les frais, les performances, et les actifs sous gestion.
7. **Diversifiez votre portefeuille avec des ETFs** : Les ETFs peuvent être utilisés pour diversifier votre portefeuille en investissant dans différentes classes d'actifs, secteurs, et régions géographiques. Par exemple, vous pouvez combiner des ETFs d'actions, d'obligations, et de matières premières pour une diversification optimale.
8. **Investissez régulièrement** : Mettez en place un plan d'achat régulier (DCA - Dollar Cost Averaging) pour acheter des parts d'ETFs de manière constante, ce qui peut réduire le risque de timing du marché.
9. **Surveillez les performances des ETFs** : Bien que les ETFs soient conçus pour suivre un indice ou une classe d'actifs, il est important de surveiller régulièrement leurs performances pour vous assurer qu'ils restent alignés avec vos objectifs financiers.
10. **Considérez les ETFs sectoriels et thématiques** : Les ETFs sectoriels se concentrent sur des secteurs spécifiques comme la technologie, la santé ou l'énergie, tandis que les ETFs thématiques suivent des tendances spécifiques comme les énergies renouvelables ou l'intelligence artificielle. Ces ETFs peuvent offrir des opportunités de croissance ciblées.
11. **Soyez conscient des implications fiscales** : Les ETFs sont souvent plus fiscalement avantageux que les fonds mutuels en raison de leur structure de création et de rachat. Cependant, consultez un conseiller fiscal pour comprendre les implications fiscales spécifiques de vos investissements en ETFs.
12. **Utilisez des ETFs pour gérer le risque** : Les ETFs peuvent être utilisés pour couvrir des positions ou pour gérer l'exposition au risque de votre portefeuille. Par exemple, les ETFs inversés peuvent être utilisés pour parier contre un indice en baisse.

13. **Investissez dans des ETFs à effet de levier avec prudence** : Les ETFs à effet de levier amplifient les rendements (et les pertes) en utilisant des dérivés financiers. Ils sont destinés aux investisseurs expérimentés et doivent être utilisés avec précaution.

14. **Participez à des forums et des communautés en ligne** : Engagez-vous avec d'autres investisseurs en ETFs sur des forums et des groupes de discussion pour partager des idées, des stratégies et des conseils. Des sites comme Reddit (r/ETFs) et les groupes LinkedIn peuvent être utiles.

15. **Utilisez des plateformes de courtage en ligne** : Des plateformes comme Vanguard, Fidelity, Charles Schwab, et TD Ameritrade offrent une large gamme d'ETFs et des outils pour vous aider à sélectionner et gérer vos investissements.

Ressources pour Investir dans des ETFs

- **ETF.com** : Référence mondiale pour l'analyse des ETF, avec des fiches détaillées, des comparatifs, des données sur les frais, les performances et les actifs sous gestion.

- **JustETF** : Plateforme spécialisée permettant de rechercher, comparer et sélectionner des ETF selon leur indice, leur secteur, leur zone géographique ou leur niveau de risque.

- **Trackinsight** : Outil d'analyse des ETF offrant des comparatifs avancés, des données de performance et des informations détaillées sur la composition des fonds.

- **iShares** : L'une des plus importantes gammes d'ETF au monde, couvrant les actions, les obligations, les matières premières et de nombreuses stratégies thématiques.

- **Xtrackers** : Gamme d'ETF développée par DWS Group, offrant une large exposition aux marchés mondiaux, aux secteurs économiques et aux stratégies d'investissement.

38. PENSEZ À L'IMMOBILIER LOCATIF : GÉNÉRER UN REVENU PASSIF PAR DES LOYERS PEUT S'AVÉRER TRÈS RENTABLE

En suivant ces conseils et en utilisant ces ressources, vous pouvez investir dans l'immobilier locatif de manière informée et stratégique, générant ainsi un revenu passif stable et potentiellement lucratif.

Conseils et astuces pour investir dans l'immobilier locatif :

1. **Faites une recherche approfondie** : Avant d'acheter une propriété, étudiez le marché immobilier local. Recherchez les quartiers avec une forte demande locative, des taux de vacance bas et un potentiel de croissance des valeurs immobilières.

2. **Calculez vos coûts et votre retour sur investissement (ROI)** : Évaluez tous les coûts associés à l'achat et à la gestion d'une propriété locative, y compris les frais de clôture, les taxes foncières, l'assurance, les frais de gestion, l'entretien et les réparations. Comparez ces coûts aux revenus locatifs prévus pour déterminer le rendement potentiel de votre investissement.

3. **Obtenez un financement adéquat** : Explorez les options de financement disponibles, comme les prêts hypothécaires classiques, les prêts FHA, ou les prêts VA. Assurez-vous de comparer les taux d'intérêt et les conditions pour obtenir la meilleure offre.

4. **Choisissez le bon type de propriété** : Décidez si vous voulez investir dans des maisons unifamiliales, des appartements, des immeubles de rapport, ou des biens commerciaux. Chaque type de propriété a ses propres avantages et inconvénients en termes de rendement, de gestion et de risque.

5. **Évaluez les locataires potentiels** : Mettez en place un processus de sélection rigoureux pour choisir des locataires fiables et solvables. Effectuez des vérifications de crédit, des vérifications des antécédents et demandez des références pour minimiser les risques de loyers impayés et de dégradations.

6. **Fixez des loyers compétitifs** : Recherchez les loyers pratiqués dans le quartier pour fixer des loyers compétitifs qui attirent les locataires tout en maximisant vos revenus. Ajustez les loyers régulièrement en fonction des conditions du marché.

7. **Maintenez la propriété en bon état** : Un entretien régulier et des réparations rapides sont essentiels pour préserver la valeur de votre propriété et attirer des locataires de qualité. Établissez des relations avec des professionnels de l'entretien et des réparations.

8. **Utilisez une gestion immobilière professionnelle** : Si vous possédez plusieurs propriétés ou si vous ne pouvez pas gérer les biens vous-même, envisagez de faire appel à une société de gestion immobilière. Ils peuvent s'occuper de la collecte des loyers, de l'entretien, et de la gestion des locataires.

9. **Tenez compte des avantages fiscaux** : Les propriétaires de biens locatifs peuvent bénéficier de déductions fiscales pour les intérêts hypothécaires, les taxes foncières, l'assurance, l'entretien, et l'amortissement de la propriété. Consultez un conseiller fiscal pour maximiser vos avantages fiscaux.

10. **Préparez-vous aux imprévus** : Constituez un fonds de réserve pour couvrir les périodes de vacance locative, les réparations d'urgence et autres dépenses imprévues. Cela vous permettra de gérer plus facilement les fluctuations de revenus et les coûts inattendus.

11. **Surveillez les tendances du marché** : Restez informé des tendances du marché immobilier et des changements dans les régulations locales qui peuvent affecter vos investissements. Adaptez votre stratégie en fonction des évolutions du marché.

12. **Assurez-vous correctement** : Protégez votre investissement avec une assurance propriétaire appropriée. Cela inclut la couverture pour les dommages à la propriété, la responsabilité civile, et la perte de revenus locatifs.

13. **Optimisez l'efficacité énergétique** : Investissez dans des améliorations écoénergétiques comme l'isolation, les fenêtres à double vitrage et les appareils économes en énergie. Cela peut réduire les coûts d'exploitation et attirer des locataires soucieux de l'environnement.

14. **Utilisez des outils et des logiciels de gestion** : Des outils comme Cozy, Buildium, et AppFolio peuvent vous aider à gérer vos propriétés, collecter les loyers, et suivre les dépenses. Ils simplifient la gestion immobilière et vous font gagner du temps.

15. **Réévaluez régulièrement votre portefeuille** : Passez en revue vos propriétés locatives périodiquement pour évaluer leur performance et décider si vous devez les conserver, les améliorer ou les vendre pour maximiser vos rendements.

Ressources pour Investir dans l'Immobilier Locatif

- **The Book on Rental Property Investing** de Brandon Turner : Ouvrage de référence consacré à l'investissement locatif, à l'analyse des biens et à la création de revenus récurrents grâce aux loyers.

- **Real Estate Investing for Dummies** de Eric Tyson : Guide pratique permettant de comprendre les fondamentaux de l'investissement immobilier locatif et de la gestion de patrimoine immobilier.

- **TenantCloud** : Logiciel de gestion locative permettant de suivre les loyers, les contrats, les dépenses, les demandes des locataires et les performances des biens immobiliers.

- **Rentila** : Solution de gestion locative permettant aux propriétaires de gérer leurs biens, leurs baux, leurs quittances et leurs revenus locatifs.

- **Maslow.immo** : Plateforme française spécialisée dans l'analyse de rentabilité locative, la recherche d'opportunités et l'aide à la décision pour les investisseurs immobiliers.

- **Horiz.io** : Outil d'analyse immobilière permettant d'évaluer rapidement la rentabilité d'un investissement locatif, le cash-flow potentiel et les indicateurs clés avant achat.

39. CONSIDÉREZ LES INVESTISSEMENTS ALTERNATIFS : COMME LES CRYPTOMONNAIES, L'ART, OU LES VIEUX VINS ET LES SACS À MAIN DE LUXE

En suivant ces conseils et en utilisant ces ressources, vous pouvez investir dans des actifs alternatifs de manière éclairée et stratégique, diversifiant ainsi votre portefeuille et explorant de nouvelles opportunités de croissance et de rendement. Mais les investissements alternatifs ne devraient généralement représenter qu'une part limitée d'un portefeuille diversifié, en raison de leur volatilité, de leur faible liquidité ou de la difficulté à évaluer leur valeur réelle.

Conseils et astuces pour investir dans des actifs alternatifs :

1. **Comprenez les risques** : Les investissements alternatifs, tels que les cryptomonnaies, l'art, les vins fins et les sacs à main de luxe, peuvent être plus volatils et moins liquides que les investissements traditionnels. Assurez-vous de comprendre les risques associés à chaque type d'investissement avant de vous engager.

2. **Éduquez-vous sur le marché** : Avant d'investir, prenez le temps de vous informer sur le marché spécifique. Lisez des livres, des articles, et des rapports d'experts. Participez à des forums en ligne et suivez les actualités pour rester à jour.

3. **Diversifiez votre portefeuille** : Ne mettez pas tous vos œufs dans le même panier. Intégrez des investissements alternatifs dans un portefeuille diversifié pour réduire le risque global. Combinez des actifs traditionnels (actions, obligations) avec des investissements alternatifs pour équilibrer votre portefeuille.

4. **Définissez vos objectifs financiers** : Clarifiez vos objectifs avant d'investir dans des actifs alternatifs. Souhaitez-vous une croissance rapide, une protection contre l'inflation, ou un revenu passif ? Vos objectifs détermineront les types d'actifs alternatifs les plus appropriés.

5. **Investissez dans les cryptomonnaies** : Si vous envisagez les cryptomonnaies, commencez par les plus établies comme Bitcoin ou Ethereum. Utilisez des plateformes sécurisées pour acheter et stocker vos cryptomonnaies. Soyez prêt à la volatilité et à des variations de prix importantes.

6. **Collectionnez l'art** : Investir dans l'art nécessite une bonne connaissance du marché et des artistes. Consultez des experts, visitez des galeries et des foires d'art, et suivez les ventes aux enchères. L'art contemporain et les œuvres d'artistes émergents peuvent offrir des opportunités intéressantes.

7. **Investissez dans les vins fins** : Les vins fins peuvent prendre de la valeur avec le temps. Achetez des vins de qualité auprès de vignobles réputés ou de ventes aux enchères. Assurez-vous de stocker les vins dans des conditions optimales pour préserver leur qualité.

8. **Achetez des sacs à main de luxe** : Les sacs à main de marques de luxe comme Hermès, Chanel, et Louis Vuitton peuvent voir leur valeur augmenter. Recherchez des éditions limitées ou des modèles rares. Achetez auprès de sources fiables pour éviter les contrefaçons.

9. **Considérez les frais et les coûts** : Les investissements alternatifs peuvent entraîner des frais supplémentaires, comme les frais de stockage, d'assurance, et de transaction. Prenez en compte ces coûts lors de l'évaluation de la rentabilité potentielle de votre investissement.

10. **Utilisez des plateformes spécialisées** : Pour les cryptomonnaies, utilisez des plateformes d'échange réputées comme Coinbase, Binance, ou Kraken. Pour l'art, envisagez des plateformes comme Artsy ou Sotheby's. Pour les vins fins, regardez des sites comme Wine-Searcher. Pour les sacs à main de luxe, utilisez des sites comme The RealReal ou Vestiaire Collective.

11. **Protégez vos investissements** : Assurez vos biens de valeur, comme l'art et les vins fins, contre les pertes et les dommages. Utilisez des coffres-forts ou des entrepôts sécurisés pour stocker vos actifs de manière sûre.

12. **Restez à jour sur les régulations** : Les régulations peuvent évoluer, surtout pour les cryptomonnaies. Restez informé des changements législatifs et fiscaux qui pourraient affecter vos investissements.

13. **Consultez des experts** : Si vous n'êtes pas sûr de vos choix, consultez des experts dans le domaine de l'investissement alternatif. Ils peuvent offrir des conseils précieux et vous aider à éviter les erreurs courantes.

14. **Soyez patient** : Les investissements alternatifs peuvent prendre du temps pour porter leurs fruits. Soyez patient et prêt à conserver ces actifs sur le long terme pour maximiser leur valeur.

Ressources pour Investir dans des Actifs Alternatifs

- **Kraken** : Plateforme reconnue pour l'achat, la vente et la conservation de cryptomonnaies majeures telles que le Bitcoin et l'Ethereum.

- **Artsy** : Place de marché et plateforme d'information permettant de découvrir, acheter et suivre les tendances du marché de l'art contemporain.

- **Sotheby's** : Maison de ventes aux enchères de renommée mondiale offrant un accès aux marchés de l'art, des objets de collection et des actifs de prestige.

- **Wine-Searcher** : Référence mondiale pour comparer les prix, rechercher des bouteilles rares et suivre l'évolution du marché des vins fins.

- **Vestiaire Collective** : Plateforme spécialisée dans l'achat et la revente d'articles de luxe authentifiés, notamment les sacs à main, accessoires et pièces de collection.

- **Knight Frank Wealth Report** : Rapport annuel analysant les performances des principaux actifs de collection et d'investissement alternatif, notamment l'art, les montres, les vins, les voitures de collection et le luxe.

40. UTILISEZ LA RÈGLE DES 4 % : POUR GÉRER LE RETRAIT DE VOS INVESTISSEMENTS DURANT LA RETRAITE.

En suivant ces conseils et en utilisant ces ressources, vous pouvez appliquer la règle des 4 % de manière stratégique et prudente, assurant ainsi une gestion efficace de vos retraits pendant la retraite et la durabilité de votre portefeuille d'investissement.

Conseils et astuces pour utiliser la règle des 4 % :

1. **Comprenez la règle des 4 %** : La règle des 4 % est une stratégie de retrait utilisée pour estimer le montant annuel qu'un retraité peut retirer de ses investissements sans épuiser ses économies. Selon cette règle, vous pouvez retirer 4 % de votre portefeuille d'investissement initial chaque année, ajusté pour l'inflation.
2. **Calculez vos besoins de retraite** : Estimez vos dépenses annuelles à la retraite. Incluez les coûts de logement, de santé, de nourriture, de loisirs, et d'autres dépenses personnelles. Ce calcul vous aidera à déterminer combien vous devez retirer chaque année.
3. **Évaluez votre portefeuille** : Calculez la valeur totale de votre portefeuille d'investissement à la veille de votre retraite. Ce montant servira de base pour appliquer la règle des 4 %.
4. **Appliquez la règle des 4 %** : Multipliez la valeur de votre portefeuille par 0,04 pour déterminer le montant que vous pouvez retirer la première année de retraite. Par exemple, si votre portefeuille vaut 1 million de dollars, vous pouvez retirer 40 000 dollars la première année.
5. **Ajustez pour l'inflation** : Chaque année, ajustez le montant de retrait initial pour tenir compte de l'inflation. Utilisez des indices d'inflation comme l'IPC (indice des prix à la consommation) pour ajuster votre retrait annuel. Cela vous permettra de maintenir votre pouvoir d'achat au fil du temps.

6. **Diversifiez vos investissements** : Assurez-vous que votre portefeuille est bien diversifié pour réduire les risques et stabiliser les rendements. Incluez des actions, des obligations, et d'autres actifs appropriés à votre tolérance au risque et à vos objectifs de retraite.

7. **Rééquilibrez votre portefeuille régulièrement** : Maintenez l'allocation d'actifs souhaitée en rééquilibrant périodiquement votre portefeuille. Vendez des actifs qui ont surperformé et achetez ceux qui ont sous-performé pour garder votre portefeuille aligné avec votre stratégie d'investissement.

8. **Prévoyez une marge de sécurité** : Bien que la règle des 4 % soit une bonne directive, elle n'est pas infaillible. Prévoyez une marge de sécurité en retirant moins de 4 % si possible, surtout si votre portefeuille subit des pertes importantes ou si l'économie est incertaine.

9. **Surveillez les dépenses imprévues** : Soyez prêt à ajuster vos retraits en fonction des dépenses imprévues ou des changements dans vos besoins financiers. Par exemple, des frais de santé élevés ou des réparations majeures de votre domicile peuvent nécessiter une réévaluation de vos retraits.

10. **Consultez un conseiller financier** : Travaillez avec un conseiller financier pour élaborer une stratégie de retrait personnalisée et adaptée à vos besoins spécifiques. Un professionnel peut vous aider à optimiser vos retraits en tenant compte de vos objectifs de retraite, de vos sources de revenus et de votre situation fiscale.

11. **Utilisez des sources de revenus complémentaires** : En plus des retraits de votre portefeuille, exploitez d'autres sources de revenus, comme la sécurité sociale, les pensions, les rentes ou des revenus passifs provenant de biens immobiliers locatifs ou d'autres investissements.

12. **Soyez flexible** : Adaptez votre stratégie de retrait en fonction de l'évolution de votre situation financière et des conditions économiques. La flexibilité est essentielle pour maximiser la longévité de votre portefeuille et assurer votre sécurité financière à long terme.

13. **Réévaluez votre plan régulièrement** : Passez en revue votre stratégie de retrait et votre portefeuille au moins une fois par an. Assurez-vous que vos retraits sont soutenables et que votre portefeuille est toujours aligné avec vos objectifs financiers.

Ressources pour Utiliser la Règle des 4 %

- **The Simple Path to Wealth** de JL Collins : Ouvrage de référence sur l'investissement passif, l'indépendance financière et la préparation à la retraite.

- **Your Money or Your Life** de Vicki Robin : Livre emblématique sur la gestion de l'argent, la liberté financière et la conception d'un mode de vie durable à long terme.

- **Portfolio Visualizer** : Outil permettant de simuler des portefeuilles d'investissement, des scénarios de retrait et la durabilité d'un capital sur plusieurs décennies.

- **NewRetirement** : Plateforme de planification financière spécialisée dans la retraite, permettant de modéliser différentes stratégies de revenus et de retraits.

- **FIRECalc** : Calculateur reconnu dans la communauté FIRE (Financial Independence, Retire Early) permettant de tester la robustesse d'un portefeuille face à différents scénarios historiques de marché.

- **Bogleheads** : Communauté d'investisseurs partageant des stratégies éprouvées de gestion de patrimoine, de préparation à la retraite et de retrait durable des investissements.

5. ÉCONOMIES ET GESTION FINANCIÈRE

- PLANIFIEZ VOTRE FISCALITÉ
- ÉLIMINEZ VOS DETTES
- RÉVISEZ RÉGULIÈREMENT VOS FINANCES
- PROTÉGEZ VOS ACTIFS
- SOYEZ FRUGAL
- PLANIFIEZ VOTRE SUCCESSION
- UTILISEZ DES OUTILS FINANCIERS
- CONSULTEZ DES EXPERTS
- ÉDUQUEZ-VOUS FINANCIÈREMENT
- GARDEZ UN ŒIL SUR L'INFLATION

41. PLANIFIEZ VOTRE FISCALITÉ : OPTIMISEZ VOTRE SITUATION FISCALE POUR CONSERVER PLUS DE VOS REVENUS

En suivant ces conseils et en utilisant ces ressources, vous pouvez optimiser votre situation fiscale, maximiser vos économies d'impôt et conserver une plus grande part de vos revenus en France et en Europe.

Conseils et astuces pour optimiser votre situation fiscale en France et en Europe :

1. **Comprenez votre situation fiscale :** Familiarisez-vous avec votre tranche d'imposition et les crédits ou déductions fiscales disponibles. Connaître votre situation fiscale actuelle vous aide à identifier les opportunités d'optimisation.
2. **Utilisez des comptes fiscalement avantageux :** En France, vous pouvez bénéficier de comptes comme le Plan d'Épargne en Actions (PEA), l'Assurance Vie et le Plan d'Épargne Retraite (PER). Ces comptes offrent des avantages fiscaux tels que des exonérations d'impôt sur les gains à condition de respecter certaines durées de détention.
3. **Profitez des crédits et réductions d'impôt :** Renseignez-vous sur les crédits et réductions d'impôt auxquels vous pouvez prétendre, comme les dispositifs fiscaux en vigueur liés à la rénovation énergétique de votre logement, les avantages fiscaux liés à l'emploi d'un salarié à domicile ou les crédits d'impôt pour les frais de garde d'enfants. Ces dispositifs permettent de réduire directement le montant de votre impôt.
4. **Déduisez les dépenses admissibles :** Selon votre situation, certaines dépenses peuvent être déductibles ou ouvrir droit à un avantage fiscal, comme les dons aux associations reconnues d'intérêt général, certaines cotisations ou des frais professionnels. Conservez tous vos justificatifs afin de pouvoir les produire en cas de contrôle fiscal.
5. **Maximisez les déductions professionnelles :** Si vous êtes travailleur indépendant ou propriétaire d'une petite entreprise, déduisez les frais

professionnels comme les fournitures de bureau, les frais de déplacement, et les dépenses liées à l'utilisation d'un bureau à domicile.

6. **Planifiez les ventes d'actifs :** Si vous prévoyez de vendre des actifs comme des actions ou des biens immobiliers, planifiez les ventes de manière stratégique pour minimiser les gains en capital imposables. Envisagez de vendre des actifs perdants pour compenser les gains en capital.

7. **Utilisez des placements fiscalement avantageux :** En France, investissez dans des produits comme les SCPI (Sociétés Civiles de Placement Immobilier) et les FIP (Fonds d'Investissement de Proximité) ou FCPI (Fonds Communs de Placement dans l'Innovation) qui peuvent, sous certaines conditions, offrir des avantages ou des réductions d'impôt.

8. **Anticipez vos revenus exceptionnels :** Lorsque cela est possible, planifiez la perception de certains revenus ou la réalisation de certaines opérations afin d'optimiser leur impact fiscal. Cette stratégie dépend toutefois de votre situation personnelle et de la réglementation en vigueur.

9. **Consultez un conseiller fiscal :** Un conseiller fiscal peut vous aider à élaborer une stratégie fiscale personnalisée en fonction de votre situation particulière. Il peut identifier des opportunités d'économie d'impôt que vous pourriez ne pas avoir remarquées.

10. **Revoyez votre prélèvement à la source :** En France, assurez-vous que votre taux de prélèvement à la source est adapté à votre situation. Un taux trop faible peut entraîner un solde d'impôt important à payer, tandis qu'un taux trop élevé revient à avancer inutilement de l'argent à l'administration fiscale.

11. **Anticipez la transmission de votre patrimoine :** Si vous possédez un patrimoine important, anticipez sa transmission afin d'optimiser la fiscalité successorale. Les donations, l'assurance vie ou d'autres dispositifs peuvent permettre de transmettre votre patrimoine dans un cadre fiscal avantageux, selon la réglementation en vigueur.

12. **Investissez dans l'immobilier locatif :** Selon le régime fiscal choisi (micro-foncier, réel, LMNP, etc.), certains investissements immobiliers peuvent permettre

de déduire une partie des charges ou de bénéficier d'avantages fiscaux. Avant d'investir, renseignez-vous sur le régime le plus adapté à votre situation.

13. **Révisez annuellement votre situation fiscale :** Passez en revue votre situation fiscale chaque année pour vous assurer que vous profitez de toutes les opportunités d'économies fiscales disponibles. Les lois fiscales peuvent changer, et il est important de rester informé.

Ressources pour Planifier pour les Taxes en France et en Europe

- **Impots.gouv.fr** : Le portail officiel de l'administration fiscale française, permettant d'effectuer ses déclarations, de simuler son impôt et d'accéder à l'ensemble des règles fiscales en vigueur.
- **Service-Public.fr** : Référence officielle pour comprendre les dispositifs fiscaux, les réductions d'impôt, les crédits d'impôt et les obligations déclaratives des particuliers et des entreprises.
- **Bofip-Impôts** : Base officielle de la doctrine fiscale française, utilisée par les professionnels pour consulter l'interprétation des textes fiscaux et les commentaires de l'administration.
- **Fidroit** : Plateforme d'expertise patrimoniale proposant des analyses sur la fiscalité, la transmission de patrimoine, l'assurance vie, l'immobilier et l'optimisation fiscale.
- **EY** (Ernst & Young) : Publie régulièrement des guides et analyses sur la fiscalité des particuliers, des entreprises et des investissements en France et à l'international.
- **KPMG** : Cabinet international mettant à disposition des études, guides pratiques et analyses sur les évolutions fiscales, patrimoniales et réglementaires.

42. ÉLIMINEZ VOS DETTES : PRIORISEZ CELLES DONT LE TAUX D'INTÉRÊT EST LE PLUS ÉLEVÉ

En suivant ces conseils et en utilisant ces ressources, vous pouvez éliminer vos dettes à intérêt élevé de manière efficace, améliorer votre situation financière et travailler vers une vie sans dette.

Conseils et astuces pour éliminer vos dettes à intérêt élevé :

1. **Priorisez les dettes à intérêt élevé** : Concentrez-vous d'abord sur le remboursement des dettes à taux d'intérêt élevé, comme les cartes de crédit et les prêts personnels. Ces dettes coûtent le plus cher en termes d'intérêts accumulés au fil du temps.

2. **Établissez un budget** : Créez un budget détaillé pour suivre vos revenus et vos dépenses. Identifiez les domaines où vous pouvez réduire vos dépenses et utilisez ces économies pour rembourser vos dettes.

3. **Utilisez la méthode de la boule de neige** : La méthode de la boule de neige consiste à rembourser d'abord les dettes les plus petites tout en effectuant les paiements minimums sur les autres dettes. Une fois une petite dette remboursée, passez à la suivante. Cette approche peut fournir une motivation supplémentaire en voyant les dettes disparaître une par une.

4. **Essayez la méthode de l'avalanche** : La méthode de l'avalanche consiste à rembourser les dettes avec les taux d'intérêt les plus élevés en premier. Cela peut réduire le montant total des intérêts que vous payez au fil du temps. Faites des paiements supplémentaires sur la dette à taux d'intérêt le plus élevé tout en effectuant les paiements minimums sur les autres.

5. **Consolidez vos dettes** : Envisagez de consolider vos dettes à taux d'intérêt élevé en un seul prêt à taux d'intérêt plus bas. Cela peut simplifier vos paiements et réduire le montant des intérêts que vous payez. Recherchez des options de prêts de consolidation avec des conditions favorables.

6. **Négociez avec vos créanciers** : Contactez vos créanciers pour négocier des taux d'intérêt plus bas ou des plans de paiement alternatifs. Certains créanciers peuvent être disposés à travailler avec vous pour établir des conditions de remboursement plus gérables.

7. **Réaménagez vos crédits :** Si vous détenez plusieurs crédits à des taux élevés, étudiez la possibilité de les regrouper ou de les refinancer à un taux plus avantageux. Comparez attentivement les coûts, les frais et la durée de remboursement avant de vous engager.

8. **Automatisez vos paiements** : Configurez des paiements automatiques pour vos dettes afin de vous assurer que vous ne manquez jamais un paiement. Les paiements automatiques peuvent vous aider à éviter les frais de retard et à rester sur la bonne voie pour rembourser vos dettes.

9. **Utilisez les rentrées d'argent exceptionnelles :** Lorsque vous recevez une prime, un treizième mois, un héritage, une vente importante ou tout autre revenu exceptionnel, utilisez-en une partie pour accélérer le remboursement de vos dettes.

10. **Réduisez les dépenses superflues** : Identifiez et réduisez les dépenses non essentielles. Utilisez l'argent économisé pour effectuer des paiements supplémentaires sur vos dettes. Cela peut inclure réduire les sorties au restaurant, les abonnements inutiles ou les achats impulsifs.

11. **Augmentez vos revenus** : Cherchez des moyens d'augmenter vos revenus, comme prendre un emploi à temps partiel, exercer une activité en freelance ou vendre des biens que vous n'utilisez plus.

12. **Suivez vos progrès** : Gardez une trace de vos paiements et surveillez vos progrès dans le remboursement de vos dettes. Utilisez des applications ou des feuilles de calcul pour suivre les montants dus, les paiements effectués et les soldes restants. Voir vos progrès peut être motivant et vous aider à rester concentré sur vos objectifs.

13. **Consultez un conseiller financier** : Si vous avez des difficultés à élaborer un plan de remboursement de dettes, consultez un conseiller financier. Un

professionnel peut vous aider à créer une stratégie de remboursement adaptée à votre situation et à vos objectifs financiers.

Ressources pour Éliminer vos Dettes

- **Banque de France** : Propose des informations officielles sur le surendettement, les solutions de rééchelonnement des dettes et les démarches à entreprendre en cas de difficultés financières.
- **LesFurets** : Comparateur permettant d'évaluer différentes offres de regroupement de crédits, de prêts et d'assurances afin de réduire le coût global de son endettement.
- **Pretto** : Plateforme spécialisée dans le crédit immobilier et le refinancement, permettant de comparer les offres de financement et d'optimiser le coût de ses emprunts.
- **Mes Allocs** : Plateforme aidant à identifier les aides sociales et financières auxquelles vous pouvez avoir droit, afin d'améliorer votre situation budgétaire et d'accélérer le remboursement de vos dettes.
- **Budget Insight** : Solution d'agrégation bancaire utilisée par de nombreuses applications financières, permettant de suivre l'ensemble de ses comptes et de mieux piloter son budget.
- **Crésus** : Association spécialisée dans la prévention du surendettement, proposant des conseils, un accompagnement personnalisé et des outils pour retrouver un équilibre financier.

43. RÉVISEZ RÉGULIÈREMENT VOS FINANCES : AJUSTEZ VOS PLANS ET BUDGETS EN FONCTION DE L'ÉVOLUTION DE VOTRE SITUATION

En suivant ces conseils et en utilisant ces ressources, vous pouvez réviser régulièrement vos finances, ajuster vos plans et budgets en fonction de l'évolution de votre situation et travailler vers l'atteinte de vos objectifs financiers à long terme.

Conseils et astuces pour réviser régulièrement vos finances :

1. **Planifiez des revues financières périodiques** : Fixez des moments spécifiques pour examiner vos finances, par exemple, tous les mois, tous les trimestres ou chaque année. Ces revues régulières vous aideront à rester sur la bonne voie et à apporter des ajustements nécessaires.

2. **Évaluez vos revenus et dépenses** : Comparez vos revenus et vos dépenses réels par rapport à votre budget prévu. Identifiez les écarts et analysez les raisons de ces différences. Cela vous permettra de mieux comprendre vos habitudes de dépenses et de faire des ajustements appropriés.

3. **Mettez à jour votre budget** : Si vos revenus ou vos dépenses changent, ajustez votre budget en conséquence. Par exemple, si vous recevez une augmentation de salaire, décidez comment répartir ce revenu supplémentaire entre l'épargne, le remboursement des dettes et les dépenses.

4. **Suivez vos objectifs financiers** : Évaluez vos progrès par rapport à vos objectifs financiers à long terme, tels que l'épargne pour la retraite, l'achat d'une maison ou la constitution d'un fonds d'urgence. Assurez-vous que vous êtes sur la bonne voie pour atteindre ces objectifs et ajustez vos plans si nécessaire.

5. **Analysez vos investissements** : Examinez la performance de vos investissements et assurez-vous qu'ils sont toujours alignés avec vos objectifs financiers et votre tolérance au risque. Si nécessaire, rééquilibrez votre portefeuille pour maintenir une diversification appropriée et minimiser les risques.

6. **Révisez vos dettes** : Évaluez vos dettes et les progrès que vous avez réalisés dans leur remboursement. Si vous avez des dettes à taux d'intérêt élevé, envisagez des stratégies pour les rembourser plus rapidement. Si vos dettes ont diminué, vous pouvez rediriger les paiements vers l'épargne ou d'autres objectifs financiers.

7. **Mettez à jour vos assurances** : Assurez-vous que vous avez une couverture d'assurance adéquate pour protéger vos actifs et votre famille. Révisez vos polices d'assurance habitation, auto, santé et vie pour vous assurer qu'elles répondent à vos besoins actuels et apportez des modifications si nécessaire.

8. **Suivez vos économies et votre épargne retraite** : Vérifiez vos comptes d'épargne et de retraite pour vous assurer que vous respectez vos objectifs d'épargne. Si nécessaire, ajustez vos contributions pour rester sur la bonne voie.

9. **Évaluez votre situation fiscale** : Révisez vos stratégies fiscales et assurez-vous que vous maximisez les déductions et crédits disponibles. Planifiez pour les changements fiscaux et consultez un conseiller fiscal pour optimiser votre situation fiscale.

10. **Préparez-vous aux imprévus** : Assurez-vous que vous avez un fonds d'urgence suffisant pour couvrir les dépenses imprévues. Si nécessaire, augmentez vos contributions à ce fonds pour vous protéger contre les imprévus financiers.

11. **Utilisez des outils de gestion financière** : Utilisez des applications et des logiciels de gestion financière pour suivre vos revenus, dépenses, investissements et dettes. Des outils comme Mint, YNAB (You Need a Budget) et Personal Capital peuvent vous aider à rester organisé et à obtenir une vue d'ensemble de votre situation financière.

12. **Révisez vos abonnements et services** : Passez en revue vos abonnements mensuels et services pour identifier ceux que vous n'utilisez pas ou dont vous n'avez plus besoin. Annulez ou ajustez ces services pour réduire les dépenses superflues.

13. **Impliquez votre famille** : Si vous partagez vos finances avec un partenaire ou une famille, impliquez-les dans le processus de révision financière. La communication ouverte et la coopération peuvent aider à atteindre vos objectifs financiers communs plus efficacement.

14. **Consultez un conseiller financier** : Si vous avez des questions ou des préoccupations concernant vos finances, consultez un conseiller financier. Un professionnel peut vous offrir des conseils personnalisés et vous aider à élaborer une stratégie financière solide.

Ressources pour Réviser Régulièrement Vos Finances

- **Origin** : Plateforme de gestion financière permettant de suivre son patrimoine, ses investissements, son budget et ses objectifs financiers depuis un tableau de bord unique.

- **Empower Personal Dashboard** : Outil de suivi du patrimoine permettant d'analyser l'évolution de ses investissements, de son épargne et de ses dépenses sur le long terme.

- **PocketSmith** : Logiciel de planification financière offrant des prévisions de trésorerie, des scénarios budgétaires et un suivi détaillé de l'évolution de votre situation financière.

- **Finary** : Plateforme française permettant de centraliser ses comptes bancaires, investissements, immobilier et patrimoine afin de suivre son évolution financière en temps réel.

- **Budget Insight** : Solution d'agrégation bancaire permettant de regrouper plusieurs comptes dans une seule interface et d'obtenir une vision globale de ses finances.

- **Notion** : Outil d'organisation très flexible pouvant être utilisé pour créer un tableau de bord financier personnalisé, suivre ses objectifs, son budget, son patrimoine et ses investissements.

44. PROTÉGEZ VOS ACTIFS : ASSUREZ-VOUS CONTRE LES RISQUES QUI POURRAIENT MENACER VOTRE PATRIMOINE

En suivant ces conseils et en utilisant ces ressources, vous pouvez protéger vos actifs contre les risques potentiels et assurer la sécurité financière de votre patrimoine.

Conseils et astuces pour protéger vos actifs :

1. **Souscrivez à une assurance habitation** : Protégez votre maison et vos biens personnels contre les risques tels que les incendies, les vols, les dégâts des eaux et autres catastrophes naturelles. Assurez-vous que votre couverture est suffisante pour remplacer ou réparer vos biens en cas de sinistre.
2. **Prenez une assurance automobile** : Si vous possédez une voiture, une assurance automobile est obligatoire dans la plupart des pays. Elle vous protège contre les coûts des accidents, des réparations et des blessures. Choisissez une couverture qui inclut la responsabilité civile, les dommages matériels, et la protection contre les conducteurs non assurés.
3. **Optez pour une assurance santé** : Une assurance santé vous protège contre les coûts élevés des soins médicaux. Assurez-vous que votre police couvre les visites chez le médecin, les hospitalisations, les médicaments sur ordonnance et les soins de santé préventifs. Comparez les plans pour trouver celui qui correspond le mieux à vos besoins et à votre budget.
4. **Souscrivez à une assurance vie** : L'assurance vie peut fournir une protection financière à vos proches en cas de décès. Elle peut aider à couvrir les frais funéraires, les dettes et les besoins financiers de votre famille. Choisissez entre une assurance vie temporaire et une assurance vie entière en fonction de vos besoins spécifiques.
5. **Prenez une assurance invalidité** : Une assurance invalidité vous protège en cas d'incapacité de travail due à une maladie ou à une blessure. Elle remplace

une partie de votre revenu perdu, vous aidant ainsi à maintenir votre niveau de vie et à couvrir vos dépenses courantes.

6. **Envisagez une assurance responsabilité civile** : Une assurance responsabilité civile vous protège contre les réclamations de tiers en cas de dommages corporels ou matériels causés par vous ou les membres de votre famille. Elle peut couvrir les frais juridiques et les indemnisations.

7. **Assurez vos biens de valeur** : Si vous possédez des objets de grande valeur, tels que des bijoux, des œuvres d'art ou des instruments de musique, envisagez de les assurer spécifiquement. Une assurance spécialisée peut offrir une couverture supplémentaire au-delà de celle fournie par votre assurance habitation.

8. **Mettez en place une protection juridique** : Une assurance protection juridique peut vous aider à couvrir les frais juridiques en cas de litige. Elle peut inclure la couverture des frais d'avocat, des frais de justice et des indemnités.

9. **Protégez vos actifs professionnels** : Si vous êtes travailleur indépendant ou propriétaire d'une entreprise, assurez-vous contre les risques professionnels. Cela peut inclure une assurance responsabilité professionnelle, une assurance pour les locaux commerciaux et une assurance pour les équipements.

10. **Organisez juridiquement votre patrimoine :** Selon votre situation, la détention de certains actifs via une société, une SCI ou d'autres structures juridiques peut faciliter leur gestion, leur transmission ou leur protection. Faites-vous accompagner par un professionnel afin de choisir la solution adaptée.

11. **Diversifiez vos investissements** : La diversification de vos investissements peut réduire le risque global et protéger votre patrimoine contre les fluctuations du marché. Investissez dans une variété de classes d'actifs, telles que les actions, les obligations, les biens immobiliers et les métaux précieux.

12. **Conservez des copies de vos documents importants** : Gardez des copies papier et numériques de vos documents d'assurance, de vos titres de propriété, de vos contrats et d'autres documents financiers importants. Stockez-les dans un endroit sûr, comme un coffre-fort à domicile ou une boîte de dépôt sécurisée.

13. **Utilisez des mots de passe forts et une authentification à deux facteurs** : Protégez vos comptes en ligne et vos informations financières en utilisant des mots de passe complexes et en activant l'authentification à deux facteurs. Cela peut aider à prévenir les fraudes et les accès non autorisés.

14. **Surveillez régulièrement vos comptes financiers** : Vérifiez régulièrement vos relevés bancaires, vos relevés de carte de crédit et vos rapports de crédit pour détecter toute activité suspecte. Signalez immédiatement toute fraude ou erreur à votre institution financière.

15. **Consultez un conseiller financier ou un avocat spécialisé** : Si vous avez des questions ou des préoccupations concernant la protection de vos actifs, consultez un professionnel. Un conseiller financier ou un avocat spécialisé peut vous aider à élaborer une stratégie de protection de vos actifs adaptée à votre situation.

Ressources pour Protéger Vos Actifs

- **Service-Public.fr** : Site officiel de l'administration française regroupant les informations essentielles sur les assurances, la protection juridique, les successions, les donations et les démarches administratives.

- **Notaires de France** : Propose des guides pratiques sur la transmission du patrimoine, les successions, les donations, les régimes matrimoniaux et la protection juridique des biens.

- **Assurland** : Comparateur d'assurances permettant de comparer les offres d'assurance habitation, automobile, santé, prévoyance, responsabilité civile et assurance emprunteur.

- **France Assureurs** : Organisation représentant les assureurs français, proposant des informations et des guides sur les assurances, la prévention des risques et la protection du patrimoine.

- **Cybermalveillance.gouv.fr** : Plateforme officielle proposant des conseils pour protéger ses comptes en ligne, prévenir les fraudes, sécuriser ses données personnelles et réagir en cas de cyberattaque.

45. SOYEZ FRUGAL : PRIORISEZ LES DÉPENSES QUI OFFRENT LA MEILLEURE VALEUR À LONG TERME

En suivant ces conseils et en utilisant ces ressources, vous pouvez adopter un mode de vie frugal, prioriser les dépenses qui offrent la meilleure valeur à long terme et améliorer votre santé financière globale.

Conseils et astuces pour être frugal et prioriser les dépenses à valeur ajoutée :

1. **Établissez un budget mensuel** : Créez un budget détaillé pour suivre vos revenus et vos dépenses. Identifiez les dépenses essentielles (logement, alimentation, santé) et les dépenses non essentielles (loisirs, sorties, achats impulsifs). Cela vous permettra de mieux contrôler vos finances.

2. **Analysez vos habitudes de dépenses** : Passez en revue vos relevés bancaires et vos factures pour identifier les dépenses superflues ou excessives. Cherchez des moyens de réduire ou d'éliminer ces dépenses.

3. **Achetez en fonction de la qualité, pas seulement du prix** : Investir dans des produits de haute qualité peut coûter plus cher à court terme, mais cela peut vous faire économiser de l'argent à long terme en raison de leur durabilité et de leur performance.

4. **Faites des recherches avant d'acheter** : Comparez les prix, lisez les avis des consommateurs et recherchez les meilleures offres avant de faire un achat important. Utilisez des applications et des sites web de comparaison de prix pour trouver les meilleures offres.

5. **Achetez d'occasion ou reconditionné** : Pour certains articles comme les meubles, les vêtements ou l'électronique, envisagez d'acheter d'occasion ou reconditionné. Cela peut vous faire économiser beaucoup d'argent tout en obtenant des produits de qualité.

6. **Réduisez les abonnements et services non essentiels** : Passez en revue vos abonnements (streaming, magazines, gymnase, etc.) et annulez ceux que vous n'utilisez pas ou dont vous pouvez vous passer. Choisissez des alternatives moins coûteuses lorsque cela est possible.

7. **Cuisinez à la maison** : Manger à la maison est généralement moins coûteux et plus sain que manger au restaurant ou commander des plats à emporter. Planifiez vos repas, faites une liste de courses et achetez des ingrédients en vrac pour économiser davantage.

8. **Utilisez les coupons et les offres spéciales** : Profitez des coupons, des offres spéciales et des soldes pour économiser de l'argent sur vos achats. Inscrivez-vous aux programmes de fidélité des magasins et utilisez des applications de cashback pour obtenir des réductions supplémentaires.

9. **Réduisez votre consommation d'énergie** : Adoptez des habitudes économes en énergie, comme éteindre les lumières lorsque vous quittez une pièce, débrancher les appareils électroniques non utilisés et utiliser des ampoules LED. Investissez dans des appareils économes en énergie pour réduire vos factures d'électricité à long terme.

10. **Adoptez un mode de vie minimaliste** : Concentrez-vous sur l'essentiel et éliminez le superflu. Achetez moins, mais mieux. Cela vous permettra de réduire le désordre, de simplifier votre vie et d'économiser de l'argent.

11. **Privilégiez les loisirs gratuits ou peu coûteux** : Cherchez des activités gratuites ou peu coûteuses pour vous divertir, comme les randonnées, les pique-niques, les visites de musées gratuits ou les événements communautaires. Vous pouvez profiter de votre temps libre sans dépenser beaucoup d'argent.

12. **Réparez plutôt que de remplacer** : Avant de remplacer un article cassé ou usé, voyez s'il peut être réparé. Cela peut vous faire économiser de l'argent et réduire les déchets.

13. **Investissez dans votre éducation et vos compétences** : Dépensez de l'argent pour des formations, des cours en ligne et des livres qui peuvent

améliorer vos compétences et vos connaissances. Cela peut offrir un retour sur investissement à long terme en augmentant vos opportunités de carrière et vos revenus.

14. **Planifiez vos achats importants** : Si vous envisagez d'acheter un bien coûteux, planifiez à l'avance et économisez pour cet achat. Évitez de recourir au crédit à la consommation à taux élevé pour financer ces achats.

15. **Épargnez régulièrement** : Automatisez vos économies en mettant en place des virements automatiques vers votre compte d'épargne. Priorisez l'épargne pour les objectifs à long terme, comme la retraite, l'achat d'une maison ou la constitution d'un fonds d'urgence.

Ressources pour Adopter un Mode de Vie Frugal

- **Livres :** Your Money or Your Life de Vicki Robin et Joe Dominguez, The Simple Path to Wealth de JL Collins et L'Art de la simplicité de Dominique Loreau.

- **Dealabs :** Communauté permettant de trouver les meilleures promotions, réductions et bons plans grâce aux offres partagées et évaluées par les utilisateurs.

- **Que Choisir :** Guides d'achat, comparatifs indépendants et conseils pour acheter au meilleur rapport qualité-prix et éviter les dépenses inutiles.

- **Emma :** Application de suivi des finances personnelles permettant d'analyser ses dépenses, d'identifier les abonnements inutiles et de mieux gérer son budget.

- **Coursera :** Propose des formations sur les finances personnelles, la consommation responsable et la gestion budgétaire.

46. PLANIFIEZ VOTRE SUCCESSION : ASSUREZ-VOUS QUE VOTRE PATRIMOINE EST TRANSMIS SELON VOS SOUHAITS

En suivant ces conseils et en utilisant ces ressources, vous pouvez planifier efficacement votre succession, vous assurer que votre patrimoine est transmis selon vos souhaits et offrir une tranquillité d'esprit à vos proches.

Conseils et astuces pour planifier votre succession :

1. **Rédigez un testament :** Le testament est le document de référence pour exprimer vos volontés concernant la répartition de votre patrimoine. Pensez à le mettre à jour à chaque changement important de votre vie (mariage, divorce, naissance, acquisition d'un bien...).

2. **Informez-vous sur les règles successorales :** En France, une partie de votre patrimoine est réservée à certains héritiers (réserve héréditaire). Comprendre ces règles vous permettra d'organiser votre succession dans le respect de la loi.

3. **Anticipez la transmission de votre patrimoine :** Les donations réalisées de votre vivant, lorsqu'elles sont adaptées à votre situation, peuvent faciliter la transmission de votre patrimoine et, dans certains cas, réduire les droits de succession.

4. **Rédigez vos directives anticipées :** Les directives anticipées permettent d'exprimer vos souhaits concernant votre prise en charge médicale si vous n'êtes plus en mesure de le faire.

5. **Désignez une personne de confiance :** Vous pouvez désigner une personne de confiance pour vous accompagner dans vos décisions médicales si vous perdez votre capacité à les exprimer.

6. **Pensez au mandat de protection future :** Ce dispositif permet de désigner à l'avance une personne chargée de gérer vos intérêts si vous devenez un jour incapable de le faire vous-même.

7. **Vérifiez les bénéficiaires de vos contrats :** Assurez-vous que les bénéficiaires désignés sur vos contrats d'assurance vie correspondent toujours à vos souhaits. Une clause bénéficiaire bien rédigée est essentielle.

8. **Optimisez la fiscalité de votre succession :** Selon votre patrimoine, certaines solutions (donations, démembrement de propriété, assurance vie, etc.) peuvent permettre d'optimiser la transmission dans le respect de la réglementation.

9. **Adaptez votre assurance vie :** L'assurance vie constitue souvent un outil efficace de transmission patrimoniale. Vérifiez régulièrement que son montant et sa clause bénéficiaire restent adaptés à votre situation.

10. **Préparez un dossier patrimonial :** Centralisez les informations importantes : comptes bancaires, contrats d'assurance, placements, biens immobiliers, identifiants utiles et coordonnées de vos principaux interlocuteurs.

11. **Classez vos documents importants :** Conservez vos actes de propriété, contrats, testaments, documents fiscaux et administratifs dans un lieu sécurisé et facilement accessible par vos proches.

12. **Parlez-en avec vos proches :** Sans nécessairement entrer dans tous les détails, expliquer vos choix permet souvent d'éviter des incompréhensions et des conflits au moment de la succession.

13. **Réévaluez régulièrement votre organisation patrimoniale :** Votre situation familiale, professionnelle ou financière évolue. Pensez à revoir votre succession tous les 3 à 5 ans ou après un événement important.

14. **Faites-vous accompagner par des professionnels :** Un notaire, un avocat spécialisé ou un conseiller en gestion de patrimoine pourra vous aider à mettre en place la stratégie la plus adaptée à votre situation.

Ressources pour Planifier Votre Succession

- **Service-Public.fr :** Informations officielles sur les successions, les donations, les testaments, les directives anticipées et les droits des héritiers.

- **Notaires de France :** Guides pratiques, simulateurs et conseils pour préparer une succession, réaliser une donation ou rédiger un testament.
- **ANIL (Agence Nationale pour l'Information sur le Logement) :** Informations utiles sur la transmission des biens immobiliers, le démembrement de propriété et les aspects patrimoniaux liés au logement.
- **Conseillers en gestion de patrimoine (CGP) :** Accompagnement personnalisé pour organiser la transmission de votre patrimoine en fonction de vos objectifs familiaux et fiscaux.
- **Assureurs et banques :** Informations sur l'assurance vie, les clauses bénéficiaires et les solutions d'épargne destinées à préparer la transmission du patrimoine.

47. UTILISEZ DES OUTILS FINANCIERS : COMME LES APPLICATIONS DE GESTION FINANCIÈRE POUR SUIVRE VOS PROGRÈS

En utilisant ces conseils et en tirant parti de ces ressources, vous pouvez améliorer votre gestion financière, suivre vos progrès et atteindre vos objectifs financiers de manière plus efficace.

Conseils et astuces pour utiliser des outils financiers :

1. **Choisissez les bonnes applications de gestion financière** : Sélectionnez des applications adaptées à vos besoins (budget, suivi des dépenses, épargne ou investissements). Privilégiez des outils simples, sécurisés et compatibles avec vos comptes bancaires..

2. **Centralisez vos finances** : Utilisez une application de gestion financière pour centraliser toutes vos informations financières. Connectez vos comptes bancaires, cartes de crédit, prêts, et comptes d'investissement pour obtenir une vue d'ensemble de votre situation financière.

3. **Établissez un budget détaillé** : Les applications de gestion financière vous permettent de créer et de suivre un budget. Définissez des catégories de dépenses et des limites pour chaque catégorie. Suivez vos dépenses pour voir si vous respectez votre budget et apportez des ajustements si nécessaire.

4. **Suivez vos dépenses en temps réel** : Les applications de gestion financière peuvent automatiquement suivre vos transactions en temps réel. Cela vous permet de voir où va votre argent et d'identifier les domaines où vous pouvez réduire les dépenses.

5. **Fixez des objectifs financiers** : Utilisez des outils financiers pour définir et suivre vos objectifs financiers, qu'il s'agisse de rembourser des dettes, d'épargner pour un achat important, ou de constituer un fonds d'urgence. Les applications peuvent vous aider à rester concentré et à mesurer vos progrès.

6. **Planifiez vos investissements** : Utilisez votre courtier, votre banque ou une application spécialisée pour suivre vos investissements, mesurer leurs performances et vérifier qu'ils restent cohérents avec vos objectifs.

7. **Surveillez vos comptes et vos engagements financiers :** Vérifiez régulièrement vos comptes bancaires, vos crédits et vos placements afin de détecter rapidement toute anomalie et de suivre l'évolution de votre situation financière.

8. **Automatisez votre épargne :** Mettez en place des virements automatiques vers votre compte d'épargne ou vos placements afin d'épargner régulièrement sans avoir à y penser.

9. **Recevez des rappels de paiement** : Configurez des alertes et des rappels pour les dates d'échéance des factures et des paiements de dettes. Cela vous aide à éviter les frais de retard et à maintenir une bonne gestion de votre crédit.

10. **Analysez vos tendances de dépenses** : Utilisez les outils analytiques des applications pour examiner vos habitudes de dépenses au fil du temps. Identifiez les tendances et prenez des mesures pour ajuster vos comportements financiers si nécessaire.

11. **Utilisez des calculatrices financières** : Les applications de gestion financière offrent souvent des calculatrices pour la retraite, les prêts hypothécaires, les dettes et autres. Utilisez ces outils pour faire des projections financières et planifier vos futurs besoins financiers.

12. **Sécurisez vos données** : Assurez-vous que l'application que vous choisissez utilise des protocoles de sécurité robustes pour protéger vos informations financières. Utilisez des mots de passe forts et l'authentification à deux facteurs pour sécuriser vos comptes.

13. **Personnalisez vos rapports** : Profitez des options de personnalisation offertes par les applications pour générer des rapports financiers qui répondent à vos besoins spécifiques. Cela peut inclure des rapports sur les dépenses mensuelles, les flux de trésorerie, et la performance des investissements.

14. **Intégrez d'autres outils et services** : Certaines applications financières peuvent se connecter à d'autres services comme les plateformes de trading, les outils de planification budgétaire, et les services de déclaration fiscale. Utilisez ces intégrations pour simplifier la gestion de vos finances.

15. **Consultez des ressources éducatives** : De nombreuses applications offrent des articles, des vidéos et des tutoriels pour vous aider à améliorer vos connaissances en matière de finances personnelles. Utilisez ces ressources pour vous éduquer et prendre des décisions financières éclairées.

Ressources pour Utiliser des Outils Financiers

- **Emma :** Application permettant de centraliser ses comptes, suivre ses dépenses, identifier les abonnements et mieux gérer son budget.
- **Wallet by BudgetBakers :** Outil complet de gestion budgétaire offrant le suivi des dépenses, la planification des budgets et des analyses détaillées.
- **Spendee :** Application intuitive pour suivre ses revenus, ses dépenses et partager un budget avec sa famille ou son conjoint.
- **Morningstar :** Plateforme d'analyse permettant de suivre la performance de ses investissements, de comparer des fonds et d'obtenir des informations financières détaillées.
- **Finary :** Plateforme de suivi patrimonial permettant de regrouper ses comptes bancaires, investissements, immobilier et actifs financiers afin d'obtenir une vision globale de son patrimoine.

48. CONSULTEZ DES EXPERTS : COMPTABLES, CONSEILLERS FINANCIERS POUR PRENDRE DES DÉCISIONS ÉCLAIRÉES

En suivant ces conseils et en utilisant ces ressources, vous pouvez trouver et consulter des experts financiers pour prendre des décisions éclairées et optimiser votre gestion financière.

Conseils et astuces pour consulter des experts financiers :

1. **Identifiez vos besoins financiers** : Avant de consulter un expert, clarifiez vos besoins spécifiques. Avez-vous besoin d'aide pour la planification fiscale, la gestion des investissements, la budgétisation, la planification de la retraite, ou la gestion des dettes ? Connaître vos besoins vous aidera à choisir le bon expert.

2. **Recherchez des professionnels qualifiés :** Faites appel à des professionnels reconnus et compétents, tels qu'un expert-comptable, un conseiller en gestion de patrimoine (CGP), un notaire ou un avocat spécialisé, en fonction de votre situation et de vos besoins.

3. **Vérifiez leur expérience et leur réputation :** Consultez les avis clients, demandez des recommandations à votre entourage et vérifiez que le professionnel est inscrit auprès de son ordre ou de son organisme professionnel lorsque cela est applicable.

4. **Comprenez les frais et les honoraires** : Les experts financiers peuvent facturer leurs services de différentes manières, comme des honoraires horaires, des frais forfaitaires, un pourcentage des actifs sous gestion, ou des commissions sur les produits financiers. Assurez-vous de comprendre comment l'expert est rémunéré et évaluez si cela correspond à votre budget.

5. **Préparez vos documents financiers** : Avant de rencontrer un expert financier, rassemblez et organisez tous vos documents financiers pertinents, tels que les relevés de comptes bancaires, les relevés de carte de crédit, les déclarations de

revenus, les documents d'investissement, et les polices d'assurance. Cela permettra à l'expert de mieux comprendre votre situation financière.

6. **Posez des questions clés** : Préparez une liste de questions à poser à l'expert financier pour évaluer ses compétences et son approche. Par exemple, demandez-lui comment il peut vous aider à atteindre vos objectifs financiers, quelles sont ses stratégies d'investissement, et comment il gère les risques.

7. **Cherchez un bon rapport personnel** : Il est important de trouver un expert avec lequel vous vous sentez à l'aise et en confiance. La relation de travail doit être basée sur la transparence, la communication et la confiance mutuelle.

8. **Demandez des recommandations personnalisées** : Un bon expert financier doit être en mesure de fournir des recommandations personnalisées en fonction de votre situation spécifique, de vos objectifs et de votre tolérance au risque. Assurez-vous que les conseils fournis sont adaptés à vos besoins uniques.

9. **Revoyez régulièrement vos plans financiers** : Les besoins et les objectifs financiers peuvent évoluer au fil du temps. Planifiez des réunions régulières avec votre expert financier pour revoir et ajuster vos plans en fonction de l'évolution de votre situation et des conditions du marché.

10. **Utilisez des outils et des rapports fournis par l'expert** : Les experts financiers peuvent fournir des outils et des rapports pour suivre vos progrès, analyser vos investissements et planifier vos finances. Utilisez ces ressources pour rester informé et prendre des décisions éclairées.

11. **Restez informé et impliqué** : Même si vous travaillez avec un expert financier, il est important de rester informé et impliqué dans la gestion de vos finances. Lisez des livres, suivez des cours en ligne et participez à des séminaires pour améliorer vos connaissances financières.

12. **Soyez ouvert à des ajustements** : Parfois, les recommandations initiales peuvent nécessiter des ajustements en fonction des changements dans votre situation financière ou des conditions du marché. Soyez prêt à discuter et à ajuster votre plan avec votre expert financier.

13. **Consultez plusieurs experts si nécessaire** : Si vous avez des besoins financiers complexes ou diversifiés, il peut être utile de consulter plusieurs experts spécialisés dans différents domaines, tels que la planification fiscale, la gestion des investissements, et la planification successorale.

Ressources pour Trouver et Consulter des Experts Financiers

- **Ordre des experts-comptables :** Permet de trouver un expert-comptable qualifié pour accompagner les particuliers, entrepreneurs et dirigeants dans leurs décisions financières, fiscales et comptables.
- **Compagnie des Conseillers en Gestion de Patrimoine (CGP) :** Annuaire de professionnels spécialisés dans la gestion de patrimoine, les investissements, la retraite, la fiscalité et la transmission.
- **Notaires de France :** Réseau de notaires proposant des conseils sur la succession, les donations, l'immobilier, le droit de la famille et la protection du patrimoine.
- **France Invest :** Association professionnelle regroupant les acteurs du capital-investissement et proposant des ressources sur l'investissement, le financement des entreprises et la gestion de patrimoine.
- **Google Maps et les avis clients :** Permettent de comparer les cabinets proches de chez vous, consulter les avis, vérifier leur réputation et prendre rendez-vous avec le professionnel le plus adapté à vos besoins.

49. ÉDUQUEZ-VOUS FINANCIÈREMENT : LISEZ DES LIVRES, ASSISTEZ À DES SÉMINAIRES, SUIVEZ DES COURS EN LIGNE

En suivant ces conseils et en utilisant ces ressources, vous pouvez vous éduquer financièrement, améliorer vos compétences en gestion de l'argent et atteindre vos objectifs financiers.

Conseils et astuces pour s'éduquer financièrement :

1. **Lisez des livres sur les finances personnelles :** Consacrez régulièrement du temps à la lecture d'ouvrages de référence sur le budget, l'investissement, la psychologie de l'argent et l'entrepreneuriat. Diversifiez vos lectures afin de confronter différents points de vue et d'enrichir votre réflexion.

2. **Suivez des sites spécialisés :** Consultez régulièrement des sites reconnus consacrés aux finances personnelles, à l'investissement et à l'économie afin de rester informé des évolutions réglementaires, des tendances économiques et des bonnes pratiques.

3. **Écoutez des podcasts financiers :** Les podcasts sont un excellent moyen d'apprendre pendant vos déplacements ou votre temps libre. Choisissez des émissions animées par des professionnels reconnus et privilégiez les contenus pédagogiques.

4. **Assistez à des séminaires et des ateliers :** Participez à des conférences, ateliers ou webinaires consacrés aux finances personnelles, à l'investissement ou à l'entrepreneuriat. Ces événements permettent d'acquérir de nouvelles connaissances et d'échanger avec des experts.

5. **Suivez des cours en ligne :** Les plateformes de formation proposent des cours sur les finances personnelles, l'investissement, la budgétisation, la fiscalité et l'économie. Choisissez des formations adaptées à votre niveau et à vos objectifs.

6. **Utilisez des applications de gestion financière :** Les applications de suivi budgétaire et patrimonial vous permettent de mettre en pratique ce que vous apprenez, d'analyser vos dépenses et de mieux gérer votre argent au quotidien.

7. **Participez à des forums et communautés :** Rejoignez des communautés en ligne ou des groupes de discussion afin de poser vos questions, partager vos expériences et apprendre des réussites comme des erreurs des autres.

8. **Suivez des chaînes YouTube éducatives :** De nombreux créateurs de contenu proposent des vidéos de qualité sur les finances personnelles, l'investissement et l'économie. Vérifiez toujours la crédibilité des informations avant de les appliquer.

9. **Lisez la presse économique et financière :** Consultez régulièrement des journaux et magazines spécialisés afin de mieux comprendre l'actualité économique, les marchés financiers et les grandes tendances qui influencent vos investissements.

10. **Utilisez les ressources des organismes publics :** De nombreux organismes publics proposent gratuitement des guides, simulateurs et contenus pédagogiques pour mieux comprendre le budget, l'épargne, le crédit, les impôts ou la retraite.

11. **Participez à des clubs d'investissement :** Rejoindre un club d'investissement est un excellent moyen d'apprendre en échangeant avec d'autres investisseurs, d'analyser des entreprises et de confronter différents points de vue.

12. **Tenez un journal financier :** Notez vos objectifs, vos décisions, vos réussites et vos erreurs. Ce suivi vous permettra de mesurer vos progrès, d'améliorer vos habitudes financières et de développer votre discipline.

13. **Appliquez ce que vous apprenez :** Les connaissances ne produisent de résultats que lorsqu'elles sont mises en pratique. Testez progressivement les stratégies que vous découvrez, adaptez-les à votre situation et développez de bonnes habitudes financières sur le long terme.

Ressources pour s'Éduquer Financièrement

- **La Finance pour Tous :** Site pédagogique de référence proposant des contenus accessibles sur le budget, l'épargne, les crédits, les assurances, les impôts et les investissements.

- **Institut pour l'Éducation Financière du Public (IEFP) :** Organisme proposant des guides, dossiers et outils pour développer ses connaissances financières.

- **Banque de France – ABC de l'économie :** Ressources gratuites pour comprendre les mécanismes économiques, la gestion d'un budget, le crédit, l'inflation et les placements.

- **Coursera :** Formations en ligne dispensées par des universités et des experts sur les finances personnelles, l'investissement, l'économie et l'entrepreneuriat.

- **Investopedia :** Encyclopédie financière de référence offrant des milliers d'articles, de guides et de définitions pour approfondir ses connaissances.

50. GARDEZ UN ŒIL SUR L'INFLATION : INVESTISSEZ DE MANIÈRE À OUTREPASSER L'INFLATION POUR PRÉSERVER VOTRE POUVOIR D'ACHAT.

En suivant ces conseils et en utilisant ces ressources, vous pouvez investir de manière à préserver et même augmenter votre pouvoir d'achat malgré l'inflation, assurant ainsi une meilleure sécurité financière à long terme.

Conseils et astuces pour investir de manière à outrepasser l'inflation :

1. **Comprenez l'impact de l'inflation :** L'inflation réduit progressivement le pouvoir d'achat de votre argent. Si le rendement de votre épargne est inférieur au taux d'inflation, votre capital perd de sa valeur en termes réels. Restez informé de l'évolution de l'inflation afin d'adapter votre stratégie d'investissement.

2. **Investissez sur le long terme :** Les placements à long terme, notamment les actions, ont historiquement offert des rendements supérieurs à l'inflation sur de longues périodes. Une vision de long terme permet également de mieux absorber les fluctuations des marchés.

3. **Diversifiez vos investissements :** Répartissez votre patrimoine entre plusieurs classes d'actifs (actions, obligations, immobilier, liquidités et éventuellement métaux précieux). Une bonne diversification permet de mieux résister aux différentes phases économiques.

4. **Privilégiez les fonds indiciels ou les ETF diversifiés :** Ces supports permettent d'investir simplement dans un grand nombre d'entreprises tout en limitant les frais de gestion, ce qui favorise la performance sur le long terme.

5. **Pensez à l'immobilier :** L'immobilier peut contribuer à préserver votre pouvoir d'achat grâce à la valorisation des biens sur le long terme et aux revenus locatifs, même si les performances varient selon les marchés.

6. **Intégrez des actifs réels à votre patrimoine :** Les métaux précieux, certaines matières premières ou encore les infrastructures peuvent, dans certains contextes économiques, contribuer à protéger votre patrimoine contre l'inflation.

7. **Choisissez des placements adaptés aux périodes inflationnistes :** Certains produits financiers, comme les obligations indexées sur l'inflation, peuvent constituer une protection complémentaire lorsque les prix augmentent durablement.

8. **Réinvestissez vos revenus :** Réinvestir les dividendes, les intérêts ou les loyers permet de bénéficier pleinement des intérêts composés et d'accélérer la croissance de votre patrimoine.

9. **Réévaluez régulièrement votre portefeuille :** Passez en revue vos investissements au moins une fois par an afin de vérifier qu'ils restent cohérents avec vos objectifs, votre horizon de placement et le contexte économique.

10. **Conservez uniquement votre épargne de précaution en liquidités :** Une réserve de sécurité est indispensable, mais conserver des sommes importantes sur des comptes faiblement rémunérés peut entraîner une perte de pouvoir d'achat lorsque l'inflation est élevée.

11. **Gardez une vision de long terme :** Les périodes d'inflation font partie des cycles économiques. Évitez de prendre des décisions impulsives et restez fidèle à votre stratégie d'investissement.

12. **Faites-vous accompagner si nécessaire :** Si vous avez des doutes sur la composition de votre portefeuille ou sur les solutions les mieux adaptées à votre situation, n'hésitez pas à consulter un conseiller en gestion de patrimoine ou un conseiller financier.

Ressources pour Investir en Vue de Surpasser l'Inflation

- **Banque de France** : Informations économiques, inflation et éducation financière.
- **Morningstar** : Analyses de fonds, ETF et portefeuilles d'investissement.
- **Investopedia** : Guides pédagogiques sur l'inflation, les marchés financiers et les différentes classes d'actifs.
- **L'Autorité des Marchés Financiers (AMF)** : Conseils pour investir, comprendre les risques et éviter les arnaques financières.
- **Les Échos Investir** : Actualités économiques, analyses de marché et conseils en investissement.

6. DÉVELOPPEMENT PERSONNEL VERS LE SUCCÈS

- DÉVELOPPEZ UN ÉTAT D'ESPRIT DE CROISSANCE
- FIXEZ-VOUS DES OBJECTIFS AMBITIEUX
- CULTIVEZ LA DISCIPLINE
- GÉREZ EFFICACEMENT VOTRE TEMPS
- DÉVELOPPEZ VOTRE INTELLIGENCE ÉMOTIONNELLE
- AMÉLIOREZ VOS COMPÉTENCES EN COMMUNICATION
- DÉVELOPPEZ VOTRE RÉSEAU
- PRENEZ SOIN DE VOTRE SANTÉ PHYSIQUE ET MENTALE
- APPRENEZ DE VOS ÉCHECS
- N'ARRÊTEZ JAMAIS D'APPRENDRE

51. FIXEZ DES OBJECTIFS FINANCIERS CLAIRS : DÉFINISSEZ DES OBJECTIFS FINANCIERS PRÉCIS, MESURABLES ET RÉALISABLES. AVOIR DES OBJECTIFS CLAIRS VOUS AIDE À RESTER CONCENTRÉ ET MOTIVÉ POUR LES ATTEINDRE.

En suivant ces conseils et en utilisant ces ressources, vous pouvez fixer des objectifs financiers clairs et efficaces qui vous aideront à rester concentré, motivé et sur la bonne voie pour atteindre la richesse et la réussite financière.

Conseils et astuces pour fixer des objectifs financiers clairs :

1. **Utilisez la méthode SMART :** Assurez-vous que vos objectifs sont Spécifiques, Mesurables, Atteignables, Réalistes et Temporellement définis. Par exemple, plutôt que de dire "je veux épargner plus d'argent", définissez un objectif comme "je veux épargner 10 000 euros d'ici la fin de l'année."

2. **Divisez vos objectifs en étapes :** Décomposez vos grands objectifs en étapes plus petites et gérables. Cela rend les objectifs moins intimidants et vous permet de célébrer les petites victoires en cours de route. Par exemple, si vous voulez épargner 10 000 euros en un an, fixez-vous comme objectif d'épargner environ 833 euros par mois.

3. **Priorisez vos objectifs :** Déterminez quels objectifs sont les plus importants pour vous et concentrez-vous sur ceux-ci en premier. Cela vous permet de diriger vos ressources et votre énergie vers les objectifs qui auront le plus grand impact sur votre situation financière.

4. **Écrivez vos objectifs :** Mettre vos objectifs par écrit les rend plus concrets et vous aide à vous engager envers eux. Placez-les dans un endroit visible pour vous rappeler quotidiennement ce que vous voulez accomplir.

5. **Créez un plan d'action :** Développez un plan détaillé pour atteindre chaque objectif. Incluez les étapes spécifiques que vous devez suivre, les ressources dont

vous avez besoin et les échéances pour chaque étape. Un plan clair vous donne une feuille de route pour atteindre vos objectifs.

6. **Utilisez des outils de suivi :** Utilisez des applications de gestion financière, des feuilles de calcul ou des journaux pour suivre vos progrès. Des outils comme Mint, YNAB ou une simple feuille Excel peuvent vous aider à surveiller vos finances et à vous assurer que vous restez sur la bonne voie.

7. **Révisez et ajustez régulièrement :** Passez en revue vos objectifs et vos progrès régulièrement, au moins une fois par mois. Ajustez vos plans si nécessaire pour tenir compte des changements dans votre situation financière ou de vos priorités. La flexibilité est essentielle pour s'adapter aux imprévus.

8. **Impliquez vos proches :** Si vous avez un partenaire ou une famille, impliquez-les dans le processus de définition des objectifs financiers. Travailler ensemble sur des objectifs communs peut renforcer votre engagement et faciliter la réalisation de ces objectifs.

9. **Visualisez votre succès :** Prenez quelques minutes chaque jour pour visualiser la réalisation de vos objectifs financiers. Imaginez-vous en train d'atteindre vos objectifs et ressentez la satisfaction et la sécurité que cela apporte. La visualisation peut renforcer votre motivation et votre détermination.

10. **Célébrez vos réussites :** Reconnaissez et célébrez vos progrès et les étapes importantes que vous atteignez en cours de route. Récompenser vos réussites peut maintenir votre motivation élevée et rendre le processus de réalisation des objectifs plus gratifiant.

Ressources pour Fixer des Objectifs Financiers Clairs

- **Livres :** Your Money or Your Life de Vicki Robin et Joe Dominguez, The Total Money Makeover de Dave Ramsey, Rich Dad Poor Dad de Robert Kiyosaki.
- **Applications :** Spendee, Emma, Wallet by BudgetBakers et Buddy pour suivre votre budget et vos objectifs financiers.
- **Investopedia :** Articles et guides sur la gestion des finances personnelles et la définition d'objectifs financiers.
- **Coursera, Udemy et Khan Academy :** Cours sur les finances personnelles et la gestion financière.
- **Feuille de calcul (Excel ou Google Sheets) :** Pour créer un tableau de bord personnalisé et suivre l'évolution de vos objectifs financiers.

52. DÉVELOPPEZ UNE MENTALITÉ DE CROISSANCE : ADOPTEZ UNE ATTITUDE POSITIVE ET PROACTIVE FACE AUX DÉFIS. CROYEZ EN VOTRE CAPACITÉ À APPRENDRE ET À VOUS AMÉLIORER CONTINUELLEMENT, CE QUI EST CRUCIAL POUR RÉUSSIR FINANCIÈREMENT.

En adoptant ces stratégies et en utilisant ces ressources, vous pouvez cultiver une mentalité de croissance qui vous permettra de maximiser votre potentiel et de réussir dans vos objectifs financiers et personnels.

Conseils et astuces pour développer une mentalité de croissance :

1. **Adoptez une perspective positive sur les défis** : Voyez les défis comme des opportunités d'apprentissage plutôt que comme des obstacles. Chaque difficulté rencontrée est une chance de grandir et de s'améliorer.

2. **Apprenez de vos erreurs** : Acceptez que les erreurs font partie du processus d'apprentissage. Analysez vos erreurs pour comprendre ce qui n'a pas fonctionné et comment vous pouvez vous améliorer à l'avenir.

3. **Fixez des objectifs d'apprentissage** : En plus de vos objectifs financiers, fixez des objectifs spécifiques liés à l'apprentissage et au développement de nouvelles compétences. Par exemple, vous pouvez vous fixer l'objectif d'apprendre une nouvelle compétence professionnelle chaque trimestre.

4. **Soyez curieux et posez des questions** : Adoptez une attitude curieuse et posez des questions pour approfondir vos connaissances. La curiosité vous poussera à explorer de nouveaux domaines et à découvrir des solutions innovantes.

5. **Lisez régulièrement et diversifiez vos lectures** : Lisez des livres, des articles, et des blogs sur une variété de sujets, y compris ceux en dehors de votre domaine de prédilection. Cela vous permettra d'élargir vos horizons et de stimuler votre créativité.

6. **Entourez-vous de personnes positives et inspirantes** : Fréquentez des personnes qui partagent une mentalité de croissance. Leurs attitudes et perspectives positives peuvent vous influencer et vous encourager à adopter une approche similaire.

7. **Pratiquez la gratitude** : Prenez le temps de reconnaître et d'apprécier vos succès et les aspects positifs de votre vie. La gratitude peut renforcer votre attitude positive et vous aider à rester motivé.

8. **Utilisez les affirmations positives** : Intégrez des affirmations positives dans votre routine quotidienne pour renforcer votre confiance en vous et en vos capacités. Par exemple, dites-vous : "Je suis capable d'apprendre et de grandir chaque jour."

9. **Investissez dans des formations et des ateliers** : Participez à des formations, des séminaires et des ateliers pour continuer à développer vos compétences. L'apprentissage continu est essentiel pour rester compétitif et atteindre vos objectifs financiers.

10. **Soyez patient et persévérant** : Le développement personnel est un processus continu qui prend du temps. Soyez patient avec vous-même et persévérez, même lorsque vous rencontrez des difficultés.

Ressources pour Développer une Mentalité de Croissance

- **Livres Mindset :** « Changer d'état d'esprit » de **Carol S. Dweck** (la référence mondiale sur la mentalité de croissance). « Un rien peut tout changer » (Atomic Habits) de **James Clear** (très concret pour développer de bonnes habitudes). « L'art de la victoire » (Shoe Dog) de **Phil Knight** (excellent témoignage sur la persévérance, l'échec et la croissance personnelle).

- **Podcasts :** The Tony Robbins Podcast, The Tim Ferriss Show, The School of Greatness avec Lewis Howes.

- **Cours en ligne :** Coursera, Udemy et LinkedIn Learning proposent des cours sur le développement personnel et la mentalité de croissance.

- **MindTools :** Ressources sur le développement des compétences, la résolution de problèmes et la progression professionnelle.
- **Psychology Today :** Articles et analyses sur la psychologie, la motivation et le développement personnel.

53. APPRENEZ LA GESTION DU TEMPS : MAÎTRISEZ L'ART DE LA GESTION DU TEMPS POUR MAXIMISER VOTRE PRODUCTIVITÉ. PRIORISEZ VOS TÂCHES ET CONCENTREZ-VOUS SUR LES ACTIVITÉS À FORTE VALEUR AJOUTÉE QUI CONTRIBUENT À VOTRE RICHESSE.

En suivant ces conseils et en utilisant ces ressources, vous pouvez maîtriser la gestion du temps, maximiser votre productivité et vous concentrer sur les activités qui contribuent le plus à votre richesse et à votre succès afin d'atteindre vos objectifs financiers et personnels de manière plus efficace.

Conseils et astuces pour apprendre la gestion du temps :

1. **Utilisez la méthode Eisenhower** : Classez vos tâches en quatre catégories : urgent et important, important mais non urgent, urgent mais non important, et ni urgent ni important. Concentrez-vous en priorité sur les tâches importantes et non urgentes pour prévenir les crises de dernière minute.
2. **Planifiez votre journée** : Commencez chaque journée en planifiant vos tâches principales. Utilisez un agenda, un planificateur ou une application de gestion du temps pour organiser vos activités et fixer des échéances claires.
3. **Fixez des priorités claires** : Déterminez quelles tâches ont le plus grand impact sur vos objectifs financiers et personnels. Concentrez-vous d'abord sur ces tâches pour maximiser votre efficacité.
4. **Utilisez la technique Pomodoro** : Travaillez par intervalles de 25 minutes (appelés "Pomodoros"), suivis de courtes pauses de 5 minutes. Après quatre Pomodoros, prenez une pause plus longue de 15 à 30 minutes. Cette technique aide à maintenir la concentration et à éviter l'épuisement.
5. **Éliminez les distractions** : Identifiez et minimisez les distractions qui nuisent à votre productivité, comme les notifications de votre téléphone, les réseaux

sociaux ou les environnements de travail bruyants. Créez un espace de travail calme et propice à la concentration.

6. **Apprenez à dire non** : Protégez votre temps en refusant les tâches et les demandes qui ne contribuent pas à vos objectifs principaux. Être sélectif quant à ce à quoi vous consacrez votre temps est essentiel pour rester concentré sur ce qui est vraiment important.

7. **Automatisez et déléguez** : Utilisez des outils d'automatisation pour les tâches répétitives et déléguez les tâches moins importantes à d'autres. Cela vous permet de vous concentrer sur les activités à forte valeur ajoutée.

8. **Suivez vos progrès** : Utilisez des outils de suivi du temps pour analyser comment vous passez vos journées. Identifiez les domaines où vous pouvez améliorer votre gestion du temps et ajustez vos habitudes en conséquence.

9. **Pratiquez la gestion des emails** : Fixez des créneaux horaires spécifiques pour consulter et répondre à vos emails au lieu de les vérifier constamment. Classez vos emails par ordre de priorité et traitez d'abord les plus importants.

10. **Prenez soin de vous** : Assurez-vous de dormir suffisamment, de manger sainement et de faire de l'exercice régulièrement. Une bonne santé physique et mentale est essentielle pour maintenir un haut niveau de productivité.

Ressources pour Apprendre la Gestion du Temps

- **Livres :** Getting Things Done de David Allen, The One Thing de Gary Keller et Jay Papasan, Avalez le crapaud ! (Eat That Frog!) de Brian Tracy.
- **Applications :** Todoist, Trello, Asana et Microsoft To Do pour organiser et gérer vos tâches.
- **Cours en ligne :** Coursera, Udemy et LinkedIn Learning proposent des cours sur la gestion du temps et la productivité.
- **Sites web : Manager GO!** et **Manageris** offrent des articles, des outils et des ressources sur la gestion du temps, l'organisation et l'efficacité professionnelle.

54. CULTIVEZ LA DISCIPLINE ET L'AUTODISCIPLINE : LA DISCIPLINE EST ESSENTIELLE POUR ATTEINDRE DES OBJECTIFS FINANCIERS. ÉTABLISSEZ DES ROUTINES, RESPECTEZ VOS BUDGETS ET ÉVITEZ LES DÉPENSES IMPULSIVES POUR MAINTENIR UNE BONNE SANTÉ FINANCIÈRE.

En suivant ces conseils et en utilisant ces ressources, vous pouvez cultiver la discipline et l'autodiscipline nécessaires pour atteindre vos objectifs financiers, maintenir une bonne santé financière et réussir dans vos projets personnels et professionnels.

Conseils et astuces pour cultiver la discipline et l'autodiscipline :

1. **Établissez des routines quotidiennes** : Créez des routines pour structurer votre journée et vous aider à rester concentré sur vos objectifs. Par exemple, commencez chaque journée par une session de planification et terminez-la par une révision de vos progrès.

2. **Fixez des objectifs clairs et atteignables** : Définissez des objectifs financiers spécifiques, mesurables, atteignables, réalistes et temporellement définis (SMART). Avoir des objectifs clairs vous aide à rester motivé et à suivre vos progrès.

3. **Évitez les dépenses impulsives** : Identifiez les déclencheurs de vos dépenses impulsives et trouvez des moyens de les éviter. Par exemple, faites une liste de courses avant d'aller au supermarché et engagez-vous à ne pas acheter d'articles qui ne figurent pas sur la liste.

4. **Utilisez la règle des 30 jours** : Si vous avez envie d'acheter quelque chose de non essentiel, attendez 30 jours avant de faire l'achat. Cela vous donne le temps de réfléchir à la nécessité de l'achat et de réduire les dépenses impulsives.

5. **Surveillez régulièrement vos finances** : Passez en revue vos finances au moins une fois par semaine pour vous assurer que vous respectez votre budget

et vos objectifs financiers. Utilisez des outils de suivi financier pour analyser vos dépenses et ajuster vos habitudes si nécessaire.

6. **Développez des habitudes saines** : Adoptez des habitudes qui renforcent votre discipline, comme l'exercice régulier, une alimentation équilibrée et un sommeil suffisant. Une bonne santé physique et mentale peut améliorer votre capacité à rester discipliné.

7. **Trouvez un partenaire responsable** : Partagez vos objectifs financiers avec une personne de confiance qui peut vous tenir responsable de vos actions. Discuter régulièrement de vos progrès et de vos défis peut renforcer votre engagement à rester discipliné.

8. **Célébrez vos réussites** : Reconnaissez et célébrez vos réussites, même les petites victoires. Récompenser vos efforts peut renforcer votre motivation et vous encourager à continuer à respecter vos objectifs financiers.

Ressources pour Cultiver la Discipline et l'Autodiscipline

- **Livres :** The Power of Habit de Charles Duhigg, Atomic Habits (Un rien peut tout changer) de James Clear, Discipline Equals Freedom de Jocko Willink.

- **Applications :** Habitica, Streaks et Loop Habit Tracker pour développer et suivre vos habitudes quotidiennes.

- **Cours en ligne :** Coursera, Udemy et LinkedIn Learning proposent des formations sur le développement personnel, les habitudes et la productivité.

- **Sites web :** Manager GO!, James Clear et Psychology Today proposent des articles et des ressources sur les habitudes, la discipline et le développement personnel.

- **Podcasts :** The Mindset Mentor avec Rob Dial et Génération Do It Yourself (GDIY) de Matthieu Stefani.

55. ENTOUREZ-VOUS DE PERSONNES INSPIRANTES : FRÉQUENTEZ DES PERSONNES QUI PARTAGENT VOS AMBITIONS ET VOS VALEURS. LES RELATIONS POSITIVES PEUVENT VOUS MOTIVER, VOUS OFFRIR DE NOUVELLES PERSPECTIVES ET VOUS AIDER À ATTEINDRE VOS OBJECTIFS FINANCIERS.

En suivant ces conseils et en utilisant ces ressources, vous pouvez vous entourer de personnes inspirantes qui vous aideront à atteindre vos objectifs financiers et personnels, tout en créant un réseau de soutien et de motivation.

Conseils et astuces pour s'entourer de personnes inspirantes :

1. **Identifiez les personnes qui partagent vos ambitions et valeurs** : Recherchez des individus qui ont des objectifs similaires aux vôtres, qu'il s'agisse de collègues de travail, de membres de groupes professionnels, ou d'amis partageant les mêmes intérêts financiers et personnels.

2. **Rejoignez des groupes et des communautés** : Participez à des associations professionnelles, des clubs d'investissement, des groupes de réseautage et des forums en ligne où vous pouvez rencontrer des personnes motivées et ambitieuses. Les plateformes comme Meetup, LinkedIn, et Reddit offrent de nombreuses opportunités pour se connecter avec des personnes inspirantes.

3. **Assistez à des événements et des conférences** : Participez à des séminaires, des conférences et des ateliers liés à vos domaines d'intérêt. Ces événements sont d'excellentes occasions de rencontrer des personnes partageant les mêmes objectifs et d'élargir votre réseau.

4. **Cherchez des mentors** : Trouvez des mentors qui ont déjà atteint les objectifs que vous visez. Un mentor peut vous offrir des conseils précieux, vous guider dans vos décisions et vous aider à éviter les erreurs courantes. Recherchez des mentors dans votre réseau professionnel, à travers des programmes de mentorat, ou en ligne.

5. **Engagez-vous dans des activités bénévoles** : Le bénévolat peut vous mettre en contact avec des personnes qui partagent vos valeurs et qui sont motivées par des objectifs similaires. Cela peut également renforcer votre réseau et améliorer votre image personnelle et professionnelle.
6. **Utilisez les réseaux sociaux de manière stratégique** : Suivez et interagissez avec des personnes inspirantes sur des plateformes comme LinkedIn, Twitter, et Instagram. Participez à des discussions, partagez des idées et construisez des relations positives en ligne.
7. **Organisez des rencontres régulières** : Planifiez des réunions régulières avec des personnes inspirantes de votre réseau. Cela peut inclure des déjeuners, des cafés, ou des sessions de mastermind où vous pouvez discuter de vos progrès, partager des idées et vous encourager mutuellement.
8. **Soyez sélectif dans vos relations** : Évaluez régulièrement vos relations et concentrez-vous sur celles qui vous apportent un soutien positif et une motivation. Éloignez-vous des personnes négatives ou toxiques qui peuvent nuire à votre progression et à votre bien-être.
9. **Participez à des programmes de développement personnel** : Inscrivez-vous à des programmes de développement personnel et professionnel où vous pouvez rencontrer des personnes ayant des ambitions similaires. Ces programmes offrent souvent des opportunités de réseautage et de collaboration.
10. **Soyez une source d'inspiration pour les autres** : En étant vous-même une personne positive et motivante, vous attirerez des personnes semblables dans votre vie. Partagez vos succès, encouragez les autres et soyez un modèle de discipline et de persévérance.

Ressources pour S'entourer de Personnes Inspirantes

- Meetup : Plateforme pour trouver des groupes locaux partageant les mêmes centres d'intérêt et participer à des événements de réseautage.
- Reddit : Forums d'échange avec des communautés telles que **r/entrepreneur** et **r/financialindependence**.
- Eventbrite : Plateforme permettant de trouver des conférences, ateliers et événements professionnels près de chez vous.
- **Réseaux d'entrepreneurs locaux** : Chambres de commerce, clubs d'affaires et réseaux professionnels permettant de développer son réseau, trouver des mentors et échanger avec d'autres entrepreneurs.
- **Associations professionnelles** : Rejoignez les associations ou réseaux professionnels de votre secteur d'activité afin d'accéder à des événements, des formations, des opportunités de mentorat et d'élargir votre réseau.

56. LISEZ DES LIVRES SUR LE DÉVELOPPEMENT PERSONNEL ET LES FINANCES : INVESTISSEZ DU TEMPS DANS LA LECTURE DE LIVRES QUI VOUS AIDENT À DÉVELOPPER VOS COMPÉTENCES EN MATIÈRE DE FINANCES ET DE DÉVELOPPEMENT PERSONNEL.

En suivant ces conseils et en utilisant ces ressources, vous pouvez maximiser l'impact de votre lecture sur le développement personnel et les finances, et ainsi progresser vers vos objectifs financiers et personnels de manière plus efficace.

Conseils et astuces pour lire des livres sur le développement personnel et les finances :

1. **Identifiez vos besoins spécifiques** : Avant de commencer, évaluez les domaines où vous souhaitez vous améliorer. Que ce soit la gestion financière, l'investissement, la motivation ou la productivité, savoir ce que vous cherchez à apprendre vous aidera à choisir les bons livres.

2. **Créez une liste de lecture** : Compilez une liste de livres recommandés sur le développement personnel et les finances. Quelques suggestions incluent :

    a. "Père riche, père pauvre" de Robert Kiyosaki

    b. "Réfléchissez et devenez riche" de Napoleon Hill

    c. "L'homme le plus riche de Babylone" de George S. Clason

    d. "Les secrets d'un esprit millionnaire" de T. Harv Eker

    e. "La magie de voir grand" de David J. Schwartz

3. **Définissez un temps de lecture quotidien** : Intégrez la lecture dans votre routine quotidienne. Consacrez au moins 15 à 30 minutes par jour à la lecture. Cela vous permettra de progresser régulièrement et de développer une habitude de lecture.

4. **Prenez des notes et faites des résumés** : Pendant que vous lisez, prenez des notes sur les points clés et les idées importantes. Faire des résumés des chapitres vous aidera à mieux comprendre et retenir les informations.

5. **Appliquez ce que vous apprenez** : La lecture seule ne suffit pas. Mettez en pratique les conseils et les stratégies que vous découvrez. Par exemple, si un livre vous recommande une technique de budgétisation, essayez de l'appliquer immédiatement à votre situation financière.

6. **Participez à des clubs de lecture ou des discussions en ligne** : Rejoindre un club de lecture ou participer à des forums en ligne peut enrichir votre expérience de lecture. Discuter des livres avec d'autres personnes peut offrir de nouvelles perspectives et approfondir votre compréhension.

7. **Variez vos lectures** : Ne vous limitez pas aux livres purement financiers. Lisez également des ouvrages sur la psychologie, la productivité, la gestion du temps, le leadership et d'autres domaines pertinents. Une vision holistique du développement personnel enrichira votre approche financière.

8. **Utilisez des ressources multimédia** : En complément des livres, utilisez des audiobooks, des podcasts et des vidéos pour diversifier vos sources d'apprentissage. Par exemple, écoutez des audiobooks pendant vos trajets ou vos séances de sport.

9. **Suivez des auteurs influents sur les réseaux sociaux** : Connectez-vous avec les auteurs et les experts en développement personnel et finances sur les réseaux sociaux. Ils partagent souvent des conseils, des articles et des ressources supplémentaires.

10. **Faites des bilans réguliers de vos lectures** : Réévaluez régulièrement ce que vous avez appris et comment cela a impacté votre vie. Ajustez vos choix de lecture en fonction de vos progrès et de vos nouveaux objectifs.

Ressources pour Lire des Livres sur le Développement Personnel et les Finances

- **Amazon Kindle** : Plateforme permettant d'acheter et de lire des livres numériques sur ordinateur, tablette ou liseuse.
- **Goodreads** : Réseau social dédié aux lecteurs pour découvrir des livres, consulter des avis et suivre ses lectures.
- **Audible** : Service de livres audio permettant d'écouter des ouvrages pendant les trajets ou les activités quotidiennes.
- **Bibliothèques locales** : Empruntez gratuitement des ouvrages sur les finances personnelles, l'investissement et le développement personnel.
- **Babelio** : Communauté francophone de lecteurs permettant de découvrir de nouveaux livres, consulter des critiques et organiser sa bibliothèque.

57. PRATIQUEZ LA GRATITUDE ET LA VISUALISATION : ADOPTEZ UNE PRATIQUE QUOTIDIENNE DE GRATITUDE POUR RESTER POSITIF ET MOTIVÉ. VISUALISEZ VOS OBJECTIFS FINANCIERS ET IMAGINEZ-VOUS LES ATTEINDRE, CE QUI PEUT RENFORCER VOTRE DÉTERMINATION ET VOTRE ENGAGEMENT.

En suivant ces conseils et en utilisant ces ressources, vous pouvez intégrer la gratitude et la visualisation dans votre quotidien, renforcer votre attitude positive et rester motivé pour atteindre vos objectifs financiers.

Conseils et astuces pour pratiquer la gratitude et la visualisation :

1. **Tenez un journal de gratitude** : Chaque jour, prenez quelques minutes pour écrire trois choses pour lesquelles vous êtes reconnaissant. Cela peut être aussi simple que le soutien de vos proches, un succès récent ou une petite joie quotidienne. Un journal de gratitude vous aide à focaliser sur le positif et à apprécier ce que vous avez.

2. **Exprimez votre gratitude aux autres** : Prenez l'habitude de remercier les gens autour de vous, que ce soit par un simple "merci" ou par des gestes plus significatifs. Exprimer votre gratitude renforce vos relations et crée un environnement positif.

3. **Pratiquez la gratitude en pleine conscience** : Intégrez la gratitude dans vos pratiques de pleine conscience ou de méditation. Prenez quelques instants pour vous concentrer sur les aspects positifs de votre vie et ressentir pleinement la gratitude pour ces choses.

4. **Créez des affirmations de gratitude** : Utilisez des affirmations positives pour renforcer votre sentiment de gratitude. Par exemple, "Je suis reconnaissant pour les opportunités qui se présentent à moi" ou "Je suis reconnaissant pour ma santé et ma prospérité."

5. **Visualisez vos objectifs financiers** : Prenez quelques minutes chaque jour pour visualiser vos objectifs financiers. Imaginez-vous atteindre ces objectifs en détail, ressentez la satisfaction et la joie de les accomplir. La visualisation renforce votre motivation et vous aide à rester concentré sur vos objectifs.
6. **Utilisez un tableau de visualisation** : Créez un tableau de visualisation avec des images, des mots et des symboles représentant vos objectifs financiers. Placez-le dans un endroit où vous le verrez régulièrement pour vous rappeler vos aspirations et maintenir votre engagement.
7. **Pratiquez la visualisation guidée** : Utilisez des enregistrements de visualisation guidée pour vous aider à vous concentrer sur vos objectifs. De nombreux guides audio sont disponibles en ligne et peuvent vous accompagner dans ce processus.
8. **Établissez une routine quotidienne de gratitude et de visualisation** : Intégrez ces pratiques dans votre routine quotidienne, que ce soit le matin pour bien commencer la journée ou le soir pour finir sur une note positive. La cohérence est clé pour tirer pleinement parti de ces pratiques.
9. **Associez la gratitude et la visualisation à vos objectifs spécifiques** : Lorsque vous visualisez vos objectifs financiers, associez-les à des sentiments de gratitude. Par exemple, imaginez-vous atteindre un objectif d'épargne et ressentez de la gratitude pour la discipline et les opportunités qui vous ont permis de l'atteindre.
10. **Partagez vos pratiques avec d'autres** : Discutez de vos pratiques de gratitude et de visualisation avec des amis ou des membres de votre famille. Partager ces pratiques peut renforcer vos relations et inspirer les autres à adopter des habitudes similaires.

Ressources pour Pratiquer la Gratitude et la Visualisation

- **Livres** : Les Vertus de l'échec de Charles Pépin, The Gratitude Diaries de Janice Kaplan et Creative Visualization de Shakti Gawain.
- **Journaux de gratitude** : Five Minute Journal, The Gratitude Journal et Start Today Journal pour structurer vos pratiques quotidiennes.
- **Applications** : Gratitude, Calm et Headspace pour pratiquer la gratitude, la méditation et la visualisation guidée.
- **Podcasts** : The Gratitude Podcast, The Daily Meditation Podcast et Optimal Living Daily.
- **Sites web** : Tiny Buddha, Positive Psychology et MindBodyGreen proposent des articles et des ressources sur la gratitude, le bien-être et la visualisation.

58. DÉVELOPPEZ VOS COMPÉTENCES EN COMMUNICATION : AMÉLIOREZ VOS COMPÉTENCES EN COMMUNICATION POUR MIEUX NÉGOCIER, CONVAINCRE ET COLLABORER. UNE COMMUNICATION EFFICACE PEUT VOUS OUVRIR DES PORTES ET AMÉLIORER VOS OPPORTUNITÉS PROFESSIONNELLES.

En suivant ces conseils et en utilisant ces ressources, vous pouvez améliorer vos compétences en communication, ce qui vous permettra de mieux négocier, convaincre et collaborer, tout en ouvrant de nouvelles opportunités professionnelles.

Conseils et astuces pour développer vos compétences en communication :

1. **Prenez des cours de communication** : Inscrivez-vous à des cours de communication pour apprendre les bases et les techniques avancées de la communication verbale et non verbale. Des plateformes comme Coursera, Udemy et LinkedIn Learning offrent des cours sur la communication interpersonnelle, la négociation et la prise de parole en public.
2. **Pratiquez l'écoute active** : Améliorez votre capacité à écouter activement en vous concentrant pleinement sur l'interlocuteur, en posant des questions pertinentes et en reformulant pour clarifier. L'écoute active montre que vous êtes engagé et respectueux, ce qui renforce la confiance et les relations.
3. **Travaillez votre langage corporel** : Votre langage corporel joue un rôle crucial dans la communication. Adoptez une posture ouverte, maintenez un contact visuel approprié et utilisez des gestes pour renforcer votre message. Évitez les postures fermées et les comportements qui peuvent être perçus comme désintéressés ou hostiles.
4. **Affinez vos compétences en prise de parole en public** : La prise de parole en public est une compétence essentielle. Pratiquez régulièrement pour améliorer votre confiance et votre aisance. Rejoignez des clubs comme Toastmasters pour obtenir des conseils et des opportunités de pratique.

5. **Utilisez des techniques de storytelling** : Le storytelling est une méthode puissante pour captiver et convaincre votre audience. Apprenez à structurer vos messages sous forme de récits pour rendre vos présentations plus engageantes et mémorables.

6. **Pratiquez la clarté et la concision** : Évitez les discours longs et complexes. Soyez clair et concis dans vos communications. Structurez vos messages de manière à ce qu'ils soient faciles à comprendre et à retenir.

7. **Développez vos compétences en négociation** : La négociation est une compétence clé dans le monde professionnel. Suivez des cours de négociation et lisez des livres sur le sujet pour améliorer vos techniques. Pratiquez la préparation, l'écoute active et la recherche de solutions gagnant-gagnant.

8. **Adaptez votre communication à votre audience** : Apprenez à adapter votre style de communication en fonction de votre audience. Comprenez les besoins, les attentes et les styles de communication des autres pour établir une connexion plus efficace.

9. **Sollicitez des feedbacks** : Demandez des feedbacks sur vos compétences en communication à des collègues, des amis ou des mentors. Utilisez ces retours pour identifier les domaines à améliorer et travailler dessus.

10. **Utilisez des outils de communication** : Utilisez des outils comme les présentations visuelles, les graphiques et les supports visuels pour renforcer vos messages. Les outils de communication efficaces peuvent aider à clarifier vos points et à rendre vos présentations plus dynamiques.

Ressources pour Développer Vos Compétences en Communication

- **Livres** : How to Win Friends and Influence People de Dale Carnegie, Crucial Conversations de Kerry Patterson et Talk Like TED de Carmine Gallo.
- **Cours** : Coursera, Udemy et OpenClassrooms proposent des formations sur la communication, la négociation et la prise de parole en public.
- **Clubs et associations** : Rejoignez Toastmasters International pour améliorer votre prise de parole en public, votre leadership et votre aisance à l'oral.
- **Applications** : Orai, Speeko et Yoodli permettent de s'entraîner à la prise de parole, d'améliorer son élocution et de recevoir des retours personnalisés.
- **Sites web** : MindTools, Harvard Business Review (HBR) et SkillsYouNeed proposent des articles, des conseils pratiques et des ressources pour développer vos compétences en communication.

59. SOYEZ ADAPTABLE ET FLEXIBLE : LE MONDE FINANCIER EST EN CONSTANTE ÉVOLUTION. APPRENEZ À VOUS ADAPTER AUX CHANGEMENTS ET À SAISIR LES OPPORTUNITÉS QUI SE PRÉSENTENT.

En suivant ces conseils et en utilisant ces ressources, vous pouvez développer votre capacité à vous adapter et à être flexible face aux changements, ce qui vous aidera à naviguer efficacement dans le monde financier en constante évolution.

Conseils et astuces pour être adaptable et flexible :

1. **Adoptez une mentalité de croissance** : Croyez en votre capacité à apprendre et à vous développer continuellement. Adoptez une attitude positive face aux défis et aux changements, et voyez-les comme des opportunités d'apprentissage et de croissance.

2. **Restez informé** : Suivez les actualités financières, économiques et sectorielles pour être au courant des tendances et des évolutions. Abonnez-vous à des newsletters, lisez des publications spécialisées et participez à des webinaires et des conférences pour rester à jour.

3. **Développez des compétences transférables** : Investissez dans l'acquisition de compétences qui sont utiles dans différents contextes et industries. Des compétences telles que la gestion de projet, la communication, l'analyse de données et la résolution de problèmes sont toujours en demande et peuvent vous aider à vous adapter aux changements.

4. **Soyez prêt à changer de stratégie** : Si vous constatez que votre stratégie actuelle ne fonctionne pas, n'ayez pas peur de l'ajuster ou de l'abandonner. Soyez ouvert à essayer de nouvelles approches et à pivoter lorsque nécessaire.

5. **Diversifiez vos investissements** : La diversification est une clé pour gérer les risques financiers. Investissez dans une variété d'actifs pour réduire l'impact des fluctuations du marché et des imprévus économiques.

6. **Développez un réseau professionnel solide** : Entourez-vous de personnes qui peuvent vous offrir des conseils, des opportunités et un soutien en période de changement. Un réseau professionnel solide peut vous aider à naviguer dans les périodes d'incertitude et à saisir de nouvelles opportunités.

7. **Embrassez la technologie** : La technologie évolue rapidement et peut offrir de nouvelles opportunités pour optimiser vos finances et votre carrière. Apprenez à utiliser les outils technologiques pertinents pour rester compétitif et améliorer votre efficacité.

8. **Pratiquez la gestion du stress** : Les périodes de changement et d'incertitude peuvent être stressantes. Apprenez des techniques de gestion du stress, telles que la méditation, l'exercice régulier et les loisirs créatifs, pour maintenir votre bien-être mental et émotionnel.

9. **Soyez proactif** : Ne restez pas passif face aux changements. Identifiez les opportunités avant qu'elles ne deviennent évidentes pour tout le monde et prenez des mesures pour en tirer parti. La proactivité peut vous donner un avantage concurrentiel.

10. **Maintenez un fonds d'urgence** : Avoir un fonds d'urgence bien approvisionné peut vous offrir une sécurité financière et une tranquillité d'esprit en période d'incertitude. Cela vous permet d'être plus flexible et de saisir des opportunités sans craindre pour votre stabilité financière.

Ressources pour Être Adaptable et Flexible

- **Livres** : Who Moved My Cheese? de Spencer Johnson, The Lean Startup d'Eric Ries et Pivot de Jenny Blake.
- **Cours** : **FUN MOOC** propose des formations gratuites créées par des universités et grandes écoles sur le management, l'économie, la gestion du changement et le développement professionnel.
- **Sites web** : **Harvard Business Review (HBR)**, **Fast Company** et **Inc.** publient des articles et des analyses sur la gestion du changement, l'innovation et l'adaptabilité.
- **Applications** : **Headspace** et **Calm** pour la gestion du stress et la méditation, ainsi que **Pocket** et **Feedly** pour suivre les actualités et les tendances.
- **Réseaux professionnels** : Rejoignez des groupes de réseautage sur **Meetup**, les **Chambres de commerce et d'industrie (CCI)** ou des réseaux d'entrepreneurs locaux afin d'élargir votre réseau et d'échanger avec d'autres professionnels.

60. INVESTISSEZ DANS VOTRE BIEN-ÊTRE PHYSIQUE ET MENTAL : PRENEZ SOIN DE VOTRE SANTÉ POUR MAINTENIR UN NIVEAU D'ÉNERGIE ÉLEVÉ ET UNE CONCENTRATION OPTIMALE. L'EXERCICE RÉGULIER, UNE ALIMENTATION SAINE ET DES TECHNIQUES DE GESTION DU STRESS SONT ESSENTIELS POUR VOTRE SUCCÈS À LONG TERME.

En suivant ces conseils et en utilisant ces ressources, vous pouvez investir dans votre bien-être physique et mental, ce qui est essentiel pour maintenir un niveau d'énergie élevé, une concentration optimale et un succès à long terme.

Conseils et astuces pour investir dans votre bien-être physique et mental :

1. **Adoptez une routine d'exercice régulière** : Intégrez une activité physique adaptée à votre condition et à votre emploi du temps. La marche, la course, le renforcement musculaire ou le yoga améliorent votre énergie, votre concentration et votre capacité à gérer le stress. Essayez de pratiquer au moins 30 minutes d'activité physique la plupart des jours de la semaine.

2. **Adoptez une hygiène de vie durable** : Votre santé est votre premier capital. Une alimentation équilibrée, une activité physique régulière, un sommeil de qualité, une bonne gestion du stress et un équilibre entre vie professionnelle et vie personnelle vous permettront de maintenir votre énergie, votre concentration et votre capacité à prendre de bonnes décisions sur le long terme.

3. **Pratiquez des techniques de gestion du stress** : La respiration profonde, la méditation, la cohérence cardiaque ou la pleine conscience peuvent vous aider à mieux gérer les périodes de tension et à préserver votre équilibre émotionnel.

4. **Faites des activités qui vous ressourcent** : Accordez-vous du temps pour des activités qui vous procurent du plaisir et vous permettent de déconnecter,

comme la lecture, la musique, le jardinage, les activités créatives ou les promenades en pleine nature.

5. **Entretenez des relations sociales positives** : Entourez-vous de personnes bienveillantes qui vous soutiennent et vous encouragent. Des relations de qualité favorisent la résilience, réduisent le stress et contribuent à votre bien-être général.

6. **Consultez des professionnels de santé lorsque cela est nécessaire** : N'hésitez pas à solliciter un médecin, un psychologue, un diététicien, un kinésithérapeute ou tout autre professionnel qualifié afin de bénéficier d'un accompagnement adapté à votre situation.

Ressources pour Investir dans Votre Bien-être Physique et Mental

- **Livres** : Le Pouvoir des habitudes de Charles Duhigg, Un rien peut tout changer (Atomic Habits) de James Clear et Miracle Morning de Hal Elrod.
- **Applications** : **MyFitnessPal** (nutrition et activité physique), **Petit BamBou** (méditation), **Sleep Cycle** (analyse du sommeil) et **Yazio** (alimentation et suivi nutritionnel).
- **Sites de référence** : **Ameli.fr**, **Manger Bouger** et **Santé publique France** proposent des conseils fiables sur l'alimentation, l'activité physique, le sommeil et la prévention.
- **Associations et clubs sportifs** : Rejoignez un club sportif, une association locale ou une salle de sport afin de rester motivé et de pratiquer une activité physique de manière régulière.
- **Professionnels de santé** : Médecins, psychologues, diététiciens et éducateurs sportifs peuvent vous accompagner dans l'amélioration durable de votre bien-être.

7. DÉVELOPPEMENT DU RÉSEAU

- FRÉQUENTEZ DES LIEUX DE RÉSEAUTAGE STRATÉGIQUES
- TRAVAILLEZ SUR VOTRE PRÉSENTATION PERSONNELLE
- REJOIGNEZ DES CLUBS ET ASSOCIATIONS EXCLUSIFS
- DÉVELOPPEZ VOS COMPÉTENCES EN ÉTIQUETTE ET EN SAVOIR-VIVRE
- PARTICIPEZ À DES ÉVÉNEMENTS DE CHARITÉ
- TRAVAILLEZ AVEC DES COACHS DE VIE
- DÉVELOPPEZ VOS COMPÉTENCES INTERCULTURELLES
- APPRENEZ À INVESTIR INTELLIGEMMENT
- AMÉLIOREZ VOS COMPÉTENCES EN NÉGOCIATION
- ÉTABLISSEZ DES ROUTINES DE DÉVELOPPEMENT PERSONNEL

61. FRÉQUENTEZ DES LIEUX DE RÉSEAUTAGE STRATÉGIQUES PARTICIPEZ À DES ÉVÉNEMENTS PROFESSIONNELS, DES CONFÉRENCES, DES CLUBS D'AFFAIRES ET DES CERCLES SOCIAUX DE LA HAUTE SOCIÉTÉ. CES LIEUX OFFRENT DES OPPORTUNITÉS POUR RENCONTRER DES PERSONNES INFLUENTES ET ÉLARGIR VOTRE RÉSEAU.

En suivant ces conseils et en utilisant ces ressources, vous pouvez maximiser vos opportunités de réseautage, rencontrer des personnes influentes et élargir votre réseau professionnel de manière stratégique et efficace.

Conseils et astuces pour fréquenter des lieux de réseautage stratégiques :

1. **Identifiez les événements pertinents** : Recherchez les conférences, séminaires, salons professionnels et événements de réseautage dans votre domaine. Utilisez des plateformes comme Eventbrite, Meetup, LinkedIn et les sites web des associations professionnelles pour trouver des événements pertinents.
2. **Préparez-vous avant d'assister à un événement** : Renseignez-vous sur les intervenants, les participants et les sujets abordés. Préparez des questions et des sujets de discussion pour engager des conversations significatives. Ayez des cartes de visite prêtes et mettez à jour votre profil LinkedIn.
3. **Rejoignez des clubs et des associations professionnelles** : Adhérez à des clubs d'affaires, des associations professionnelles et des chambres de commerce. Ces organisations offrent des opportunités régulières de réseautage et d'interaction avec des personnes partageant les mêmes idées.
4. **Participez à des événements à forte valeur relationnelle** : Galas, événements caritatifs, remises de prix, inaugurations, conférences privées ou soirées professionnelles sont autant d'occasions de rencontrer des décideurs et de développer votre réseau dans un cadre propice aux échanges.
5. **Soyez proactif et engagez des conversations** : N'attendez pas que les autres viennent à vous. Prenez l'initiative d'engager des conversations, de poser

des questions et de montrer un intérêt sincère pour les autres. Écoutez activement et trouvez des points communs pour établir des connexions.

6. **Utilisez les réseaux sociaux de manière stratégique** : Connectez-vous avec les personnes que vous rencontrez lors des événements sur LinkedIn et autres plateformes sociales. Participez à des groupes de discussion en ligne et engagez des conversations pour renforcer vos relations.

7. **Offrez de la valeur aux autres** : Soyez prêt à offrir de l'aide, des conseils ou des ressources à ceux que vous rencontrez. En offrant de la valeur sans attendre quelque chose en retour, vous pouvez établir des relations solides et de confiance.

8. **Suivez et maintenez le contact** : Après avoir rencontré de nouvelles personnes, assurez-vous de les suivre et de rester en contact. Envoyez des emails de remerciement, partagez des articles intéressants ou proposez des réunions de suivi pour continuer à développer la relation.

9. **Soyez authentique et professionnel** : Soyez vous-même et restez professionnel dans toutes vos interactions. La sincérité et l'authenticité sont essentielles pour établir des relations durables et significatives.

10. **Évaluez et ajustez votre stratégie de réseautage** : Réfléchissez régulièrement à vos efforts de réseautage. Identifiez ce qui fonctionne bien et ce qui pourrait être amélioré. Ajustez votre stratégie en fonction de vos objectifs et des retours que vous recevez.

Ressources pour Fréquenter des Lieux de Réseautage Stratégiques

- **CCI France (Chambres de Commerce et d'Industrie)** : Organise régulièrement des conférences, ateliers, rencontres d'entrepreneurs et événements de réseautage partout en France.
- **BNI (Business Network International)** : Réseau international de recommandation d'affaires permettant de développer son réseau professionnel grâce à des réunions régulières.
- **French Tech** : Organise des événements, conférences et rencontres dédiés à l'innovation, aux entrepreneurs et aux investisseurs.
- **Réseau Entreprendre** : Association accompagnant les entrepreneurs et proposant de nombreux événements favorisant les échanges entre dirigeants.
- **Les BigBoss** : Réseau français organisant des rencontres entre décideurs, entrepreneurs et grands comptes dans un cadre professionnel.

62. TRAVAILLEZ SUR VOTRE PRÉSENTATION PERSONNELLE : AMÉLIOREZ VOTRE IMAGE EN INVESTISSANT DANS UNE GARDE-ROBE APPROPRIÉE, EN SOIGNANT VOTRE APPARENCE ET EN DÉVELOPPANT UNE ÉTIQUETTE SOCIALE. CONNAÎTRE LES CODES DE LA HAUTE SOCIÉTÉ PEUT VOUS AIDER À VOUS INTÉGRER ET À ÊTRE PRIS AU SÉRIEUX.

En suivant ces conseils et en utilisant ces ressources, vous pouvez améliorer votre présentation personnelle, renforcer votre image professionnelle et sociale, et vous intégrer plus facilement dans divers contextes de réseautage ce qui vous aidera à établir des connexions positives et à être pris au sérieux dans vos interactions professionnelles et sociales.

Conseils et astuces pour travailler sur votre présentation personnelle :

1. **Investissez dans une garde-robe appropriée** : Choisissez des vêtements de qualité qui reflètent votre profession et le cadre dans lequel vous évoluez. Pour les hommes, cela peut inclure des costumes bien taillés, des chemises et des chaussures élégantes. Pour les femmes, optez pour des tailleurs, des robes professionnelles et des accessoires élégants.

2. **Adaptez votre style vestimentaire à chaque occasion** : Assurez-vous que votre tenue est appropriée pour l'événement ou le contexte. Pour des réunions d'affaires formelles, optez pour un style plus conservateur. Pour des événements sociaux ou des soirées de réseautage, vous pouvez vous permettre d'être légèrement plus décontracté tout en restant élégant.

3. **Prenez soin de votre apparence** : Soignez votre hygiène personnelle, votre coiffure et votre présentation générale. Une apparence soignée contribue à inspirer confiance et professionnalisme. Un aspect propre et soigné est essentiel pour faire bonne impression. Visitez régulièrement un coiffeur et maintenez une routine de soins de la peau appropriée.

4. **Développez une bonne étiquette sociale** : Apprenez les bases de l'étiquette, comme les salutations appropriées, l'art de la conversation, et les règles de politesse lors des repas. Des connaissances en étiquette peuvent vous aider à vous comporter avec aisance dans des contextes sociaux variés.

5. **Soyez ponctuel et fiable** : Arriver à l'heure aux rendez-vous et aux événements montre du respect pour le temps des autres. Respectez vos engagements et soyez quelqu'un sur qui les autres peuvent compter.

6. **Maîtrisez l'art de la communication non verbale** : Votre langage corporel, vos expressions faciales et votre posture en disent long sur vous. Adoptez une posture ouverte, maintenez un contact visuel approprié et utilisez des gestes pour renforcer votre message.

7. **Développez vos compétences en prise de parole en public** : Apprenez à parler avec assurance et clarté devant un public. Une bonne communication verbale est essentielle pour présenter vos idées de manière convaincante et professionnelle.

8. **Soyez attentif aux détails** : Les petits détails, comme des chaussures bien entretenues, des vêtements sans plis et des accessoires assortis, peuvent faire une grande différence dans votre présentation personnelle.

9. **Maîtrisez les codes professionnels et relationnels** : Familiarisez-vous avec les usages propres aux milieux que vous fréquentez. Cela peut concerner le dress code, les règles de savoir-vivre, les comportements attendus lors d'événements professionnels ou les bonnes pratiques en matière de communication.

10. **Recevez des retours et ajustez-vous** : N'hésitez pas à demander des retours à des amis ou des collègues de confiance sur votre présentation personnelle. Utilisez ces retours pour vous améliorer continuellement.

Ressources pour Travailler sur Votre Présentation Personnelle

- **Livres :** Dressing the Man d'**Alan Flusser**, The Curated Closet d'**Anuschka Rees** et Modern Manners de **Dorothea Johnson**.
- **Académie du Savoir-Vivre :** Formations consacrées au savoir-vivre, à l'étiquette, à la communication et à la posture professionnelle.
- **Toastmasters International :** Pour améliorer votre prise de parole en public, votre aisance et votre confiance.
- **Conseillers en image :** Faites appel à un consultant en image pour construire une image cohérente avec votre personnalité et vos objectifs professionnels.
- **Color Me Beautiful :** Réseau international de consultants spécialisés dans le conseil en image, le style vestimentaire et la colorimétrie, adapté aussi bien aux femmes qu'aux hommes.

63. REJOIGNEZ DES CLUBS ET ASSOCIATIONS EXCLUSIFS : ADHÉRER À DES CLUBS PRIVÉS, DES ASSOCIATIONS PROFESSIONNELLES OU DES GROUPES D'INTÉRÊT SPÉCIFIQUES PEUT VOUS PERMETTRE DE RENCONTRER DES PERSONNES PARTAGEANT LES MÊMES IDÉES ET D'ACCÉDER À DES OPPORTUNITÉS UNIQUES.

En suivant ces conseils et en utilisant ces ressources, vous pouvez rejoindre des clubs et associations exclusifs qui vous permettront de rencontrer des personnes partageant les mêmes idées, d'accéder à des opportunités uniques et de développer votre réseau professionnel de manière stratégique.

Conseils et astuces pour rejoindre des clubs et associations exclusifs :

1. **Identifiez vos intérêts et objectifs** : Avant de rejoindre un club ou une association, déterminez vos intérêts personnels et professionnels. Recherchez des organisations qui correspondent à vos passions, valeurs et objectifs de carrière.

2. **Faites des recherches sur les clubs et associations** : Utilisez des ressources en ligne et hors ligne pour trouver des clubs privés et des associations professionnelles pertinentes. Consultez leurs sites web, lisez les témoignages de membres et vérifiez leur réputation et leurs avantages.

3. **Demandez des recommandations** : Parlez à vos collègues, mentors et amis pour obtenir des recommandations sur les clubs et associations exclusifs. Les membres actuels peuvent fournir des informations précieuses sur les avantages et les activités des organisations.

4. **Évaluez les coûts et les engagements** : L'adhésion à des clubs privés et à des associations professionnelles peut être coûteuse et exiger un certain niveau d'engagement. Assurez-vous de bien comprendre les frais d'adhésion, les cotisations annuelles et les attentes en termes de participation.

5. **Participez à des événements en tant qu'invité** : Avant de vous engager pleinement, assistez à quelques événements en tant qu'invité. Cela vous

permettra de vous faire une idée de la dynamique du groupe, des types de personnes que vous y rencontrerez et des opportunités disponibles.

6. **Renseignez-vous sur les conditions d'adhésion** : Certains clubs et associations fonctionnent sur recommandation, parrainage ou sélection. Préparez votre candidature si nécessaire et assurez-vous de comprendre les critères d'admission.

7. **Soyez actif et engagé** : Une fois que vous avez rejoint un club ou une association, participez activement aux événements, réunions et activités. Impliquez-vous dans des comités ou des projets pour maximiser les avantages de votre adhésion et établir des relations solides.

8. **Utilisez les avantages des membres** : Profitez des avantages offerts par les clubs et associations, tels que l'accès à des événements exclusifs, des formations, des réseaux professionnels et des opportunités de mentorat. Utilisez ces ressources pour vous développer personnellement et professionnellement.

9. **Soyez ouvert aux nouvelles opportunités** : Les clubs et associations exclusifs peuvent offrir des opportunités uniques, telles que des partenariats commerciaux, des collaborations et des investissements. Restez ouvert et attentif à ces opportunités pour maximiser les bénéfices de votre adhésion.

10. **Maintenez des relations durables** : Utilisez votre adhésion pour établir des relations durables et mutuellement bénéfiques. Réseautez de manière authentique et maintenez le contact avec les personnes que vous rencontrez. La construction d'un réseau solide peut vous apporter des avantages à long terme.

Ressources pour Rejoindre des Clubs et Associations Exclusifs

- **Rotary International** : Réseau international de dirigeants, entrepreneurs et professionnels engagés dans des actions humanitaires et le développement de leur réseau.
- **Lions Clubs International** : Association réunissant des professionnels souhaitant développer leur réseau tout en participant à des actions d'intérêt général.
- **Réseau Entreprendre** : Association accompagnant les entrepreneurs et favorisant les échanges entre dirigeants.
- **CCI France (Chambres de Commerce et d'Industrie)** : Organise de nombreux clubs d'entreprises, rencontres professionnelles et événements de réseautage.
- **Soho House** : Club privé international destiné aux professionnels des secteurs créatifs, de l'entrepreneuriat et des médias.

64. DÉVELOPPEZ VOS COMPÉTENCES EN ÉTIQUETTE ET EN SAVOIR-VIVRE : APPRENEZ LES BONNES MANIÈRES, LES RÈGLES DE COURTOISIE ET L'ÉTIQUETTE SOCIALE POUR VOUS COMPORTER AVEC ASSURANCE ET AISANCE DANS DES ENVIRONNEMENTS HAUT DE GAMME. CELA PEUT INCLURE DES COURS DE SAVOIR-VIVRE OU DES ATELIERS SUR L'ÉTIQUETTE.

En suivant ces conseils et en utilisant ces ressources, vous pouvez développer vos compétences en étiquette et en savoir-vivre, vous permettant de vous comporter avec assurance et aisance dans des environnements haut de gamme et de renforcer votre réseau professionnel.

Conseils et astuces pour développer vos compétences en étiquette et en savoir-vivre :

1. **Suivez des cours d'étiquette** : Inscrivez-vous à des cours de savoir-vivre et d'étiquette sociale. Ces cours couvrent des sujets tels que les bonnes manières à table, les salutations appropriées, la correspondance formelle et le comportement en société. Des écoles spécialisées et des ateliers de savoir-vivre proposent ce type de formation.

2. **Lisez des livres sur l'étiquette** : Investissez du temps dans la lecture de livres spécialisés sur l'étiquette et le savoir-vivre.

3. **Pratiquez les bonnes manières à table** : Apprenez les règles de base des repas formels, y compris l'utilisation correcte des couverts, les manières de table et les conversations appropriées. Pratiquez ces compétences lors de repas avec des amis ou en famille.

4. **Maîtrisez les salutations appropriées** : Familiarisez-vous avec les usages professionnels et les différences culturelles. Une poignée de main adaptée, un contact visuel naturel, une présentation soignée et le respect des codes locaux contribuent à faire une bonne première impression.

5. **Soignez votre langage corporel** : Votre posture, vos gestes et vos expressions faciales en disent long sur vous. Adoptez une posture ouverte et

confiante, maintenez un contact visuel approprié et utilisez des gestes pour renforcer votre message.

6. **Pratiquez l'écoute active** : Écouter attentivement les autres est une compétence sociale clé. Montrez de l'intérêt pour les conversations, posez des questions pertinentes et évitez d'interrompre votre interlocuteur. L'écoute active renforce vos relations et montre du respect.

7. **Adaptez votre comportement aux différents contextes sociaux** : Chaque environnement social a ses propres codes et attentes. Soyez attentif aux comportements des autres et adaptez-vous en conséquence pour vous intégrer harmonieusement.

8. **Utilisez des formules de politesse** : Intégrez des expressions de courtoisie dans vos conversations quotidiennes. Dire "s'il vous plaît", "merci", "excusez-moi" et "je vous en prie" montre du respect et de la considération pour les autres.

9. **Respectez les délais et les engagements** : Être ponctuel et respecter vos engagements montre que vous êtes fiable et respectueux du temps des autres. La ponctualité est une marque de professionnalisme et de courtoisie.

10. **Participez à des événements sociaux pour pratiquer** : Mettez en pratique vos compétences en étiquette lors de divers événements sociaux, tels que des réceptions, des dîners formels et des réunions professionnelles. Plus vous pratiquez, plus vous serez à l'aise et confiant.

Ressources pour Développer Vos Compétences en Étiquette et en Savoir-Vivre

- **Livres** : Emily Post's Etiquette d'Emily Post, The Art of Mingling de Jeanne Martinet et Modern Manners de Dorothea Johnson.
- **Académie du Savoir-Vivre** : Organisme proposant des formations sur les règles de savoir-vivre, la communication et les codes professionnels.
- **Institut Français du Savoir-Vivre** : Formations consacrées à l'étiquette, à la courtoisie et à la communication dans les environnements professionnels et internationaux.
- **Toastmasters International** : Pour développer son aisance relationnelle, sa prise de parole et sa confiance en soi.
- **Etiquette Scholar** : Site de référence proposant des articles sur les usages, les bonnes manières et les règles de protocole.

65. PARTICIPEZ À DES ÉVÉNEMENTS DE CHARITÉ : ASSISTER À DES GALAS DE CHARITÉ, DES ÉVÉNEMENTS PHILANTHROPIQUES ET DES LEVÉES DE FONDS PEUT VOUS PERMETTRE DE RENCONTRER DES INDIVIDUS INFLUENTS TOUT EN SOUTENANT DES CAUSES IMPORTANTES. C'EST AUSSI UNE FAÇON DE MONTRER VOTRE ENGAGEMENT ENVERS LA COMMUNAUTÉ.

En suivant ces conseils et en utilisant ces ressources, vous pouvez maximiser les avantages de votre participation à des événements de charité, rencontrer des personnes influentes et démontrer votre engagement envers des causes importantes.

Conseils et astuces pour participer à des événements de charité :

1. **Identifiez les causes qui vous passionnent** : Choisissez des événements de charité qui soutiennent des causes importantes pour vous. Votre engagement sera plus authentique et significatif si vous êtes passionné par la cause que vous soutenez.

2. **Recherchez des événements de charité** : Utilisez des plateformes comme Eventbrite, Meetup, et les sites web des organisations caritatives pour trouver des galas, des levées de fonds et des événements philanthropiques dans votre région. Suivez également les actualités locales pour rester informé des événements à venir.

3. **Préparez-vous pour les événements** : Informez-vous sur l'organisation, la cause soutenue et le programme de l'événement. Préparez des sujets de conversation pertinents et des questions pour engager des discussions significatives avec les autres participants.

4. **Soyez actif et engagé** : Montrez votre soutien en participant activement aux activités de l'événement, qu'il s'agisse de faire des dons, d'enchérir lors d'enchères silencieuses ou de participer à des actions bénévoles. Votre engagement sera remarqué et apprécié.

5. **Réseautage stratégique** : Profitez de ces événements pour rencontrer des personnes influentes et élargir votre réseau. Engagez des conversations avec les organisateurs, les donateurs et les autres participants. Présentez-vous, échangez des cartes de visite et restez en contact après l'événement.

6. **Offrez votre aide** : Proposez vos compétences et votre temps pour aider à l'organisation ou à la promotion de futurs événements de charité. En vous impliquant davantage, vous renforcerez vos relations avec les organisateurs et les autres bénévoles.

7. **Suivez les protocoles et les attentes** : Les événements de charité, en particulier les galas, peuvent avoir des codes vestimentaires et des protocoles spécifiques. Respectez ces attentes pour vous intégrer harmonieusement et montrer votre respect pour l'événement.

8. **Communiquez avec sincérité** : Si vous choisissez de partager votre participation à un événement de charité, faites-le avant tout pour mettre en lumière la cause soutenue plutôt que pour vous mettre en avant. Un engagement authentique renforce votre crédibilité.

9. **Exprimez votre gratitude** : Après l'événement, envoyez des notes de remerciement aux organisateurs et aux personnes que vous avez rencontrées. Exprimez votre gratitude pour l'opportunité de participer et pour les nouvelles relations établies.

10. **Continuez à soutenir la cause** : Ne limitez pas votre engagement à un seul événement. Continuez à soutenir la cause tout au long de l'année, que ce soit par des dons réguliers, du bénévolat ou en participant à d'autres événements organisés par la même organisation.

Ressources pour Participer à des Événements de Charité

- **France Générosités** : Regroupe de nombreuses associations et fondations françaises et informe sur les événements solidaires et les actions philanthropiques.
- **Fondation de France** : Organise et soutient de nombreux projets d'intérêt général et événements philanthropiques partout en France.
- **Admical** : Association de référence sur le mécénat en France, proposant des ressources sur l'engagement des entreprises et des particuliers.
- **Le Journal des Fondations** : Média spécialisé relayant l'actualité des fondations, des événements caritatifs et de la philanthropie.
- **Sites des associations et fondations** : Consultez directement les sites des organisations que vous souhaitez soutenir afin de connaître leurs galas, collectes de fonds, conférences et événements solidaires.

66. TRAVAILLEZ AVEC DES COACHS DE VIE : ENGAGEZ DES COACHS DE VIE EXPÉRIMENTÉS POUR VOUS GUIDER DANS VOTRE PARCOURS DE DÉVELOPPEMENT PERSONNEL ET PROFESSIONNEL. ILS PEUVENT VOUS OFFRIR DES CONSEILS PRÉCIEUX ET VOUS AIDER À ÉVITER LES ERREURS COURANTES.

En suivant ces conseils et en utilisant ces ressources, vous pouvez maximiser les bénéfices de travailler avec un coach de vie, obtenir des conseils précieux et éviter les erreurs courantes sur votre parcours de développement personnel et professionnel.

Conseils et astuces pour travailler avec des coachs de vie :

1. **Déterminez vos besoins et objectifs** : Avant de rechercher un coach de vie, clarifiez vos objectifs personnels et professionnels. Identifiez les domaines où vous avez besoin de soutien, que ce soit la gestion du stress, l'équilibre travail-vie personnelle, la croissance professionnelle, ou la définition d'objectifs clairs.

2. **Recherchez des coachs qualifiés :** Vérifiez leur expérience, leur spécialisation et leurs certifications éventuelles. Privilégiez les professionnels adhérant à une organisation reconnue, comme l'International Coaching Federation (ICF), et assurez-vous que leur approche correspond à vos objectifs.

3. **Lisez les avis et demandez des références :** Consultez les témoignages, mais échangez également avec le coach sur son parcours, sa méthode de travail et les résultats qu'il accompagne habituellement. Un premier entretien est souvent utile pour vérifier que le courant passe.

4. **Demandez une séance de découverte** : De nombreux coachs de vie offrent une séance de découverte gratuite ou à tarif réduit. Profitez de cette opportunité pour discuter de vos besoins, poser des questions et évaluer la compatibilité. Cette séance peut vous aider à déterminer si le coach est le bon choix pour vous.

5. **Établissez une relation de confiance** : Une relation de coaching efficace repose sur la confiance et la transparence. Soyez ouvert et honnête avec votre

coach sur vos défis, vos objectifs et vos progrès. Une communication claire et honnête est essentielle pour tirer le meilleur parti de vos séances de coaching.

6. **Soyez ouvert aux feedbacks** : Les coachs de vie vous fourniront des retours constructifs pour vous aider à grandir et à vous améliorer. Soyez réceptif aux critiques constructives et utilisez-les pour ajuster vos comportements et stratégies.

7. **Mettez en pratique les conseils et stratégies** : Appliquez activement les conseils et stratégies fournis par votre coach. L'action et la mise en œuvre sont cruciales pour réaliser des progrès tangibles dans votre développement personnel et professionnel.

8. **Évaluez régulièrement vos progrès** : Travaillez avec votre coach pour évaluer régulièrement vos progrès par rapport à vos objectifs. Identifiez ce qui fonctionne bien et ce qui pourrait être amélioré, et ajustez votre plan en conséquence.

9. **Engagez-vous à long terme** : Le développement personnel est un processus continu. Considérez le coaching comme un investissement à long terme dans votre croissance. Établissez un calendrier régulier de séances de coaching pour maintenir un soutien continu et des ajustements en cours de route.

10. **Explorez différents types de coaching** : Il existe plusieurs types de coaching, comme le coaching de carrière, le coaching exécutif, le coaching de vie, et le coaching de bien-être. Choisissez le type de coaching qui correspond le mieux à vos besoins spécifiques.

Ressources pour Travailler avec des Coachs de Vie

- **International Coaching Federation (ICF)** : Référence internationale permettant de rechercher des coachs certifiés et de mieux comprendre les standards du coaching professionnel.
- **EMCC (European Mentoring and Coaching Council)** : Organisation européenne regroupant des coachs et mentors respectant des exigences déontologiques et professionnelles.
- **Coach.me** : Plateforme permettant de trouver des coachs spécialisés dans différents domaines du développement personnel et professionnel.
- **Noomii** : Annuaire international facilitant la recherche de coachs selon leur spécialité, leur langue et leur localisation.
- **Psychology Today** : Annuaire permettant notamment de rechercher des professionnels de l'accompagnement selon leurs domaines d'expertise.

67. DÉVELOPPEZ VOS COMPÉTENCES INTERCULTURELLES : APPRENEZ À NAVIGUER DANS DES ENVIRONNEMENTS MULTICULTURELS ET À TRAVAILLER EFFICACEMENT AVEC DES PERSONNES DE DIFFÉRENTES ORIGINES. LA COMPÉTENCE INTERCULTURELLE EST ESSENTIELLE POUR RÉUSSIR DANS UN CONTEXTE GLOBALISÉ.

En suivant ces conseils et en utilisant ces ressources, vous pouvez développer vos compétences interculturelles, naviguer efficacement dans des environnements multiculturels et réussir dans un contexte globalisé.

Conseils et astuces pour développer vos compétences interculturelles :

1. **Éduquez-vous sur les cultures diverses** : Prenez le temps d'apprendre les coutumes, les traditions, les valeurs et les pratiques de différentes cultures. Lisez des livres, regardez des documentaires et suivez des cours en ligne pour approfondir vos connaissances sur la diversité culturelle.
2. **Apprenez une nouvelle langue :** L'apprentissage d'une nouvelle langue peut grandement améliorer votre compréhension et votre communication avec des personnes d'autres cultures.
3. **Participez à des formations interculturelles** : Inscrivez-vous à des ateliers ou des formations sur la compétence interculturelle. Ces programmes offrent des stratégies pratiques pour naviguer dans des environnements multiculturels et améliorer vos interactions professionnelles et sociales.
4. **Soyez curieux et ouvert d'esprit** : Approchez les différences culturelles avec curiosité et respect. Posez des questions et montrez un intérêt sincère pour les expériences et les perspectives des autres. Évitez les jugements et les stéréotypes.

5. **Pratiquez l'écoute active** : Écouter attentivement les autres est crucial dans les interactions interculturelles. Montrez de l'intérêt pour leurs points de vue et posez des questions pour clarifier et approfondir votre compréhension.

6. **Respectez les différences culturelles** : Reconnaissez et respectez les différentes pratiques et croyances culturelles, même si elles diffèrent des vôtres. Soyez conscient des normes sociales et ajustez votre comportement en conséquence.

7. **Adaptez votre communication** : Soyez flexible dans votre style de communication. Certaines cultures préfèrent une communication directe et explicite, tandis que d'autres privilégient une approche plus indirecte et contextuelle. Adaptez votre style pour mieux correspondre à votre interlocuteur.

8. **Participez à des événements multiculturels** : Engagez-vous dans des activités et des événements qui célèbrent la diversité culturelle. Assistez à des festivals, des conférences, des dîners internationaux et d'autres rassemblements pour élargir votre réseau et votre compréhension culturelle.

9. **Collaborez avec des équipes multiculturelles** : Si possible, travaillez dans des équipes diversifiées sur des projets communs. Cela vous permettra de pratiquer vos compétences interculturelles et d'apprendre directement de vos collègues de différentes origines.

10. **Demandez des retours et évaluez vos compétences** : Sollicitez des retours honnêtes de vos collègues, amis et mentors sur vos interactions interculturelles. Utilisez ces retours pour identifier vos points forts et les domaines à améliorer.

Ressources pour Développer Vos Compétences Interculturelles

- **Livre :** La Carte des différences culturelles d'Erin Meyer.
- **Livre :** Quand les cultures se rencontrent de Richard D. Lewis.
- **Duolingo** : Pour apprendre gratuitement les bases d'une nouvelle langue.
- **Busuu** : Plateforme d'apprentissage des langues proposant également des échanges avec des locuteurs natifs.
- **The Culture Map** (Erin Meyer) : Ressources complémentaires sur le management interculturel et les différences culturelles.
- **Erasmus+** : Programme européen favorisant les échanges internationaux, la coopération et le développement des compétences interculturelles.
- **Instituts culturels** (Alliance Française, Goethe-Institut, Instituto Cervantes, British Council, etc.) : Proposent des formations linguistiques, des conférences et des événements favorisant la découverte d'autres cultures.

68. APPRENEZ À INVESTIR INTELLIGEMMENT : ÉDUQUEZ-VOUS SUR LES DIFFÉRENTES STRATÉGIES D'INVESTISSEMENT, TELLES QUE L'IMMOBILIER, LA BOURSE, ET LES STARTUPS. PRENDRE DES DÉCISIONS D'INVESTISSEMENT ÉCLAIRÉES, QUE CE SOIT SEUL OU EN GROUPE, PEUT AUGMENTER SIGNIFICATIVEMENT VOTRE RICHESSE À LONG TERME.

En suivant ces conseils et en utilisant ces ressources, vous pouvez investir intelligemment, que ce soit seul ou en groupe, et augmenter significativement votre richesse à long terme.

Conseils et astuces pour investir intelligemment, seul ou à plusieurs :

1. **Éduquez-vous sur les différentes options d'investissement** : Lisez des livres, suivez des cours en ligne et consultez des ressources fiables pour comprendre les différents types d'investissements. Les domaines courants incluent l'immobilier, la bourse, les obligations, les startups, et les fonds communs de placement.

2. **Diversifiez votre portefeuille** : Ne mettez pas tous vos œufs dans le même panier. Diversifiez vos investissements pour répartir les risques. Investir dans différents secteurs et types d'actifs peut protéger votre portefeuille contre les fluctuations du marché.

3. **Rejoignez des clubs d'investissement** : Participer à un club d'investissement peut vous permettre de partager des idées, d'apprendre des autres et de co-investir dans des projets plus importants. Les clubs d'investissement permettent surtout d'échanger des idées, d'apprendre collectivement et de confronter différentes analyses avant d'investir.

4. **Utilisez des plateformes de financement participatif :** Les plateformes de financement participatif permettent à plusieurs investisseurs de financer ensemble des projets immobiliers, des entreprises ou des startups. Elles offrent la possibilité de diversifier vos investissements avec des montants accessibles.

5. **Élaborez un plan d'investissement clair** : Définissez vos objectifs financiers à court et à long terme, et élaborez une stratégie pour les atteindre. Un plan bien structuré vous aidera à rester concentré et discipliné dans vos décisions d'investissement.

6. **Consultez des conseillers financiers** : Travailler avec un conseiller financier peut vous aider à élaborer une stratégie d'investissement adaptée à vos objectifs et à votre tolérance au risque. Les conseillers peuvent également fournir des analyses de marché et des recommandations personnalisées.

7. **Évaluez régulièrement vos investissements** : Surveillez la performance de votre portefeuille et réévaluez vos stratégies d'investissement régulièrement. Soyez prêt à ajuster votre portefeuille en fonction des conditions du marché et de vos objectifs financiers.

8. **Soyez patient et discipliné** : L'investissement intelligent nécessite du temps et de la patience. Évitez les décisions impulsives basées sur les fluctuations à court terme du marché. Restez fidèle à votre plan d'investissement et soyez prêt à surmonter les périodes de volatilité.

9. **Apprenez de vos erreurs** : L'investissement comporte des risques et il est possible de faire des erreurs. Utilisez chaque erreur comme une opportunité d'apprentissage pour améliorer vos stratégies futures. Analysez ce qui n'a pas fonctionné et ajustez vos approches en conséquence.

10. **Partagez vos connaissances** : Si vous investissez avec d'autres, partagez vos connaissances et vos expériences pour aider le groupe à prendre des décisions plus éclairées. La collaboration et l'échange d'idées peuvent renforcer les compétences d'investissement de chacun.

Ressources pour Investir Intelligemment

- **Livres :** L'Investisseur intelligent de **Benjamin Graham**. Père riche, père pauvre de **Robert Kiyosaki**. L'Immobilier pour les Nuls d'**Eric Tyson et Ray Brown**.
- **Investopedia** : Guides pédagogiques sur les différentes stratégies d'investissement.
- **Morningstar** : Analyses indépendantes de fonds, ETF et actions.
- **Anaxago** : Plateforme française spécialisée dans l'investissement dans les startups, l'immobilier et le capital-investissement.
- **WiSEED** : Plateforme française de financement participatif permettant d'investir dans des entreprises et des projets immobiliers.
- **Clubs d'investissement** : Les clubs d'investissement proposés par certaines banques, associations ou fédérations permettent d'apprendre collectivement les mécanismes de l'investissement tout en partageant analyses et expériences.

69. AMÉLIOREZ VOS COMPÉTENCES EN NÉGOCIATION : LA CAPACITÉ À NÉGOCIER EFFICACEMENT EST CRUCIALE POUR RÉUSSIR DANS LE MONDE DES AFFAIRES. SUIVEZ DES COURS DE NÉGOCIATION ET PRATIQUEZ RÉGULIÈREMENT POUR DEVENIR UN NÉGOCIATEUR COMPÉTENT.

En suivant ces conseils et en utilisant ces ressources, vous pouvez améliorer vos compétences en négociation, devenir un négociateur compétent et réussir dans vos interactions professionnelles et personnelles.

Conseils et astuces pour améliorer vos compétences en négociation :

1. **Suivez des formations en négociation :** Inscrivez-vous à des formations en ligne ou en présentiel afin d'acquérir les techniques fondamentales de la négociation. De nombreuses écoles, organismes de formation et associations professionnelles proposent des programmes adaptés à tous les niveaux.

2. **Lisez des livres sur la négociation** : Investissez du temps dans la lecture de livres de référence sur la négociation.

3. **Pratiquez régulièrement** : La pratique est essentielle pour devenir un bon négociateur. Cherchez des opportunités pour pratiquer vos compétences, que ce soit dans des situations professionnelles ou personnelles. Plus vous vous entraînez, plus vous deviendrez confiant et compétent.

4. **Préparez-vous soigneusement** : Avant toute négociation, préparez-vous minutieusement. Comprenez les enjeux, les objectifs, les points de vue et les positions de toutes les parties impliquées. Ayez une stratégie claire et des alternatives en tête.

5. **Écoutez activement** : Une bonne négociation repose sur l'écoute active. Écoutez attentivement les besoins et les préoccupations de l'autre partie. Posez des questions ouvertes pour mieux comprendre leurs motivations et utilisez cette information pour trouver des solutions mutuellement bénéfiques.

6. **Développez votre empathie** : L'empathie vous permet de vous mettre à la place de l'autre partie et de comprendre leurs perspectives. Cela peut vous aider à construire des relations de confiance et à trouver des solutions qui répondent aux intérêts de tous.

7. **Soyez flexible et créatif** : Les négociations nécessitent souvent des compromis et des solutions créatives. Soyez prêt à explorer différentes options et à faire preuve de flexibilité pour parvenir à un accord satisfaisant.

8. **Maîtrisez vos émotions** : Gardez votre calme et votre sang-froid pendant les négociations. Évitez de réagir impulsivement ou émotionnellement. Utilisez des techniques de gestion du stress pour rester concentré et rationnel.

9. **Utilisez des techniques de persuasion** : Apprenez et appliquez des techniques de persuasion telles que la réciprocité, l'engagement et la preuve sociale. Ces techniques peuvent renforcer votre position et augmenter vos chances de succès.

10. **Évaluez vos performances** : Après chaque négociation, prenez le temps d'évaluer vos performances. Identifiez ce qui a bien fonctionné et ce qui pourrait être amélioré. Utilisez ces enseignements pour affiner vos compétences et stratégies pour les négociations futures.

Ressources pour Améliorer Vos Compétences en Négociation

- **Livre :** Getting to Yes (Comment réussir une négociation) de Roger Fisher, William Ury et Bruce Patton.
- **Livre :** Ne coupez jamais la poire en deux (Never Split the Difference) de Chris Voss.
- **Livre :** The Art of Negotiation de Michael Wheeler.
- **Harvard Program on Negotiation (PON)** : Référence internationale proposant des articles, études de cas et ressources sur la négociation.
- **Sciences Po Executive Education** : Formations professionnelles en négociation, leadership et management.
- **Cegos** : Organisme français proposant des formations en négociation commerciale, négociation complexe et communication.
- **CNAM (Conservatoire national des arts et métiers)** : Formations continues intégrant des modules sur la négociation, le management et les relations professionnelles.
- **Ateliers et séminaires professionnels** : Participez à des formations organisées par des chambres de commerce, fédérations professionnelles ou organismes spécialisés afin de mettre en pratique vos compétences.

70. ÉTABLISSEZ DES ROUTINES DE DÉVELOPPEMENT PERSONNEL : INTÉGREZ DES ACTIVITÉS DE DÉVELOPPEMENT PERSONNEL DANS VOTRE ROUTINE QUOTIDIENNE, COMME LA LECTURE, LA MÉDITATION, LE JOURNALING ET L'APPRENTISSAGE CONTINU. CES HABITUDES PEUVENT RENFORCER VOTRE CROISSANCE PERSONNELLE ET PROFESSIONNELLE.

En suivant ces conseils et en utilisant ces ressources, vous pouvez établir des routines de développement personnel efficaces, renforcer votre croissance personnelle et professionnelle, et atteindre vos objectifs à long terme.

Conseils et astuces pour établir des routines de développement personnel

1. **Définissez des objectifs clairs** : Identifiez vos objectifs de développement personnel et professionnel. Cela peut inclure l'acquisition de nouvelles compétences, l'amélioration de votre bien-être mental et physique, ou l'expansion de vos connaissances dans un domaine spécifique.
2. **Planifiez du temps pour la lecture** : Consacrez une partie de votre journée à la lecture de livres ou d'articles sur des sujets qui vous intéressent. Que ce soit le matin, pendant votre pause déjeuner, ou avant de vous coucher, assurez-vous de lire régulièrement pour stimuler votre esprit et enrichir vos connaissances.
3. **Pratiquez la méditation :** Intégrez la méditation dans votre routine quotidienne pour réduire le stress, améliorer votre concentration et augmenter votre bien-être général. Commencez par quelques minutes par jour puis augmentez progressivement la durée de vos séances.
4. **Tenez un journal** : Le journaling est un excellent moyen de réfléchir sur vos pensées, vos expériences et vos progrès. Écrivez quotidiennement sur vos objectifs, vos réussites, vos défis et vos apprentissages. Cette pratique peut vous aider à clarifier vos pensées et à suivre votre développement personnel.

5. **Engagez-vous dans l'apprentissage continu** : Adoptez une mentalité de croissance et cherchez constamment à apprendre de nouvelles compétences ou à approfondir vos connaissances. Inscrivez-vous à des cours en ligne, assistez à des ateliers ou regardez des webinaires sur des sujets qui vous intéressent.

6. **Établissez des routines matinales et nocturnes** : Créez des routines matinales et nocturnes qui incluent des activités de développement personnel. Le matin, vous pouvez commencer par de la lecture, de la méditation et des exercices physiques. Le soir, prenez du temps pour le journaling et la planification du lendemain.

7. **Fixez des moments de réflexion** : Prenez régulièrement du temps pour réfléchir sur vos progrès et ajuster vos routines si nécessaire. Évaluez ce qui fonctionne bien et identifiez les domaines où vous pouvez vous améliorer. La réflexion régulière vous aide à rester sur la bonne voie et à vous adapter aux changements.

8. **Utilisez des outils de suivi :** Les applications de suivi d'habitudes ou de bien-être peuvent vous aider à maintenir vos routines, mesurer vos progrès et rester motivé sur le long terme.

9. **Trouvez des partenaires de responsabilité** : Partagez vos objectifs et vos routines avec un ami ou un mentor. Avoir quelqu'un pour vous tenir responsable peut renforcer votre engagement et vous offrir un soutien supplémentaire dans votre parcours de développement personnel.

10. **Soyez patient et persévérant** : Le développement personnel est un processus continu qui nécessite du temps et de la persévérance. Ne vous découragez pas si vous ne voyez pas de résultats immédiats. Restez engagé dans vos routines et continuez à travailler sur votre croissance personnelle et professionnelle.

Ressources pour Établir des Routines de Développement Personnel

- **Livres :** Atomic Habits de **James Clear**. Miracle Morning de **Hal Elrod**. Méditer, jour après jour de **Christophe André**.
- **Headspace** : Application de méditation guidée et de pleine conscience.
- **Calm** : Application dédiée à la méditation, à la relaxation et au sommeil.
- **Habitica** : Application de suivi d'habitudes sous forme ludique.
- **Coach.me** : Outil de suivi d'objectifs et de développement personnel.
- **MyFitnessPal** : Application permettant de suivre son alimentation, son activité physique et certaines habitudes de vie.
- **France Université Numérique (FUN-MOOC)** : Plateforme française proposant des formations gratuites dans de nombreux domaines du développement personnel et professionnel.
- **Psychologies.com** : Articles et dossiers consacrés au développement personnel, au bien-être et aux habitudes de vie.

8. DÉVELOPPEMENT DE SON ÉTAT D'ESPRIT

- DÉVELOPPEZ DES HABITUDES DE SUCCÈS
- AYEZ L'ÉTAT D'ESPRIT DU SUCCÈS
- NE PAS AVOIR PEUR : MESUREZ LES RISQUES ET FONCEZ
- ENGAGEZ-VOUS DANS VOTRE COMMUNAUTÉ
- DÉVELOPPEZ UNE ROUTINE MATINALE PRODUCTIVE
- ÉTABLISSEZ DE PETITS OBJECTIFS MESURABLES AU QUOTIDIEN
- ENTOUREZ-VOUS DE PERSONNES POSITIVES
- SOYEZ ADAPTABLE
- APPRENEZ À DÉLÉGUER
- MAINTENEZ UN ÉQUILIBRE VIE PROFESSIONNELLE/VIE PERSONNELLE

71. DÉVELOPPEZ DES HABITUDES DE SUCCÈS : DISCIPLINE, PERSÉVÉRANCE ET UNE ATTITUDE POSITIVE SONT ESSENTIELLES.

En suivant ces conseils et en utilisant ces ressources, vous pouvez développer des habitudes de succès, renforcer votre discipline, persévérance et attitude positive, et atteindre vos objectifs personnels et professionnels.

Conseils et astuces pour développer des habitudes de succès :

1. **Fixez des objectifs clairs et spécifiques** : Définissez des objectifs SMART (spécifiques, mesurables, atteignables, réalistes et temporellement définis). Des objectifs clairs vous donnent une direction et vous motivent à persévérer.
2. **Créez une routine quotidienne** : Établissez une routine qui inclut des activités productives et positives. Par exemple, commencez la journée par une séance de méditation, un peu d'exercice physique, et une planification de vos tâches importantes.
3. **Pratiquez la gratitude** : Prenez quelques minutes chaque jour pour réfléchir à ce pour quoi vous êtes reconnaissant. La gratitude peut améliorer votre état d'esprit et renforcer votre attitude positive.
4. **Visualisez vos succès** : Prenez du temps chaque jour pour visualiser vos objectifs et imaginez-vous en train de les atteindre. La visualisation renforce votre motivation et vous aide à rester concentré sur vos objectifs.
5. **Lisez et apprenez continuellement** : Engagez-vous dans l'apprentissage continu en lisant des livres, en suivant des cours en ligne et en participant à des séminaires. Développer vos connaissances et compétences vous donne un avantage compétitif.
6. **Entourez-vous de personnes positives** : Fréquentez des personnes qui vous soutiennent et vous inspirent. Évitez les relations toxiques qui peuvent nuire à votre moral et à votre progression.

7. **Pratiquez l'autodiscipline** : Apprenez à contrôler vos impulsions et à rester concentré sur vos objectifs. L'autodiscipline est essentielle pour surmonter les distractions et les obstacles.

8. **Gardez une attitude positive** : Cultivez une attitude positive en adoptant un discours intérieur positif et en cherchant le côté positif des situations. Une attitude positive vous aide à surmonter les défis avec optimisme.

9. **Prenez soin de votre bien-être physique et mental** : Assurez-vous de bien dormir, de manger sainement et de faire de l'exercice régulièrement. Un corps et un esprit sains sont essentiels pour maintenir une énergie et une motivation élevées.

10. **Célébrez vos réussites** : Prenez le temps de reconnaître et de célébrer vos réalisations, même les petites victoires. Cela vous motive à continuer à progresser et à persévérer.

Ressources pour Développer des Habitudes de Succès

- **Livre :** Les 7 habitudes de ceux qui réalisent tout ce qu'ils entreprennent de **Stephen R. Covey**. Un rien peut tout changer (Atomic Habits) de **James Clear.**

- **Applications :** Fabulous – Pour mettre en place des routines quotidiennes et développer de bonnes habitudes. Strides – Pour suivre vos objectifs et mesurer vos progrès. Streaks – Pour créer et maintenir des habitudes quotidiennes grâce à un suivi simple et visuel.

- **France Université Numérique (FUN-MOOC)** : Plateforme française proposant des formations gratuites favorisant le développement personnel et professionnel.

- **Psychologies.com** : Articles consacrés aux habitudes, à la motivation, au bien-être et au développement personnel.

- **TED** : Conférences inspirantes sur la motivation, les habitudes, la psychologie et la réussite personnelle.

72. AYEZ L'ÉTAT D'ESPRIT DU SUCCÈS : TRAVAILLEZ VOTRE MINDSET AVEC DES EXERCICES QUOTIDIENS.

En suivant ces conseils et en utilisant ces ressources, vous pouvez développer et maintenir un état d'esprit de succès, ce qui vous aidera à surmonter les obstacles et à atteindre vos objectifs.

Conseils et astuces pour développer un état d'esprit de succès :

1. **Fixez des intentions quotidiennes** : Commencez chaque journée en définissant des intentions claires pour ce que vous souhaitez accomplir. Cela vous aide à rester concentré et aligné avec vos objectifs.
2. **Pratiquez la méditation et la pleine conscience :** La méditation quotidienne peut améliorer votre concentration, réduire le stress et renforcer votre résilience mentale. Commencez par quelques minutes chaque jour et augmentez progressivement la durée de vos séances.
3. **Utilisez des affirmations positives** : Répétez des affirmations positives chaque jour pour renforcer votre confiance en vous et votre attitude positive. Par exemple, dites-vous "Je suis capable de surmonter tous les obstacles" ou "Je mérite le succès."
4. **Visualisez vos objectifs** : Consacrez quelques minutes chaque jour à visualiser vos objectifs et à vous imaginer les atteindre. La visualisation peut renforcer votre motivation et clarifier votre vision.
5. **Tenez un journal de gratitude** : Écrivez chaque jour trois choses pour lesquelles vous êtes reconnaissant. La gratitude aide à maintenir une perspective positive et à apprécier les aspects positifs de votre vie.
6. **Apprenez de vos échecs** : Adoptez une perspective de croissance en voyant les échecs comme des opportunités d'apprentissage. Analysez ce qui n'a pas fonctionné, tirez des leçons et ajustez votre approche pour l'avenir.

7. **Entourez-vous de personnes positives et inspirantes** : Interagissez avec des personnes qui vous soutiennent et vous motivent. Les relations positives peuvent influencer votre état d'esprit et vous encourager à poursuivre vos objectifs.

8. **Fixez des objectifs réalisables et mesurables** : Décomposez vos grands objectifs en étapes plus petites et gérables. Cela vous permet de mesurer vos progrès et de maintenir votre motivation.

9. **Pratiquez l'auto-compassion** : Soyez bienveillant envers vous-même, surtout lorsque vous faites face à des défis ou des revers. L'auto-compassion renforce votre résilience et votre capacité à rebondir.

10. **Investissez dans votre développement personnel** : Lisez des livres, suivez des cours en ligne et assistez à des séminaires sur le développement personnel et professionnel. L'apprentissage continu nourrit votre état d'esprit de succès.

Ressources pour Développer un État d'Esprit de Succès

- **Livres :** Changer d'état d'esprit (Mindset) de **Carol S. Dweck**. La Puissance de la pensée positive de **Norman Vincent Peale**. La Magie de voir grand de **David J. Schwartz**.

- **ThinkUp** : Application permettant de créer et d'écouter des affirmations positives personnalisées.

- **Petit Bambou** : Application française de méditation et de pleine conscience.

- **TED** : Conférences inspirantes sur la psychologie, la motivation, la résilience et le développement personnel.

- **Psychologies.com** : Articles consacrés à la confiance en soi, au mindset, à la motivation et au développement personnel.

- **France Université Numérique (FUN-MOOC)** : Formations gratuites permettant de développer ses compétences personnelles et professionnelles.

73. NE PAS AVOIR PEUR : MESURER LES RISQUES ET FONCER

En suivant ces conseils et en utilisant ces ressources, vous pouvez surmonter vos peurs, mesurer les risques de manière efficace et foncer vers vos objectifs avec confiance.

Conseils et astuces pour surmonter la peur, mesurer les risques et foncer :

1. **Évaluez les risques de manière rationnelle** : Avant de prendre une décision importante, identifiez et évaluez les risques potentiels. Faites une liste des avantages et des inconvénients, et analysez les probabilités et les impacts de chaque risque. Une évaluation rationnelle vous permettra de prendre des décisions plus éclairées.
2. **Développez un plan d'action** : Une fois les risques évalués, élaborez un plan d'action détaillé. Décomposez vos objectifs en étapes plus petites et définissez des actions concrètes pour chaque étape. Avoir un plan clair réduit l'incertitude et augmente votre confiance pour avancer.
3. **Fixez des objectifs réalistes et atteignables** : Des objectifs bien définis et réalistes vous donnent une direction claire et vous aident à rester concentré. Assurez-vous que vos objectifs sont spécifiques, mesurables, atteignables, pertinents et temporellement définis (SMART).
4. **Apprenez à gérer l'incertitude** : Acceptez que l'incertitude fait partie de la vie et des affaires. Entraînez-vous à prendre des décisions malgré l'incertitude. Plus vous vous habituez à gérer l'incertitude, plus vous deviendrez résilient et confiant.
5. **Cultivez une mentalité de croissance** : Adoptez une mentalité qui voit les défis comme des opportunités d'apprentissage et de croissance. Ne laissez pas la peur de l'échec vous paralyser. Utilisez chaque expérience, réussie ou non, comme une leçon pour progresser.
6. **Prenez des décisions informées** : Faites vos recherches et obtenez autant d'informations que possible avant de prendre une décision. Consultez des

experts, lisez des études de cas et analysez des données pertinentes pour éclairer vos choix.

7. **Agissez progressivement** : Parfois, foncer ne signifie pas tout risquer d'un coup. Avancez par petites étapes, testez vos idées à petite échelle et ajustez en fonction des résultats. Cela réduit les risques et vous permet d'apprendre en cours de route.

8. **Trouvez un mentor ou un coach** : Un mentor ou un coach peut vous aider à évaluer les risques et à prendre des décisions courageuses. Leurs conseils et expériences peuvent vous offrir une perspective précieuse et vous encourager à avancer malgré vos peurs.

9. **Visualisez le succès** : Utilisez la visualisation pour imaginer le succès de vos actions. En visualisant des résultats positifs, vous renforcez votre confiance et votre motivation pour prendre des risques calculés.

10. **Entourez-vous de soutien** : Parlez de vos projets à des amis, des collègues ou des membres de votre famille qui vous soutiennent. Avoir un réseau de soutien peut renforcer votre détermination et vous encourager à dépasser vos peurs.

Ressources pour Surmonter la Peur, Mesurer les Risques et Foncer

- **Livres :** Ressentez la peur et osez quand même de **Susan Jeffers**. Le pouvoir de l'audace de **Brené Brown**. Lean Startup : Adoptez l'innovation continue **d'Eric Ries**.

- **Applications :** Trello pour planifier vos projets et suivre leur progression, Notion pour organiser vos idées, évaluer les risques et construire vos plans d'action.

- **Sites web :** The Decision Lab, Farnam Street et Psychology Today proposent des articles et des ressources sur la prise de décision, la gestion des risques, les biais cognitifs et le développement de la résilience.

74. ENGAGEZ-VOUS DANS VOTRE COMMUNAUTÉ : LE BÉNÉVOLAT PEUT ÉLARGIR VOTRE RÉSEAU ET AMÉLIORER VOTRE IMAGE PERSONNELLE.

En suivant ces conseils et en utilisant ces ressources, vous pouvez vous engager de manière significative dans votre communauté, élargir votre réseau et améliorer votre image personnelle.

Conseils et astuces pour s'engager dans sa communauté :

1. **Trouvez une cause qui vous passionne** : Identifiez les causes ou les organisations qui résonnent avec vos valeurs et vos intérêts. Lorsque vous êtes passionné par une cause, votre engagement sera plus authentique et motivé.
2. **Recherchez des opportunités de bénévolat** : Utilisez des plateformes comme France Bénévolat, HelloAsso, ou des sites web locaux pour trouver des opportunités de bénévolat. Les organisations locales, les écoles et les centres communautaires sont également de bonnes sources d'information.
3. **Définissez votre disponibilité** : Soyez clair sur le temps que vous pouvez consacrer au bénévolat. Que ce soit quelques heures par mois ou une journée par semaine, choisissez un engagement réaliste et durable.
4. **Utilisez vos compétences professionnelles** : Offrez vos compétences professionnelles aux organisations locales. Par exemple, si vous êtes comptable, proposez de les aider à gérer leurs finances. Si vous êtes dans la communication, aidez-les à élaborer une stratégie de communication.
5. **Participez à des événements communautaires** : Assistez à des événements locaux, tels que des foires, des festivals et des collectes de fonds. Ces événements sont d'excellentes occasions pour rencontrer des membres de la communauté et élargir votre réseau.
6. **Rejoignez des conseils d'administration ou des comités** : Devenir membre du conseil d'administration ou d'un comité d'une organisation caritative peut vous

offrir des opportunités de leadership et de réseautage. Cela vous permet également d'influencer les décisions et les orientations de l'organisation.

7. **Organisez vos propres initiatives de bénévolat** : Si vous ne trouvez pas de programmes existants qui correspondent à vos intérêts, envisagez d'organiser vos propres initiatives. Que ce soit une collecte de fonds, une journée de nettoyage communautaire ou un atelier éducatif, prenez l'initiative de créer des opportunités.

8. **Utilisez les réseaux sociaux pour promouvoir votre engagement** : Partagez vos expériences de bénévolat sur les réseaux sociaux pour inspirer d'autres personnes à s'engager. Cela montre également votre engagement envers la communauté et peut renforcer votre image personnelle et professionnelle.

9. **Impliquez vos amis et collègues** : Encouragez vos amis, votre famille et vos collègues à se joindre à vous dans vos activités de bénévolat. Le bénévolat en groupe peut renforcer les liens personnels et créer un impact plus significatif.

10. **Apprenez de vos expériences** : Réfléchissez à ce que vous avez appris de vos expériences de bénévolat et comment elles ont enrichi votre vie. Utilisez ces leçons pour continuer à grandir personnellement et professionnellement.

Ressources pour S'engager dans Sa Communauté

- **Sites de bénévolat :** France Bénévolat, HelloAsso et Tous Bénévoles pour trouver des missions de bénévolat partout en France.
- **Organisations locales :** Consultez les sites des associations locales, des centres sociaux, des maisons des associations, des communes ou des fondations près de chez vous pour découvrir les besoins de votre territoire.
- **Applications :** JeVeuxAider.gouv.fr et Benevolt pour trouver des missions de bénévolat adaptées à vos compétences et à vos disponibilités.
- **Événements communautaires :** Consultez les agendas de votre mairie, les journaux locaux et les plateformes d'événements pour participer aux initiatives citoyennes, solidaires ou associatives de votre région.
- **Fondations et associations :** Explorez les actions menées par des organisations telles que la Croix-Rouge française, les Restos du Cœur, le Secours populaire ou les Banques Alimentaires afin de vous engager selon les causes qui vous tiennent à cœur.

75. DÉVELOPPEZ UNE ROUTINE MATINALE PRODUCTIVE : COMMENCEZ VOTRE JOURNÉE PAR DES ACTIVITÉS QUI RENFORCENT VOTRE ÉNERGIE ET VOTRE CONCENTRATION.

En suivant ces conseils et en utilisant ces ressources, vous pouvez développer une routine matinale productive qui renforcera votre énergie, votre concentration et votre bien-être général.

Conseils et astuces pour développer une routine matinale productive :

1. **Réveillez-vous à une heure fixe** : Établissez une heure de réveil régulière pour réguler votre horloge biologique. Cela vous aidera à vous sentir plus reposé et énergique tout au long de la journée.
2. **Hydratez-vous dès le réveil** : Buvez un grand verre d'eau au réveil pour réhydrater votre corps après une nuit de sommeil. Cela aide à booster votre métabolisme et à préparer votre corps pour la journée.
3. **Pratiquez la gratitude** : Prenez quelques minutes pour réfléchir à ce pour quoi vous êtes reconnaissant. Cela peut vous aider à démarrer la journée avec une attitude positive et reconnaissante.
4. **Faites de l'exercice** : Intégrez une activité physique dans votre routine matinale, qu'il s'agisse de yoga, de course à pied, de musculation ou d'étirements. L'exercice augmente votre énergie, améliore votre humeur et stimule votre concentration.
5. **Méditez ou pratiquez la pleine conscience** : Consacrez quelques minutes à la méditation ou à des exercices de pleine conscience pour calmer votre esprit et améliorer votre concentration. Des applications comme Headspace ou Calm peuvent vous guider.
6. **Planifiez votre journée** : Prenez quelques minutes pour planifier votre journée. Identifiez vos priorités, fixez des objectifs et établissez une liste de tâches. Cela vous aide à rester organisé et concentré sur ce qui est important.

7. **Lisez ou apprenez quelque chose de nouveau** : Réservez du temps pour lire un livre inspirant, un article de blog, ou suivre un cours en ligne. L'apprentissage continu stimule votre esprit et vous prépare à affronter les défis de la journée.
8. **Prenez un petit-déjeuner nutritif** : Un petit-déjeuner sain et équilibré vous fournit l'énergie nécessaire pour bien démarrer la journée. Optez pour des aliments riches en protéines, en fibres et en vitamines.
9. **Évitez les écrans au réveil** : Limitez l'utilisation de votre téléphone, de la télévision ou de l'ordinateur dans les premières heures de la journée. Les notifications et les médias sociaux peuvent être distrayants et nuire à votre productivité.
10. **Fixez une intention pour la journée** : Définissez une intention ou un objectif principal pour la journée. Cela vous donne un point de focalisation et vous aide à rester motivé tout au long de la journée.

Ressources pour Développer une Routine Matinale Productive

- **Livres :** "The Miracle Morning" de **Hal Elrod**, "Atomic Habits" de **James Clear**, "The 5 AM Club" de **Robin Sharma**.
- **Applications :** Fabulous pour créer et maintenir des routines quotidiennes, Sleep Cycle pour améliorer la qualité de votre sommeil, Nike Training Club pour intégrer facilement une activité physique à votre matinée.
- **Podcasts :** "Métamorphose" avec Anne Ghesquière, "Change ma vie" de Clotilde Dusoulier, "Génération Do It Yourself" de Matthieu Stefani pour développer des habitudes favorisant la réussite personnelle et professionnelle.
- **Sites web :** James Clear, Getting Things Done (David Allen) et Psychology Today proposent des articles et des conseils pratiques sur les habitudes, la productivité et l'organisation personnelle.

76. ÉTABLISSEZ DE PETITS OBJECTIFS MESURABLES AU QUOTIDIEN : SAVOIR CE QUE VOUS VOULEZ ATTEINDRE VOUS AIDE À RESTER CONCENTRÉ ET MOTIVÉ.

En suivant ces conseils et en utilisant ces ressources, vous pouvez établir de petits objectifs mesurables au quotidien qui vous aideront à rester concentré, motivé et sur la voie du succès.

Conseils et astuces pour établir de petits objectifs mesurables au quotidien :

1. **Décomposez vos objectifs à long terme** : Prenez vos grands objectifs et décomposez-les en étapes plus petites et réalisables. Cela rend les grands projets moins intimidants et plus gérables.
2. **Utilisez la méthode SMART :** Assurez-vous que vos objectifs quotidiens sont **Spécifiques, Mesurables, Atteignables, Réalistes et Temporellement définis**. Par exemple, au lieu de dire « faire de l'exercice », fixez-vous comme objectif de marcher 30 minutes aujourd'hui ou terminer un dossier avant 17 heures.
3. **Priorisez vos tâches** : Chaque matin, identifiez les trois tâches les plus importantes que vous devez accomplir. Priorisez ces tâches pour vous assurer que vous progressez vers vos objectifs principaux.
4. **Utilisez une liste de tâches** : Notez vos objectifs quotidiens dans une liste de tâches. Cela vous permet de suivre vos progrès et de rester organisé. Cochez les tâches au fur et à mesure que vous les accomplissez pour un sentiment d'accomplissement.
5. **Fixez des délais** : Attribuez des délais spécifiques à chaque objectif pour vous assurer qu'ils sont accomplis en temps voulu. Les délais vous aident à rester concentré et à éviter la procrastination.
6. **Évaluez et ajustez vos objectifs quotidiennement** : À la fin de chaque journée, évaluez vos progrès. Identifiez ce que vous avez accompli, ce qui reste à faire, et ajustez vos objectifs pour le lendemain en conséquence.

7. **Utilisez des outils de gestion des tâches** : Des applications comme Todoist, Trello ou Asana peuvent vous aider à gérer vos objectifs quotidiens, à suivre vos progrès et à rester organisé.

8. **Célébrez les petites victoires** : Prenez le temps de célébrer vos réussites, même les plus petites. La reconnaissance de vos réalisations quotidiennes peut renforcer votre motivation et votre confiance en vous.

9. **Restez flexible** : Soyez prêt à ajuster vos objectifs si nécessaire. Parfois, les priorités changent et il est important de rester adaptable et de réévaluer vos objectifs en fonction des nouvelles informations ou des circonstances.

10. **Partagez vos objectifs** : Informez un ami, un collègue ou un mentor de vos objectifs quotidiens. Le fait de partager vos objectifs peut renforcer votre engagement et vous offrir un soutien supplémentaire.

Ressources pour Établir de Petits Objectifs Mesurables au Quotidien

- **Livres :** "Mini Habitudes" de **Stephen Guise**, "L'effet cumulé" de **Darren Hardy,** "Avalez le crapaud !" de **Brian Tracy**.

- **Applications :** Microsoft To Do, TickTick et Notion pour planifier vos tâches, suivre vos objectifs et organiser votre quotidien.

- **Podcasts :** "Change ma vie" de Clotilde Dusoulier, "Métamorphose" avec Anne Ghesquière et "La Leçon" de Pauline Grisoni pour développer des habitudes durables et maintenir sa motivation.

- **Sites web :** David Allen Company, James Clear et Zen to Done proposent des méthodes et des conseils pratiques pour mieux s'organiser, rester concentré et atteindre ses objectifs.

77. ENTOUREZ-VOUS DE PERSONNES POSITIVES : NOUS DEVENONS QUI NOUS FRÉQUENTONS.

En suivant ces conseils et en utilisant ces ressources, vous pouvez vous entourer de personnes positives qui renforceront votre état d'esprit, vous soutiendront dans vos efforts et contribueront à votre succès personnel et professionnel.

Conseils et astuces pour s'entourer de personnes positives :

1. **Identifiez les influences positives** : Faites une liste des personnes dans votre vie qui vous inspirent, vous motivent et vous soutiennent. Cherchez à passer plus de temps avec ces individus.

2. **Évaluez vos relations actuelles** : Réfléchissez aux personnes avec lesquelles vous passez le plus de temps. Identifiez celles qui ont une influence négative ou drainante et considérez réduire le temps passé avec elles.

3. **Rejoignez des groupes et des communautés positives** : Participez à des clubs, des associations, des groupes de soutien ou des communautés en ligne qui partagent vos intérêts et vos valeurs. Des environnements positifs encouragent la croissance personnelle et professionnelle.

4. **Assistez à des événements de développement personnel** : Participez à des séminaires, des ateliers, des conférences et des retraites axés sur le développement personnel. Ces événements sont des lieux idéaux pour rencontrer des personnes partageant les mêmes valeurs et désireuses de s'améliorer.

5. **Cherchez des mentors** : Trouvez des mentors qui incarnent les qualités et les succès que vous souhaitez atteindre. Les mentors peuvent offrir des conseils précieux, du soutien et une perspective positive sur vos défis et vos objectifs.

6. **Développez des amitiés basées sur des intérêts communs** : Nouez des relations avec des personnes qui partagent vos passions et vos hobbies. Les activités partagées créent des liens forts et des interactions positives.

7. **Soyez une influence positive pour les autres** : Adoptez une attitude positive et encourageante dans vos relations. En étant une source de soutien et de motivation pour les autres, vous attirerez naturellement des personnes ayant un état d'esprit similaire.

8. **Évitez les comportements toxiques** : Identifiez et évitez les comportements toxiques tels que les commérages, les critiques constantes et la négativité. Encouragez un environnement où la positivité et la bienveillance sont valorisées.

9. **Participez à des activités bénévoles** : Le bénévolat est une excellente façon de rencontrer des personnes altruistes et positives. Travailler ensemble pour une cause commune renforce les relations et crée un environnement positif.

10. **Utilisez les réseaux sociaux de manière positive** : Suivez des comptes et des personnes qui partagent des messages positifs et inspirants. Créez un flux de contenu qui vous motive et vous soutient dans vos objectifs.

Ressources pour S'entourer de Personnes Positives

- **Livres :** "Comment se faire des amis" de **Dale Carnegie**, "L'effet des attitudes positives" de **Norman Vincent Peale**, "Les cinq personnes que vous rencontrez au paradis" de **Mitch Albom**.

- **Applications :** Frimake pour participer à des activités près de chez vous, Knockk pour rencontrer des personnes partageant vos centres d'intérêt.

- **Podcasts :** "Métamorphose" avec Anne Ghesquière, "La Leçon" de Pauline Grisoni, "Good Life Project" pour découvrir des parcours inspirants et développer un état d'esprit positif.

- **Sites web :** Positively Positive, Psychology Today et Greater Good Magazine proposent des articles sur les relations humaines, la psychologie positive et le bien-être.

78. SOYEZ ADAPTABLE : ÊTRE CAPABLE DE S'ADAPTER RAPIDEMENT AUX CHANGEMENTS, AUX SITUATIONS ET AUX PERSONNES PEUT VOUS DONNER UN AVANTAGE COMPÉTITIF.

En suivant ces conseils et en utilisant ces ressources, vous pouvez développer votre adaptabilité, rester flexible face aux changements et maintenir un avantage compétitif dans diverses situations.

Conseils et astuces pour développer votre adaptabilité :

1. **Adoptez une mentalité de croissance** : Croyez que vous pouvez vous améliorer et apprendre de nouvelles compétences. Voir les défis comme des opportunités d'apprentissage vous aidera à rester flexible et ouvert au changement.

2. **Pratiquez la résilience** : Développez votre capacité à rebondir après des revers en acceptant les échecs comme des parties intégrantes du processus d'apprentissage. Analysez ce qui n'a pas fonctionné, tirez-en des leçons et ajustez votre approche.

3. **Restez informé et apprenez en continu** : Suivez les tendances de votre secteur, apprenez de nouvelles compétences et mettez à jour vos connaissances régulièrement. L'apprentissage continu vous permet de rester pertinent et prêt à faire face aux changements.

4. **Soyez ouvert aux nouvelles idées** : Écoutez les perspectives des autres et soyez prêt à envisager des approches différentes. La collaboration et l'échange d'idées peuvent révéler des solutions innovantes aux problèmes.

5. **Développez votre intelligence émotionnelle** : Comprenez et gérez vos émotions ainsi que celles des autres. L'intelligence émotionnelle vous aide à naviguer dans les relations interpersonnelles et à vous adapter à diverses situations sociales et professionnelles.

6. **Pratiquez la pleine conscience** : La pleine conscience vous aide à rester présent et à réagir de manière réfléchie plutôt que de manière impulsive. Cela peut vous aider à gérer le stress et à rester flexible face aux changements.
7. **Fixez des objectifs flexibles** : Tout en ayant des objectifs clairs, soyez prêt à ajuster vos plans en fonction des circonstances changeantes. La flexibilité dans la planification vous permet de pivoter rapidement lorsque c'est nécessaire.
8. **Développez des compétences polyvalentes** : Avoir un ensemble de compétences diversifiées vous rend plus adaptable à différents rôles et situations. Apprenez des compétences complémentaires qui peuvent être utiles dans diverses situations professionnelles.
9. **Anticipez les changements** : Soyez proactif en prévoyant les changements potentiels dans votre environnement professionnel ou personnel. Ayez des plans de secours prêts pour différentes éventualités.
10. **Soyez patient et persévérant** : L'adaptabilité nécessite du temps et de la pratique. Soyez patient avec vous-même et persévérez même lorsque les choses ne se déroulent pas comme prévu. La persévérance renforce votre capacité à vous adapter à long terme.

Ressources pour Développer Votre Adaptabilité

- **Livres :** "Mindset : Osez la réussite !" de **Carol S. Dweck**, "Le Pouvoir du moment présent" d'**Eckhart Tolle**, "L'antifragile" de **Nassim Nicholas Taleb**.
- **Applications :** Insight Timer pour développer la pleine conscience, Notion pour organiser vos projets et vous adapter plus facilement aux changements.
- **Podcasts :** "Métamorphose" avec Anne Ghesquière, "Vlan !" de Grégory Pouy et "Génération Do It Yourself" de Matthieu Stefani pour développer votre capacité d'adaptation, votre curiosité et votre ouverture au changement.

- **Sites web :** Verywell Mind, Farnam Street et The Decision Lab proposent des articles et des ressources sur la résilience, les biais cognitifs, la prise de décision et l'adaptation au changement.

79. APPRENEZ À DÉLÉGUER : VOUS NE POUVEZ PAS TOUT FAIRE SEUL. DÉLÉGUER DES TÂCHES PEUT VOUS AIDER À VOUS CONCENTRER SUR CE QUE VOUS FAITES LE MIEUX.

En suivant ces conseils et en utilisant ces ressources, vous pouvez déléguer des tâches efficacement, vous concentrer sur vos forces et améliorer la productivité globale de votre équipe.

Conseils et astuces pour apprendre à déléguer efficacement :

1. **Identifiez les tâches à déléguer** : Faites une liste de toutes vos responsabilités et identifiez celles qui peuvent être déléguées. Concentrez-vous sur les tâches répétitives, les tâches administratives ou celles qui ne nécessitent pas votre expertise spécifique.
2. **Choisissez les bonnes personnes** : Sélectionnez des collaborateurs ou des membres de votre équipe qui ont les compétences nécessaires pour accomplir les tâches déléguées. Assurez-vous qu'ils comprennent l'importance de ces tâches et qu'ils ont les ressources nécessaires pour les réaliser.
3. **Communiquez clairement les attentes** : Expliquez clairement les objectifs, les délais et les résultats attendus pour chaque tâche déléguée. Assurez-vous que la personne à qui vous déléguez comprend bien ce qui est attendu d'elle.
4. **Offrez des ressources et du soutien** : Fournissez les outils, les informations et les ressources nécessaires pour accomplir les tâches déléguées. Soyez disponible pour répondre aux questions et offrir du soutien au besoin.

5. **Faites confiance et lâchez prise** : Une fois que vous avez délégué une tâche, faites confiance à la personne pour la réaliser. Évitez de micro-manager et laissez-les accomplir la tâche à leur manière, tant que les résultats sont atteints.

6. **Établissez des points de contrôle** : Mettez en place des points de contrôle réguliers pour suivre les progrès et offrir des retours constructifs. Cela permet de s'assurer que la tâche progresse bien et de corriger les problèmes potentiels avant qu'ils ne deviennent des obstacles majeurs.

7. **Reconnaissez et valorisez les efforts** : Lorsque les tâches sont bien réalisées, reconnaissez et valorisez les efforts de la personne. La reconnaissance renforce la motivation et encourage les collaborateurs à continuer à bien performer.

8. **Apprenez de l'expérience** : Analysez les résultats des tâches déléguées et tirez des leçons de chaque expérience. Identifiez ce qui a bien fonctionné et ce qui peut être amélioré pour les futures délégations.

9. **Développez les compétences de votre équipe** : Investissez dans le développement des compétences de votre équipe. Offrez des formations et des opportunités d'apprentissage pour renforcer leurs capacités et leur confiance à prendre en charge des tâches plus complexes.

10. **Soyez patient et persévérant** : Apprendre à déléguer efficacement peut prendre du temps. Soyez patient avec vous-même et avec les membres de votre équipe. Continuez à pratiquer et à affiner vos compétences en délégation.

Ressources pour Apprendre à Déléguer

- **Livres :** "The One Minute Manager Meets the Monkey" de **Kenneth Blanchard**, "Multipliers : How the Best Leaders Make Everyone Smarter" de **Liz Wiseman**, "Who Not How" de **Dan Sullivan et Benjamin Hardy**.

- **Applications :** Monday.com, ClickUp et Microsoft Planner pour organiser, répartir et suivre les tâches de votre équipe.

- **Podcasts :** "Coaching for Leaders", "Manager Tools" et "How I Work" pour améliorer votre management, votre leadership et votre capacité à déléguer efficacement.
- **Sites web :** Harvard Business Review, Gallup et Entrepreneur proposent des articles, des études et des conseils pratiques sur le leadership, la délégation et le management.

80. MAINTENEZ UN ÉQUILIBRE VIE PROFESSIONNELLE / VIE PERSONNELLE : UN ESPRIT SAIN DANS UN CORPS SAIN EST ESSENTIEL POUR LA RÉUSSITE À LONG TERME.

En suivant ces conseils et en utilisant ces ressources, vous pouvez maintenir un équilibre sain entre votre vie professionnelle et votre vie personnelle, ce qui est essentiel pour votre réussite et votre bien-être à long terme.

Conseils et astuces pour maintenir un équilibre vie professionnelle / vie personnelle :

1. **Fixez des limites claires** : Définissez des heures de travail spécifiques et respectez-les. Évitez de ramener du travail à la maison et créez des limites claires entre votre temps de travail et votre temps personnel.
2. **Priorisez vos tâches** : Utilisez des techniques de gestion du temps, comme la matrice d'Eisenhower, pour prioriser vos tâches. Concentrez-vous sur les tâches importantes et urgentes, et déléguez ou éliminez les tâches non essentielles.
3. **Planifiez du temps pour vous-même :** Réservez chaque semaine des créneaux dédiés à vos loisirs, à votre famille ou à vos projets personnels. Traitez ces rendez-vous avec la même importance que vos engagements professionnels afin de préserver un équilibre durable.
4. **Déconnectez-vous du travail :** Évitez de consulter vos e-mails professionnels ou de répondre à des sollicitations en dehors de vos horaires de travail, sauf en cas de nécessité. Accordez-vous de véritables temps de repos pour préserver votre énergie sur le long terme.

5. **Apprenez à dire non** : N'ayez pas peur de refuser des tâches ou des engagements supplémentaires qui peuvent surcharger votre emploi du temps. Priorisez vos besoins et apprenez à dire non lorsque c'est nécessaire.

6. **Déléguez des tâches** : Déléguez des tâches professionnelles ou domestiques pour alléger votre charge de travail. Cela vous permet de vous concentrer sur ce qui est vraiment important et de passer plus de temps avec vos proches.

7. **Restez connecté avec vos proches** : Entretenez des relations solides avec votre famille et vos amis. Passez du temps de qualité avec eux et maintenez des communications régulières pour renforcer votre réseau de soutien.

8. **Planifiez vos congés et vos moments de récupération :** Programmez à l'avance vos vacances, week-ends et périodes de repos. Ces moments sont indispensables pour prendre du recul, prévenir l'épuisement professionnel et revenir plus efficace.

Ressources pour Maintenir un Équilibre Vie Professionnelle / Vie Personnelle

- **Livres :**
  "The Power of Full Engagement" de Jim Loehr et Tony Schwartz, "Essentialism : The Disciplined Pursuit of Less" de Greg McKeown, "Off Balance" de Matthew Kelly.

- **Applications :**
  Forest, Freedom, RescueTime pour améliorer la concentration, limiter les distractions numériques et mieux gérer votre temps.

- **Podcasts :**
  "WorkLife" avec Adam Grant, "The Diary of a CEO" avec Steven Bartlett, "Change ma vie" avec Clotilde Dusoulier.

- **Sites web :**
  Harvard Business Review, Welcome to the Jungle et Cadremploi proposent des articles et des conseils sur l'équilibre entre vie professionnelle et vie personnelle, la productivité et la qualité de vie au travail.

- **Ateliers et conférences :**
  Participez à des conférences, ateliers ou programmes consacrés à la qualité de vie au travail (QVT), à la prévention du burn-out et à l'organisation personnelle.

9. SANTÉ FINANCIÈRE

- FAITES UN BILAN FINANCIER RÉGULIER
- ÉTABLISSEZ UN BUDGET
- SUIVEZ VOS DÉPENSES
- VÉRIFIEZ VOTRE ÉPARGNE D'URGENCE
- ANALYSEZ VOS DETTES
- SURVEILLEZ VOTRE COTE DE CRÉDIT
- REVUE DE VOS INVESTISSEMENTS
- COMPRENEZ LE MARCHÉ
- NE SUIVEZ PAS LA FOULE
- INVESTISSEZ DANS CE QUE VOUS COMPRENEZ

81. FAITES UN BILAN FINANCIER RÉGULIER : ÉVALUEZ VOS FINANCES TOUS LES MOIS POUR AVOIR UNE VISION CLAIRE DE VOTRE SITUATION FINANCIÈRE. CELA INCLUT VOS REVENUS, VOS DÉPENSES, VOS DETTES ET VOS ACTIFS.

En suivant ces conseils et en utilisant ces ressources, vous pouvez effectuer un bilan financier régulier qui vous aidera à comprendre et à améliorer votre situation financière, vous permettant ainsi de mieux atteindre vos objectifs financiers.

Conseils et astuces pour faire un bilan financier régulier :

1. **Collectez toutes vos informations financières** : Rassemblez toutes les informations pertinentes sur vos revenus, vos dépenses, vos dettes et vos actifs. Cela inclut vos relevés bancaires, factures, contrats de prêt, et relevés d'investissement.

2. **Utilisez des outils de gestion financière :** Utilisez une application de suivi budgétaire adaptée à votre pays pour centraliser vos comptes, suivre vos dépenses et analyser l'évolution de votre patrimoine. Des outils comme **YNAB**, **Emma** ou **Wallet by BudgetBakers** peuvent faciliter ce suivi.

3. **Analysez vos revenus :** Recensez toutes vos sources de revenus (salaires, revenus locatifs, dividendes, intérêts, activité indépendante, etc.) afin d'avoir une vision complète de vos rentrées d'argent.

4. **Suivez vos dépenses** : Divisez vos dépenses en catégories (logement, alimentation, transport, loisirs, etc.) et suivez-les de manière détaillée. Identifiez les dépenses récurrentes et celles qui sont ponctuelles.

5. **Évaluez vos dettes :** Faites la liste de vos crédits immobiliers, crédits à la consommation, découverts autorisés ou autres emprunts. Notez le capital restant dû, les taux d'intérêt et les échéances.

6. **Calculez votre valeur nette** : Soustrayez vos dettes totales de la valeur totale de vos actifs (comptes bancaires, investissements, biens immobiliers, etc.). La valeur nette vous donne une image claire de votre situation financière globale.

7. **Fixez des objectifs financiers** : Définissez des objectifs financiers à court, moyen et long terme. Cela peut inclure l'épargne pour un fonds d'urgence, le remboursement de dettes, l'achat d'une maison ou la préparation de la retraite.

8. **Créez un budget mensuel** : Élaborez un budget basé sur vos revenus et vos dépenses. Assurez-vous de prévoir des économies régulières et de suivre votre budget chaque mois pour ajuster vos habitudes de dépenses.

9. **Surveillez vos progrès** : Comparez régulièrement vos résultats financiers actuels à vos objectifs. Identifiez les domaines où vous pouvez améliorer votre gestion financière et apportez les ajustements nécessaires.

10. **Revue des abonnements et des services** : Passez en revue vos abonnements et services récurrents pour identifier ceux que vous n'utilisez plus ou qui peuvent être réduits ou annulés pour économiser de l'argent.

11. **Consultez des professionnels si nécessaire** : Si vous avez des questions ou des préoccupations sur votre situation financière, n'hésitez pas à consulter un conseiller financier pour obtenir des conseils personnalisés.

Ressources pour Faire un Bilan Financier Régulier

- **Livres :** "L'Autoroute du Millionnaire" de **MJ DeMarco,** "Psychologie de l'argent" de **Morgan Housel,** "La Bourse pour les Nuls" de **Gérard Horny.**

- **Applications :** Emma, Wallet by BudgetBakers et Spendee pour suivre vos revenus, vos dépenses et l'évolution de votre patrimoine.

- **Sites web :** Banque de France, Mes Questions d'Argent et INSEE proposent des outils, des informations et des indicateurs utiles pour suivre votre situation financière.

- **Podcasts :** "Zonebourse", "C'est votre argent" (BFM Business) et "Smart Bourse" (B Smart) pour suivre l'actualité économique et améliorer votre culture financière.
- **Tableaux de bord :** Utilisez Excel, Google Sheets ou Notion pour créer un tableau de bord personnalisé et suivre l'évolution de vos revenus, dépenses, actifs et dettes.

82. ÉTABLISSEZ UN BUDGET : CRÉEZ UN BUDGET MENSUEL POUR SUIVRE VOS REVENUS ET VOS DÉPENSES. ASSUREZ-VOUS QUE VOS DÉPENSES NE DÉPASSENT PAS VOS REVENUS ET AJUSTEZ VOTRE BUDGET SI NÉCESSAIRE.

En suivant ces conseils et en utilisant ces ressources, vous pouvez établir un budget mensuel efficace qui vous aidera à suivre vos revenus et vos dépenses, à éviter les dettes inutiles et à atteindre vos objectifs financiers.

Conseils et astuces pour établir un budget efficace :

1. **Déterminez vos revenus mensuels :** Recensez l'ensemble de vos revenus réguliers et occasionnels afin de disposer d'une base fiable pour construire votre budget.
2. **Listez toutes vos dépenses** : Notez toutes vos dépenses mensuelles, en les classant par catégorie. Les catégories peuvent inclure le logement (loyer ou hypothèque), les services publics, l'alimentation, le transport, les loisirs, les soins de santé, et l'épargne.
3. **Utilisez la règle 50/30/20** : Pour une structure de budget simple et efficace, utilisez la règle 50/30/20. Allouez 50 % de vos revenus aux besoins essentiels (logement, alimentation, services publics), 30 % aux désirs (loisirs, sorties, abonnements), et 20 % à l'épargne et au remboursement des dettes.
4. **Suivez vos dépenses réelles** : Utilisez des outils de suivi des dépenses pour surveiller vos dépenses réelles tout au long du mois. Des applications comme Mint, YNAB (You Need a Budget), ou PocketGuard peuvent vous aider à automatiser ce suivi.

5. **Ajustez vos dépenses variables** : Identifiez les catégories où vous pouvez réduire vos dépenses. Les dépenses variables, telles que les loisirs, les restaurants, et les achats non essentiels, peuvent souvent être ajustées pour respecter votre budget.

6. **Prévoyez une épargne automatique** : Configurez des virements automatiques vers votre compte d'épargne ou d'investissement chaque mois. Traitez l'épargne comme une dépense fixe pour vous assurer de toujours mettre de côté une partie de vos revenus.

7. **Planifiez pour les dépenses irrégulières** : Préparez-vous aux dépenses irrégulières ou ponctuelles, comme les cadeaux, les vacances, ou les réparations de voiture. Mettez de l'argent de côté chaque mois pour ces dépenses afin d'éviter les surprises financières.

8. **Revue et ajustement mensuels** : À la fin de chaque mois, comparez vos dépenses réelles à votre budget prévu. Analysez les écarts et ajustez votre budget pour le mois suivant si nécessaire. Cela vous aidera à rester sur la bonne voie et à améliorer vos habitudes de dépenses.

9. **Impliquez toute la famille** : Si vous vivez avec d'autres personnes, impliquez-les dans le processus de budgétisation. Une communication ouverte sur les finances peut aider à aligner les objectifs financiers de chacun et à mieux gérer les dépenses communes.

10. **Utilisez une méthode de contrôle des dépenses :** Que vous préfériez la méthode des enveloppes, un compte dédié ou une application de budgétisation, fixez une limite claire pour vos dépenses variables afin d'éviter les dépassements.

Ressources pour Établir un Budget

- **Livres :** "La Méthode Budget" de **Dominique Loreau**, "L'Autoroute du Millionnaire" de **MJ DeMarco**, "Psychologie de l'argent" de **Morgan Housel**.

- **Applications :** Buddy, Spendee et Wallet by BudgetBakers pour établir un budget, suivre vos dépenses et visualiser l'évolution de vos finances.

- **Sites web :** Mes Questions d'Argent, MoneyVox et Que Choisir proposent des conseils pratiques pour mieux gérer votre budget et vos dépenses.

- **Podcasts :** "Budget Chéri", "S'élever en même temps que son business" (épisodes consacrés à la gestion financière) et "C'est votre argent" pour développer de bonnes habitudes financières.

- **Outils :** Utilisez Excel, Google Sheets ou Notion pour construire un budget personnalisé adapté à vos revenus, vos dépenses et vos objectifs.

83. SUIVEZ VOS DÉPENSES : UTILISEZ DES APPLICATIONS POUR SUIVRE VOS DÉPENSES ET IDENTIFIER LES DOMAINES OÙ VOUS POUVEZ ÉCONOMISER.

En suivant ces conseils et en utilisant ces ressources, vous pouvez suivre vos dépenses de manière efficace, identifier les domaines où vous pouvez économiser, et gérer vos finances de manière proactive pour atteindre vos objectifs financiers.

Conseils et astuces pour suivre vos dépenses efficacement :

1. **Choisissez la bonne application :** Sélectionnez une application adaptée à vos besoins pour suivre vos dépenses, catégoriser vos achats et analyser votre budget. Des solutions comme **Spendee**, **Buddy** ou **Wallet by BudgetBakers** offrent des fonctionnalités complètes et adaptées à un usage quotidien.

2. **Connectez vos comptes bancaires** : La plupart des applications de suivi des dépenses permettent de connecter vos comptes bancaires, cartes de crédit et autres comptes financiers. Cela permet de suivre automatiquement toutes vos transactions en un seul endroit.

3. **Catégorisez vos dépenses** : Les applications vous permettent de catégoriser vos dépenses (par exemple, alimentation, transport, loisirs, etc.). Assurez-vous de vérifier et de corriger les catégories pour chaque transaction afin d'obtenir une image précise de vos habitudes de dépenses.

4. **Fixez des limites de dépenses** : Utilisez l'application pour définir des limites de dépenses mensuelles pour chaque catégorie. Cela vous aide à contrôler vos dépenses et à éviter les dépassements.

5. **Analysez vos habitudes de dépenses** : Les applications fournissent des rapports et des graphiques détaillés qui montrent où va votre argent. Utilisez ces outils pour analyser vos habitudes de dépenses et identifier les domaines où vous pouvez réduire vos coûts.

6. **Configurez des alertes :** Activez les notifications de dépassement de budget ou d'échéances importantes afin de garder le contrôle sur vos finances. Cela vous aide à rester conscient de vos finances et à réagir rapidement en cas de besoin.

7. **Revue hebdomadaire des dépenses** : Prenez l'habitude de passer en revue vos dépenses chaque semaine. Cela vous permet de rester à jour avec vos finances, de repérer rapidement les anomalies et de faire des ajustements nécessaires à votre budget.

8. **Établissez des objectifs d'épargne** : Utilisez l'application pour définir des objectifs d'épargne spécifiques et suivre vos progrès. Cela peut vous motiver à économiser davantage et à atteindre vos objectifs financiers plus rapidement.

9. **Évitez les dépenses impulsives** : Avant de faire un achat, surtout un achat important, prenez un moment pour évaluer si c'est vraiment nécessaire. Utilisez l'application pour vérifier l'impact de cet achat sur votre budget et vos objectifs financiers.

10. **Partagez votre budget avec votre partenaire** : Si vous partagez vos finances avec un partenaire, utilisez l'application pour suivre les dépenses conjointement. Une communication claire sur les finances peut aider à aligner les objectifs et à gérer les dépenses communes de manière plus efficace.

Ressources pour Suivre Vos Dépenses

- **Applications :** Spendee, Buddy et Wallet by BudgetBakers pour suivre vos dépenses, catégoriser vos achats et analyser votre budget.

- **Livres :** "L'Art de la simplicité" de **Dominique Loreau**, "Le Prix du bonheur" de **Mo Gawdat**, "L'argent sans peur" de **Jonathan Duckworth**.

- **Sites web :** MoneyVox, Radins.com et Pleine Vie proposent des conseils pratiques pour réduire ses dépenses, mieux gérer son budget et optimiser ses finances personnelles.

84. VÉRIFIEZ VOTRE ÉPARGNE D'URGENCE : ASSUREZ-VOUS D'AVOIR UN FONDS D'URGENCE SUFFISANT POUR COUVRIR AU MOINS TROIS À SIX MOIS DE DÉPENSES. CELA VOUS PROTÈGE EN CAS DE PERTE DE REVENU OU DE DÉPENSES IMPRÉVUES.

En suivant ces conseils et en utilisant ces ressources, vous pouvez vérifier et maintenir un fonds d'urgence adéquat, vous protégeant ainsi contre les imprévus financiers et assurant votre stabilité financière.

Conseils et astuces pour vérifier et maintenir votre épargne d'urgence :

1. **Calculez vos dépenses mensuelles** : Faites un inventaire de toutes vos dépenses mensuelles essentielles, telles que le loyer ou l'hypothèque, les services publics, l'alimentation, les transports, les assurances, et les autres coûts fixes. Cela vous donne une idée claire de combien vous devez mettre de côté pour trois à six mois de dépenses.

2. **Fixez un objectif d'épargne d'urgence** : Une fois que vous connaissez vos dépenses mensuelles, multipliez ce montant par trois à six pour déterminer le montant total de votre fonds d'urgence. Par exemple, si vos dépenses mensuelles sont de 2 000 €, votre objectif d'épargne d'urgence devrait être compris entre 6 000 € et 12 000 €.

3. **Ouvrez un compte d'épargne dédié** : Gardez votre fonds d'urgence séparé de vos comptes d'épargne et de chèques réguliers pour éviter d'y puiser accidentellement. Ouvrez un compte d'épargne dédié, idéalement avec un bon taux d'intérêt, pour votre épargne d'urgence.

4. **Automatisez vos épargnes** : Configurez des virements automatiques de votre compte chèque vers votre compte d'épargne d'urgence chaque mois. Cela vous assure de toujours épargner une partie de vos revenus sans avoir à y penser.
5. **Priorisez votre épargne d'urgence** : Avant d'investir dans d'autres objectifs financiers, assurez-vous que votre fonds d'urgence est pleinement financé. La sécurité financière que procure un fonds d'urgence est essentielle avant d'envisager d'autres types d'investissements.
6. **Réévaluez régulièrement vos besoins d'épargne** : Les dépenses mensuelles peuvent changer avec le temps, en raison de variations de revenus, de changements dans les dépenses de la vie ou de l'inflation. Réévaluez régulièrement le montant de votre fonds d'urgence pour vous assurer qu'il est toujours adéquat.
7. **Utilisez les intérêts composés** : Choisissez un compte d'épargne offrant des intérêts composés pour faire croître votre épargne d'urgence plus rapidement. Les comptes d'épargne en ligne et les comptes du marché monétaire sont souvent de bonnes options.
8. **Évitez d'utiliser votre fonds d'urgence pour des dépenses non urgentes** : Réservez votre épargne d'urgence uniquement pour les situations imprévues, telles que les urgences médicales, les réparations de voiture majeures, ou la perte d'emploi. Pour d'autres objectifs d'épargne, utilisez des comptes distincts.
9. **Reconstituez votre épargne d'urgence après utilisation** : Si vous devez puiser dans votre fonds d'urgence, faites de la reconstitution de ce fonds une priorité financière. Réajustez votre budget pour y inclure des contributions accrues jusqu'à ce que le fonds soit de nouveau au niveau souhaité.
10. **Surveillez les taux d'intérêt** : Évaluez régulièrement les taux d'intérêt offerts par différents comptes d'épargne et changez de compte si nécessaire pour obtenir le meilleur rendement possible pour votre épargne d'urgence.

Ressources pour Vérifier et Maintenir Votre Épargne d'Urgence

- **Livres :** "L'Épargnant 3.0" d'**Édouard Petit**, "L'Investisseur heureux" de **Marc Fiorentino**, "Le Guide de l'épargne" de l'**Institut pour l'Éducation Financière du Public** (IEFP).
- **Applications :** Boursorama Banque, Fortuneo et Trade Republic (fonction épargne rémunérée) pour constituer et suivre un fonds de sécurité facilement accessible.
- **Sites web :** La Finance pour Tous, Service-Public.fr et l'Autorité des marchés financiers (AMF) proposent des guides pratiques sur l'épargne de précaution, les livrets réglementés et les bonnes pratiques financières.
- **Podcasts :** "La Martingale", "Finary Talk" et "Splash" pour mieux comprendre la gestion de son patrimoine, de son épargne et des décisions financières.
- **Outils de comparaison :** LeComparateurBanque.com, Panorabanques et MoneyVox permettent de comparer les livrets d'épargne, les comptes rémunérés et les offres bancaires afin d'optimiser le placement de votre épargne de précaution.

85. ANALYSEZ VOS DETTES : FAITES UNE LISTE DE TOUTES VOS DETTES (CARTES DE CRÉDIT, PRÊTS ÉTUDIANTS, HYPOTHÈQUES, ETC.) ET NOTEZ LES TAUX D'INTÉRÊT ET LES SOLDES. PRIORISEZ LE REMBOURSEMENT DES DETTES À TAUX D'INTÉRÊT ÉLEVÉ.

En suivant ces conseils et en utilisant ces ressources, vous pouvez analyser vos dettes de manière efficace, prioriser le remboursement des dettes à taux d'intérêt élevé et améliorer votre santé financière globale.

Conseils et astuces pour analyser et gérer vos dettes efficacement :

1. **Faites un inventaire complet de vos dettes** : Listez toutes vos dettes, y compris les cartes de crédit, les prêts étudiants, les prêts personnels, les hypothèques, les marges de crédit, et autres. Notez le solde actuel, le taux d'intérêt, et le paiement mensuel minimum pour chaque dette.
2. **Calculez votre taux d'endettement** : Divisez votre dette totale par votre revenu annuel brut pour obtenir votre taux d'endettement. Un taux d'endettement élevé peut indiquer un besoin de réduire votre dette pour améliorer votre santé financière.
3. **Classez vos dettes par taux d'intérêt** : Organisez vos dettes en fonction de leurs taux d'intérêt, du plus élevé au plus bas. Les dettes avec des taux d'intérêt élevés coûtent plus cher à long terme, il est donc judicieux de les rembourser en priorité.
4. **Utilisez la méthode de la boule de neige ou de l'avalanche** :
    a. **Méthode de la boule de neige** : Remboursez d'abord la plus petite dette tout en effectuant les paiements minimums sur les autres. Une fois la plus petite dette remboursée, utilisez l'argent ainsi libéré pour rembourser la suivante. Cette méthode peut vous donner un sentiment d'accomplissement rapide et vous motiver.

b. **Méthode de l'avalanche** : Concentrez-vous d'abord sur le remboursement de la dette avec le taux d'intérêt le plus élevé tout en effectuant les paiements minimums sur les autres. Cette méthode peut vous faire économiser plus d'argent en intérêts sur le long terme.

5. **Négociez avec vos créanciers** : Contactez vos créanciers pour négocier des taux d'intérêt plus bas ou des plans de paiement plus favorables. Ils peuvent être disposés à travailler avec vous pour trouver une solution mutuellement bénéfique.
6. **Consolidez vos dettes** : Si vous avez plusieurs dettes à taux d'intérêt élevé, envisagez de les consolider en un seul prêt à taux d'intérêt plus bas. Cela peut simplifier vos paiements et réduire le montant total des intérêts payés.
7. **Évitez d'accumuler de nouvelles dettes** : Pendant que vous travaillez à rembourser vos dettes existantes, évitez de contracter de nouvelles dettes. Utilisez des espèces ou des cartes de débit pour contrôler vos dépenses et éviter les intérêts supplémentaires.
8. **Utilisez des outils de gestion des dettes** : Des applications comme YNAB (You Need a Budget), Debt Payoff Planner ou Mint peuvent vous aider à suivre vos dettes et à élaborer un plan de remboursement efficace.
9. **Considérez les conseils d'un conseiller financier** : Un conseiller financier peut vous aider à évaluer votre situation, à élaborer un plan de remboursement des dettes et à vous donner des conseils personnalisés pour améliorer votre santé financière.
10. **Surveillez et ajustez régulièrement votre plan de remboursement** : Révisez régulièrement vos progrès et ajustez votre plan de remboursement si nécessaire. Célébrez les petites victoires pour rester motivé tout au long du processus.

Ressources pour Analyser et Gérer Vos Dettes

- **Livres :** "Sortir des dettes : les clés pour reprendre le contrôle de votre budget" de **Julien Delagrandanne**, "L'Art de gérer son budget" de **Dominique Loreau**, "Votre argent mérite mieux" de **Marc Fiorentino**

- **Applications :** Debt Payoff Planner, Undebt.it et Debt Free pour planifier et suivre le remboursement progressif de vos dettes.

- **Sites web :** La Finance pour Tous, Banque de France (rubrique sur le surendettement et la gestion budgétaire) et MoneyVox proposent des conseils pratiques pour analyser ses dettes, comprendre les crédits et améliorer sa situation financière.

- **Podcasts :** "Les Clés de la Banque", "Finary Talk" et "La Martingale" abordent régulièrement la gestion du budget, du crédit, de l'endettement et du patrimoine.

- **Outils d'accompagnement :** Les Points Conseil Budget (PCB), présents partout en France, offrent gratuitement un accompagnement pour analyser sa situation financière, prévenir le surendettement et établir un plan de remboursement adapté.

86. . SURVEILLEZ VOTRE SOLVABILITÉ : VÉRIFIEZ RÉGULIÈREMENT VOS INFORMATIONS BANCAIRES, VOS CRÉDITS EN COURS ET LES ÉVENTUELS INCIDENTS DE PAIEMENT AFIN DE PRÉSERVER VOTRE CAPACITÉ D'EMPRUNT.

En suivant ces conseils et en utilisant ces ressources, vous pouvez surveiller et améliorer votre cote de crédit, détecter rapidement toute activité suspecte et maintenir une bonne santé financière.

Conseils et astuces pour surveiller et améliorer votre cote de crédit :

1. **Vérifiez régulièrement vos relevés bancaires et vos crédits :** Passez en revue vos relevés de compte, vos échéanciers de prêt et vos contrats de crédit afin de détecter rapidement toute anomalie, erreur ou opération inhabituelle.

2. **Consultez les fichiers de la Banque de France si nécessaire :** Si vous avez connu des difficultés de paiement ou souhaitez vérifier votre situation, vous pouvez consulter les fichiers de la Banque de France afin de vous assurer que les informations enregistrées sont exactes.

3. **Signalez rapidement toute erreur :** Si vous constatez une anomalie concernant un crédit, un incident de paiement ou une opération frauduleuse, contactez immédiatement votre établissement bancaire ou l'organisme concerné afin de demander une régularisation.

4. **Payez vos échéances à temps :** Respecter les dates de paiement de vos crédits et de vos factures est essentiel pour préserver votre crédibilité financière et faciliter l'obtention de futurs financements.

5. **Maîtrisez votre niveau d'endettement :** Évitez d'accumuler plusieurs crédits simultanément. Un taux d'endettement raisonnable améliore votre capacité d'emprunt et rassure les établissements prêteurs.

6. **Conservez une gestion bancaire saine :** Évitez les découverts répétés, les incidents de paiement et les rejets de prélèvement. Une gestion rigoureuse de vos comptes renforce votre profil financier.

7. **Évitez les demandes de crédit inutiles :** Multiplier les demandes de financement en peu de temps peut être perçu comme un signe de fragilité financière. Ne sollicitez un crédit que lorsque cela est réellement nécessaire.

8. **Activez les alertes de sécurité de votre banque :** Configurez les notifications de mouvements sur vos comptes afin d'être averti rapidement en cas d'opération inhabituelle ou potentiellement frauduleuse.

9. **Protégez vos données personnelles :** Soyez vigilant face aux tentatives d'hameçonnage (phishing), sécurisez vos accès bancaires avec une authentification renforcée et surveillez régulièrement vos comptes.

10. **Informez-vous sur le fonctionnement du crédit :** Comprendre les critères étudiés par les banques (revenus, taux d'endettement, stabilité professionnelle, capacité d'épargne, reste à vivre, incidents de paiement...) vous permettra d'améliorer durablement votre capacité d'emprunt.

Ressources pour Surveiller et Améliorer Votre Cote de Crédit

- **Livres :** "Le Crédit expliqué à tous" de **Pascale Micoleau-Marcel**, "Bien gérer son budget et éviter le surendettement" de **Crésus.**

- **Applications :** Linxo, Bankin' et Finary permettent de centraliser vos comptes, de suivre vos crédits et de détecter rapidement des mouvements inhabituels.

- **Sites web :** La Banque de France, Service-Public.fr et l'INC (Institut National de la Consommation) proposent des informations fiables sur le crédit, les incidents de paiement, le FICP et les droits des emprunteurs.

- **Podcasts :** "Les Clés de la Banque", "Splash" (Nouvelles Écoutes) et "On n'arrête pas l'éco" (France Inter) abordent régulièrement les questions liées au crédit, au budget et à la consommation.

- **Outils pratiques :** Consultez gratuitement vos informations auprès de la Banque de France (FICP/FCC si vous êtes concerné) et activez les alertes de sécurité proposées par votre banque afin d'être averti rapidement en cas d'opération inhabituelle.

87. REVUE DE VOS INVESTISSEMENTS : EXAMINEZ RÉGULIÈREMENT VOS INVESTISSEMENTS POUR VOUS ASSURER QU'ILS SONT ALIGNÉS AVEC VOS OBJECTIFS FINANCIERS À LONG TERME. CONSULTEZ UN CONSEILLER FINANCIER SI NÉCESSAIRE POUR AJUSTER VOTRE PORTEFEUILLE.

En suivant ces conseils et en utilisant ces ressources, vous pouvez effectuer une revue régulière et efficace de vos investissements, vous assurant qu'ils sont alignés avec vos objectifs financiers à long terme et maximisant vos rendements.

Conseils et astuces pour effectuer une revue efficace de vos investissements :

1. **Définissez vos objectifs financiers** : Clarifiez vos objectifs à court, moyen et long terme. Vos investissements doivent être alignés avec ces objectifs. Par exemple, l'épargne pour la retraite, l'achat d'une maison, ou le financement des études de vos enfants.
2. **Établissez un calendrier de revue** : Planifiez des revues régulières de votre portefeuille d'investissements, par exemple tous les trimestres ou une fois par an. La régularité vous permet de rester informé de la performance de vos investissements et d'apporter des ajustements en temps opportun.
3. **Analysez la performance de vos investissements** : Comparez la performance de chaque investissement avec les benchmarks pertinents pour évaluer s'ils atteignent les rendements attendus. Identifiez les actifs sous-performants et déterminez s'il est nécessaire de les remplacer ou de les ajuster.
4. **Rééquilibrez votre portefeuille** : Assurez-vous que la répartition de vos actifs correspond à votre tolérance au risque et à vos objectifs financiers. Rééquilibrez votre portefeuille en vendant certains actifs et en en achetant d'autres pour maintenir l'allocation souhaitée.

5. **Diversifiez vos investissements** : La diversification réduit le risque global de votre portefeuille. Vérifiez que vous êtes bien diversifié à travers différentes classes d'actifs (actions, obligations, immobilier, etc.) et secteurs économiques.

6. **Considérez les frais et les coûts** : Évaluez les frais associés à vos investissements, tels que les frais de gestion des fonds, les frais de transaction et les commissions. Réduire ces coûts peut améliorer vos rendements nets.

7. **Surveillez les changements économiques et de marché** : Restez informé des tendances économiques, des modifications réglementaires et des événements de marché qui pourraient affecter vos investissements. Adaptez votre stratégie en fonction des nouvelles informations.

8. **Consultez un conseiller financier** : Si vous n'êtes pas sûr de vos décisions d'investissement ou si votre situation financière est complexe, consultez un conseiller financier certifié. Ils peuvent offrir des conseils personnalisés et vous aider à élaborer une stratégie d'investissement adaptée à vos besoins.

9. **Utilisez des outils de gestion de portefeuille** : Des outils en ligne comme Morningstar, Personal Capital, et Yahoo Finance peuvent vous aider à analyser la performance de votre portefeuille et à obtenir des recommandations sur la répartition des actifs.

10. **Documentez vos décisions d'investissement** : Gardez une trace écrite de vos décisions d'investissement, y compris les raisons pour lesquelles vous avez acheté ou vendu des actifs. Cela vous aide à évaluer vos décisions passées et à apprendre de vos expériences.

Ressources pour la Revue de Vos Investissements

- **Livres :** Le Petit Livre de l'investissement à long terme de **John C. Bogle**, Investir en Bourse avec les ETF de **Nicolas Chéron**, Psychologie de l'investisseur de **Morgan Housel**.

- **Applications :** Sharesight, Getquin et JustETF pour suivre les performances de votre portefeuille, analyser votre allocation d'actifs et piloter vos investissements.

- **Sites web :** Zonebourse, Quantalys et Boursorama offrent des analyses de marchés, des outils de suivi de portefeuille et des informations pour réévaluer régulièrement vos investissements.

- **Podcasts :** Les Investisseurs 4.0, C'est votre argent et Le Grand Rendez-vous de l'Épargne proposent des analyses, des conseils et des stratégies d'investissement à long terme.

88. COMPRENEZ LE MARCHÉ : ÉTUDIEZ LES TENDANCES DU MARCHÉ POUR FAIRE DES CHOIX D'INVESTISSEMENT ÉCLAIRÉS.

En suivant ces conseils et en utilisant ces ressources, vous pouvez mieux comprendre les tendances du marché et prendre des décisions d'investissement éclairées, améliorant ainsi vos chances de succès financier.

Conseils et astuces pour comprendre le marché et prendre des décisions d'investissement éclairées :

1. **Éduquez-vous en permanence** : Suivez des cours en ligne, lisez des livres et des articles sur l'économie et les marchés financiers. Des ressources comme Coursera, Udemy, et des livres de finance renommés peuvent vous fournir des connaissances de base et avancées.

2. **Suivez l'actualité économique** : Abonnez-vous à des publications financières telles que The Wall Street Journal, Financial Times, Bloomberg et Reuters. Ces sources fournissent des mises à jour régulières sur l'économie mondiale, les marchés financiers et les tendances sectorielles.

3. **Analysez les indicateurs économiques** : Familiarisez-vous avec les indicateurs économiques clés tels que le PIB, le taux de chômage, l'inflation, les taux d'intérêt, et les indices boursiers. Ces indicateurs peuvent donner des indications sur la santé économique et les tendances du marché.

4. **Étudiez les secteurs d'activité** : Comprenez les dynamiques des différents secteurs d'activité (technologie, santé, énergie, finance, etc.). Chaque secteur réagit différemment aux cycles économiques, et une diversification sectorielle peut aider à gérer le risque.

5. **Utilisez l'analyse technique** : Apprenez les bases de l'analyse technique pour interpréter les graphiques de prix et identifier les tendances, les modèles et les signaux de trading. Des plateformes comme TradingView et Investopedia offrent des tutoriels sur l'analyse technique.

6. **Faites des recherches sur les entreprises** : Avant d'investir dans une entreprise, analysez ses états financiers, son modèle économique, sa position sur

le marché, et ses perspectives de croissance. Des outils comme Yahoo Finance, Morningstar et Google Finance peuvent vous fournir des informations détaillées.

7. **Suivez les analyses et prévisions des experts** : Lisez les rapports d'analystes et les prévisions économiques de banques d'investissement, de cabinets de conseil et d'experts financiers. Ces analyses peuvent offrir des perspectives précieuses sur les tendances du marché.

8. **Participez à des forums financiers et des groupes de discussion** : Rejoignez des forums en ligne et des groupes de discussion sur les investissements pour échanger des idées et obtenir des informations de la part d'autres investisseurs. Reddit (r/investing), Seeking Alpha, et les groupes LinkedIn sont des options populaires.

9. **Utilisez des simulateurs de marché** : Pratiquez l'investissement sans risquer de l'argent réel en utilisant des simulateurs de marché et des comptes de démonstration. Cela peut vous aider à tester vos stratégies et à mieux comprendre le fonctionnement du marché.

10. **Adoptez une perspective à long terme** : Évitez de réagir de manière excessive aux fluctuations à court terme du marché. Concentrez-vous sur les fondamentaux économiques et les perspectives à long terme de vos investissements.

Ressources pour Comprendre le Marché

- **Livres :** L'Investisseur de bon sens de **John C. Bogle**, One Up on Wall Street de **Peter Lynch**, Le Cygne Noir de **Nassim Nicholas Taleb**.

- **Applications :** TradingView, Boursorama et Investing.com pour suivre les marchés financiers, analyser les tendances et consulter les principales données économiques.

- **Sites web :** Les Échos Investir, ABC Bourse et l'Autorité des marchés financiers (AMF) proposent des analyses, des actualités économiques et des ressources pour mieux comprendre les marchés.

- **Podcasts :** Allo la Bourse, Les Experts (BFM Business) et Zonebourse proposent des analyses des marchés financiers, de l'économie et des tendances d'investissement.

- **Presse économique :** Consultez régulièrement Les Échos, Investir ou Le Revenu afin de suivre l'actualité économique, les entreprises cotées et les évolutions des marchés financiers.

89. NE SUIVEZ PAS LA FOULE : LES DÉCISIONS D'INVESTISSEMENT DOIVENT ÊTRE BASÉES SUR DES RECHERCHES ET NON SUR DES TENDANCES POPULAIRES.

En suivant ces conseils et en utilisant ces ressources, vous pouvez éviter de suivre la foule, baser vos décisions d'investissement sur des recherches solides et améliorer vos chances de succès financier.

Conseils et astuces pour éviter de suivre la foule et prendre des décisions d'investissement basées sur des recherches :

1. **Construisez votre propre stratégie d'investissement :** Définissez des règles d'investissement adaptées à vos objectifs, votre horizon de placement et votre tolérance au risque. Une stratégie claire vous évite de prendre des décisions dictées par les modes ou les émotions.
2. **Faites toujours vos propres recherches :** Avant d'investir, analysez les entreprises ou les actifs qui vous intéressent. Consultez leurs résultats financiers, leur modèle économique, leurs perspectives de croissance et les risques associés.
3. **Méfiez-vous des effets de mode :** Lorsqu'un investissement fait la une des médias ou des réseaux sociaux, demandez-vous si son prix reflète encore sa véritable valeur. Les opportunités les plus médiatisées ne sont pas toujours les meilleures.
4. **Prenez vos décisions avec calme :** Ne cédez ni à la peur lors des baisses de marché, ni à l'euphorie lors des hausses. Les décisions émotionnelles sont souvent les plus coûteuses.
5. **Concentrez-vous sur le long terme :** Les fluctuations quotidiennes des marchés sont normales. Gardez vos objectifs à long terme en tête plutôt que de réagir à chaque variation.
6. **Vérifiez plusieurs sources d'information :** Avant d'agir, croisez les analyses provenant de différentes sources fiables afin d'éviter les biais ou les informations incomplètes.

7. **Acceptez de penser différemment :** Les meilleurs investissements sont parfois ceux que la majorité ignore. Avoir une opinion différente est acceptable, à condition qu'elle soit fondée sur une analyse rigoureuse.

8. **Diversifiez votre portefeuille :** Même si vous êtes convaincu par une opportunité, évitez de concentrer une part trop importante de votre patrimoine sur un seul investissement.

9. **Étudiez les principes des grands investisseurs :** Inspirez-vous de leurs méthodes sans chercher à les imiter. Ce qui fonctionne pour eux n'est pas forcément adapté à votre situation, votre capital ou votre horizon d'investissement.

10. **Tenez un journal d'investissement :** Notez les raisons qui motivent chacun de vos investissements. Relire ces notes quelques mois plus tard vous permettra d'identifier vos erreurs de raisonnement et d'améliorer votre prise de décision.

11. **Apprenez de vos erreurs** : Si vous faites des erreurs d'investissement, utilisez-les comme des opportunités d'apprentissage. Analysez ce qui n'a pas fonctionné et ajustez votre approche pour éviter les mêmes erreurs à l'avenir.

Ressources pour Prendre des Décisions d'Investissement Basées sur des Recherches

- **Livres :** "Thinking, Fast and Slow" de **Daniel Kahneman**, "The Psychology of Money" de **Morgan Housel**, "Against the Gods: The Remarkable Story of Risk" de **Peter L. Bernstein**.

- **Applications :** Koyfin, Finviz, Simply Wall St pour analyser les entreprises et visualiser les données financières.

- **Sites web :** Macrotrends, CompaniesMarketCap et SEC EDGAR pour consulter les données financières, les rapports d'entreprises et les valorisations.

- **Podcasts :** Capital Allocators, Animal Spirits, InvestED avec Phil Town.

- **Lettres annuelles d'investisseurs :** Les lettres de Warren Buffett (Berkshire Hathaway), Howard Marks (Oaktree Capital) et Nick Sleep constituent d'excellentes lectures pour développer une réflexion indépendante et une vision de long terme.

90. INVESTISSEZ DANS CE QUE VOUS COMPRENEZ : ÉVITEZ D'INVESTIR DANS DES DOMAINES QUI SONT EN DEHORS DE VOTRE COMPRÉHENSION.

En suivant ces conseils et en utilisant ces ressources, vous pouvez investir dans des domaines que vous comprenez, minimiser les risques et maximiser vos chances de succès financier.

Conseils et astuces pour investir dans des domaines que vous comprenez :

1. **Définissez votre cercle de compétence :** Identifiez les secteurs, les entreprises ou les activités que vous comprenez réellement grâce à votre expérience professionnelle, vos connaissances ou vos centres d'intérêt.
2. **N'investissez jamais dans ce que vous ne pouvez pas expliquer simplement :** Si vous êtes incapable d'expliquer en quelques phrases comment une entreprise gagne de l'argent, prenez le temps de mieux la comprendre avant d'investir.
3. **Prenez le temps d'apprendre avant d'investir :** Si un secteur vous intéresse, formez-vous progressivement avant d'y investir. La curiosité est une qualité, mais elle ne remplace pas la compréhension.
4. **Analysez le modèle économique :** Cherchez à comprendre comment l'entreprise crée de la valeur, qui sont ses clients, quels sont ses avantages concurrentiels et quelles sont les principales menaces auxquelles elle est confrontée.
5. **Commencez modestement :** Lorsque vous investissez dans un domaine que vous découvrez, engagez de faibles montants au départ afin d'apprendre sans mettre votre patrimoine en danger.
6. **Méfiez-vous des produits complexes :** Évitez les produits financiers dont le fonctionnement, les risques ou les frais ne sont pas parfaitement compris.

7. **Acceptez de laisser passer certaines opportunités :** Vous n'avez pas besoin d'investir dans tous les secteurs porteurs. Il vaut mieux manquer une opportunité que perdre de l'argent dans un investissement mal compris.

8. **Posez-vous les bonnes questions avant chaque investissement :** Pourquoi est-ce que j'investis ? Quels sont les principaux risques ? Dans quelles situations pourrais-je perdre de l'argent ?

9. **Restez dans votre domaine d'expertise :** Les meilleures opportunités sont souvent celles que les autres ne voient pas parce qu'elles appartiennent à un secteur que vous connaissez particulièrement bien.

10. **Continuez à élargir votre cercle de compétence :** Lire, se former et observer les marchés vous permettra progressivement de comprendre de nouveaux secteurs sans jamais investir à l'aveugle.

Ressources pour Investir dans des Domaines Que Vous Comprenez

- **Livres :** "Poor Charlie's Almanack" de Charles T. Munger, "The Warren Buffett Way" de Robert G. Hagstrom, "The Little Book That Still Beats the Market" de Joel Greenblatt.

- **Applications :** Finchat, ROIC.ai, QuickFS pour analyser facilement les entreprises et leurs données financières.

- **Sites web :** Macrotrends, TIKR et Value Investors Club proposent des données financières, des analyses d'entreprises et des études de cas.

- **Podcasts :** Focused Compounding, Business Breakdowns, Value Investing with Legends.

- **Lettres d'investisseurs :** Les lettres annuelles de Terry Smith (Fundsmith), Nick Sleep et François Rochon (Giverny Capital) offrent d'excellents exemples d'investissements fondés sur une compréhension approfondie des entreprises.

10. EXPANSION ET ÉCHELLE

- ÉLARGISSEZ VOTRE MARCHÉ
- FRANCHISEZ VOTRE ENTREPRISE
- INNOVEZ DANS VOTRE OFFRE
- CONSTRUISEZ DES PARTENARIATS STRATÉGIQUES
- SACHEZ QUAND SORTIR

91. ÉLARGISSEZ VOTRE MARCHÉ : CHERCHEZ DE NOUVELLES GÉOGRAPHIES ET DÉMOGRAPHIES POUR VOS PRODUITS OU SERVICES.

En suivant ces conseils et en utilisant ces ressources, vous pouvez élargir efficacement votre marché en explorant de nouvelles géographies et démographies, augmentant ainsi votre portée et votre potentiel de croissance.

Conseils et astuces pour élargir votre marché :

1. **Identifiez de nouveaux segments de clientèle :** Demandez-vous si votre produit ou service pourrait répondre aux besoins d'une autre catégorie de clients : particuliers, entreprises, seniors, étudiants, professions libérales ou collectivités.
2. **Développez votre présence géographique progressivement :** Avant de vous lancer à l'international, consolidez votre présence locale puis régionale. Une croissance maîtrisée est souvent plus rentable qu'une expansion trop rapide.
3. **Adaptez votre offre aux nouveaux marchés :** Les attentes varient selon les pays, les régions et les profils de clientèle. Ajustez votre communication, vos tarifs, vos services ou vos produits lorsque cela est nécessaire.
4. **Analysez la concurrence locale :** Étudiez les acteurs déjà présents afin d'identifier leurs forces, leurs faiblesses et les opportunités qu'ils laissent inexploitées.
5. **Multipliez vos canaux de distribution :** Ne dépendez pas d'un seul mode de vente. Développez votre activité grâce au commerce en ligne, aux marketplaces, aux distributeurs, aux revendeurs ou aux partenaires commerciaux.
6. **Nouez des partenariats stratégiques :** Des alliances avec des entreprises locales ou complémentaires peuvent accélérer votre développement tout en limitant les coûts d'implantation.

7. **Testez avant d'investir massivement :** Lancez une offre pilote ou une campagne marketing sur une zone limitée afin de mesurer la demande avant de déployer des moyens importants.

8. **Exploitez le numérique :** Un site internet optimisé, une présence active sur les réseaux sociaux et une stratégie de référencement permettent aujourd'hui de toucher une clientèle bien au-delà de votre zone géographique.

9. **Respectez les spécificités locales :** Prenez en compte les réglementations, les habitudes de consommation, les différences culturelles et les exigences fiscales propres à chaque marché.

10. **Mesurez vos résultats :** Analysez régulièrement vos ventes, votre coût d'acquisition client et votre rentabilité afin d'identifier les marchés les plus prometteurs et de concentrer vos efforts là où ils sont les plus efficaces.

Ressources pour Élargir Votre Marché

- **Livres :** The Mom Test de **Rob Fitzpatrick**, Obviously Awesome d'**April Dunford**, Sell More Faster d'**Amos Schwartzfarb**.

- **Applications :** Exploding Topics pour identifier les tendances émergentes, SparkToro pour analyser votre audience et ses centres d'intérêt, Crayon pour effectuer une veille concurrentielle.

- **Sites web :** Trade Map pour analyser les flux commerciaux internationaux, Enterprise Europe Network (EEN) pour accompagner le développement des entreprises en Europe, Market Finder de Google pour identifier les marchés les plus prometteurs à l'international.

- **Cours en ligne :** HubSpot Academy pour le développement commercial et l'acquisition de clients, Google Ateliers Numériques pour le marketing digital et l'expansion internationale, OpenClassrooms pour la stratégie commerciale et le développement d'entreprise.

92. DÉVELOPPEZ VOTRE ENTREPRISE GRÂCE À LA FRANCHISE : CELA PEUT ÊTRE UNE MANIÈRE EFFICACE DE CROÎTRE RAPIDEMENT AVEC UN INVESTISSEMENT RELATIVEMENT FAIBLE.

En suivant ces conseils et en utilisant ces ressources, vous pouvez franchiser votre entreprise efficacement, permettant une croissance rapide et rentable avec un investissement relativement faible.

Conseils et astuces pour franchiser votre entreprise efficacement :

1. **Assurez-vous que votre concept est reproductible :** Une franchise repose sur un modèle économique éprouvé, rentable et facilement duplicable. Vos processus doivent être simples à transmettre et produire des résultats constants.

2. **Standardisez votre savoir-faire :** Formalisez vos méthodes de travail, vos procédures, vos outils et vos standards de qualité dans des manuels opérationnels complets.

3. **Protégez votre marque :** Déposez votre marque et sécurisez votre propriété intellectuelle avant d'envisager toute expansion. Votre identité est l'un des principaux actifs de votre réseau.

4. **Choisissez soigneusement vos franchisés :** Ne recherchez pas uniquement des investisseurs. Sélectionnez des entrepreneurs qui partagent vos valeurs, votre vision et votre exigence de qualité.

5. **Construisez un accompagnement solide :** La réussite d'une franchise dépend largement du soutien apporté aux franchisés : formation initiale, assistance au lancement, marketing, animation du réseau et accompagnement continu.

6. **Définissez un modèle économique équilibré :** Les droits d'entrée et les redevances doivent permettre au franchiseur comme au franchisé de créer de la valeur durable.

7. **Exploitez les outils numériques :** Utilisez des logiciels de gestion de réseau pour centraliser les indicateurs de performance, les documents, la communication et les formations.
8. **Contrôlez régulièrement la qualité :** Effectuez des audits et suivez les performances de chaque point de vente afin de préserver l'image de votre enseigne.
9. **Développez votre réseau progressivement :** Il vaut mieux ouvrir quelques franchises performantes qu'un réseau trop important difficile à accompagner.
10. **Entourez-vous de spécialistes :** Faites appel à des avocats spécialisés en franchise, des experts-comptables et des consultants afin de structurer votre développement dans les meilleures conditions.

Ressources pour Franchiser Votre Entreprise

- **Livres :** Franchise Your Business de **Mark Siebert**, The Franchise MBA de **Nick Neonakis**, Street Smart Franchising de **Joe Mathews**.
- **Applications :** FranConnect pour piloter un réseau de franchises, Naranga pour la gestion opérationnelle des franchisés, Harmony Franchise Solutions pour centraliser les opérations et le suivi du réseau.
- **Sites web :** Toute la Franchise, L'Observatoire de la Franchise et Franchise Magazine proposent des conseils, des actualités et des analyses sur le développement en franchise.
- **Podcasts :** Multiply Your Success with Dr. Tom DuFore, The Franchise Woman Podcast, Franchise Interviews.
- **Organisations professionnelles :** Fédération Française de la Franchise (FFF), International Franchise Association (IFA) et British Franchise Association (BFA) accompagnent les franchiseurs et les porteurs de projets.

93. INNOVEZ DANS VOTRE OFFRE : CONTINUEZ À DÉVELOPPER DE NOUVEAUX PRODUITS OU SERVICES POUR RESTER PERTINENT.

En suivant ces conseils et en utilisant ces ressources, vous pouvez innover constamment dans votre offre, rester pertinent sur le marché et répondre aux besoins changeants de vos clients.

Conseils et astuces pour innover dans votre offre :

1. **Écoutez vos clients** : Recueillez régulièrement des retours clients pour comprendre leurs besoins, leurs frustrations et leurs désirs. Utilisez des enquêtes, des interviews, des groupes de discussion et les réseaux sociaux pour obtenir des insights précieux.
2. **Analysez les tendances du marché** : Restez informé des tendances et des évolutions dans votre secteur. Lisez des publications spécialisées, assistez à des conférences et suivez les leaders d'opinion pour identifier les opportunités d'innovation.
3. **Encouragez la créativité au sein de votre équipe** : Créez un environnement de travail qui encourage la créativité et l'innovation. Organisez des sessions de brainstorming, valorisez les idées nouvelles et offrez des récompenses pour les suggestions innovantes.
4. **Investissez dans la recherche et le développement** : Allouez une partie de votre budget à la recherche et au développement (R&D) pour explorer de nouvelles technologies, matériaux et processus. La R&D peut mener à des innovations significatives dans vos produits ou services.
5. **Adoptez une approche agile** : Utilisez des méthodologies agiles pour développer et tester rapidement de nouvelles idées. L'approche agile vous permet de recueillir des feedbacks en temps réel et d'ajuster vos produits ou services en conséquence.

6. **Proposez des versions bêta** : Lancez des versions bêta de nouveaux produits ou services à un groupe restreint de clients. Utilisez leurs retours pour affiner et améliorer votre offre avant le lancement officiel.

7. **Surveillez vos concurrents** : Analysez les offres de vos concurrents et identifiez leurs points forts et faibles. Utilisez ces informations pour différencier vos produits et proposer des caractéristiques uniques.

8. **Utilisez la technologie** : Intégrez les dernières technologies dans vos produits ou services pour améliorer leur fonctionnalité, leur efficacité ou leur convivialité. La technologie peut être un moteur puissant d'innovation.

9. **Diversifiez votre portefeuille de produits** : Développez des produits ou services complémentaires à votre offre actuelle. La diversification peut attirer de nouveaux segments de clients et augmenter vos sources de revenus.

10. **Évaluez et ajustez continuellement** : L'innovation est un processus continu. Évaluez régulièrement la performance de vos nouveaux produits ou services et apportez des ajustements basés sur les retours clients et les tendances du marché.

Ressources pour Innover dans Votre Offre

- **Livres** : "The Innovator's Dilemma" de **Clayton Christensen**, "Blue Ocean Strategy" de **W. Chan Kim et Renée Mauborgne**, "Creativity, Inc." de **Ed Catmull**.

- **Applications** : Miro pour les sessions de brainstorming et la collaboration en équipe, Trello pour la gestion de projets innovants, Qualtrics pour les enquêtes de satisfaction client.

- **Sites web** : Harvard Business Review, Fast Company, et Innovation Excellence offrent des articles et des études de cas sur l'innovation et la gestion de l'innovation.

- **Podcasts** : "The Tim Ferriss Show", "How I Built This" de NPR, "The Innovators" pour des discussions et des interviews sur l'innovation et la créativité.

94. CONSTRUISEZ DES PARTENARIATS STRATÉGIQUES : COLLABOREZ AVEC D'AUTRES ENTREPRISES POUR ÉTENDRE VOTRE PORTÉE ET VOS RESSOURCES.

En suivant ces conseils et en utilisant ces ressources, vous pouvez construire des partenariats stratégiques efficaces qui étendent votre portée, améliorent vos ressources et contribuent à la croissance de votre entreprise.

Conseils et astuces pour construire des partenariats stratégiques efficaces

1. **Recherchez des partenaires complémentaires :** Associez-vous à des entreprises qui proposent des produits ou services compatibles avec les vôtres sans être des concurrents directs. Vous pourrez ainsi créer davantage de valeur pour vos clients.

2. **Définissez des objectifs communs :** Un partenariat durable repose sur des intérêts partagés. Déterminez dès le départ les résultats attendus, les responsabilités de chacun et les critères de réussite.

3. **Commencez par une collaboration limitée :** Avant de vous engager sur le long terme, réalisez un projet pilote afin de tester la compatibilité de vos méthodes de travail et la qualité de la relation.

4. **Formalisez les engagements :** Même lorsque la confiance est présente, établissez un contrat précisant les rôles, les objectifs, les conditions financières, la confidentialité et les modalités de sortie du partenariat.

5. **Communiquez régulièrement :** Organisez des points d'avancement afin de suivre les résultats, résoudre rapidement les difficultés et maintenir une relation constructive.

6. **Créez de la valeur pour les deux parties :** Un partenariat ne fonctionne durablement que si chacun y trouve un bénéfice. Cherchez des solutions gagnant-gagnant plutôt que des avantages unilatéraux.

7. **Partagez les bonnes pratiques :** Profitez du partenariat pour échanger des compétences, des méthodes de travail, des outils ou des retours d'expérience afin de progresser mutuellement.

8. **Mesurez les résultats :** Définissez des indicateurs de performance (nouveaux clients, chiffre d'affaires généré, coûts économisés, satisfaction client...) afin d'évaluer objectivement l'efficacité du partenariat.

9. **Développez votre réseau grâce à vos partenaires :** Les meilleurs partenariats ouvrent souvent la porte à d'autres collaborations. Profitez de leur réseau pour créer de nouvelles opportunités commerciales.

10. **Entretenez la relation sur le long terme :** Un partenariat solide repose sur la confiance, la transparence et le respect des engagements. Investissez dans la relation autant que dans les résultats.

Ressources pour Construire des Partenariats Stratégiques

- **Livres :** "The Partnership Charter" de **David Gage**, "The Trusted Advisor" de **David H. Maister, Charles H. Green et Robert M. Galford**, "Never Eat Alone" de **Keith Ferrazzi**.

- **Applications :** Airtable pour le suivi des partenariats, Notion pour centraliser les informations et les projets communs, Miro pour collaborer et construire des stratégies à plusieurs.

- **Sites web :** PartnerStack, AllBusiness et Bpifrance Création proposent des conseils pratiques sur les partenariats commerciaux, le développement d'entreprise et les alliances stratégiques.

- **Organisations professionnelles :** Business Network International (BNI), Réseau Entreprendre et France Digitale permettent de développer des partenariats, d'échanger avec d'autres dirigeants et de créer de nouvelles opportunités d'affaires.

95. SACHEZ QUAND SORTIR : DÉFINISSEZ DES POINTS DE SORTIE POUR VOS INVESTISSEMENTS POUR MAXIMISER LES PROFITS ET MINIMISER LES PERTES.

En suivant ces conseils et en utilisant ces ressources, vous pouvez définir des points de sortie efficaces pour vos investissements, maximiser vos profits et minimiser vos pertes, et ainsi améliorer votre stratégie d'expansion et de gestion de portefeuille.

Conseils et astuces pour définir des points de sortie efficaces pour vos investissements :

1. **Définissez votre stratégie avant d'investir :** Avant même d'acheter un actif, déterminez les conditions qui vous conduiront à le vendre. Décidez à l'avance de votre objectif de rendement, de votre horizon d'investissement et du niveau de perte que vous êtes prêt à accepter.

2. **Réévaluez régulièrement votre thèse d'investissement :** Demandez-vous si les raisons qui vous ont poussé à investir sont toujours valables. Si les fondamentaux ont changé, il peut être judicieux de sortir.

3. **Ne laissez pas vos émotions décider :** La peur, la cupidité ou l'attachement à un investissement conduisent souvent à de mauvaises décisions. Respectez votre stratégie plutôt que vos émotions.

4. **Acceptez de prendre vos bénéfices :** Vouloir gagner toujours plus peut conduire à perdre une partie de vos gains. Il est parfois préférable de vendre une position devenue très rentable plutôt que d'attendre un hypothétique sommet.

5. **Coupez vos pertes rapidement :** Reconnaître qu'un investissement ne correspond plus à vos attentes est une preuve de discipline, pas un échec. Préserver votre capital est une priorité.

6. **Rééquilibrez régulièrement votre portefeuille :** Si un investissement représente désormais une part trop importante de votre patrimoine, envisagez d'en vendre une partie afin de conserver une bonne diversification.

7. **Profitez des changements de marché :** Les évolutions économiques, réglementaires ou sectorielles peuvent remettre en cause le potentiel d'un investissement. Restez attentif aux changements de contexte.

8. **Réinvestissez avec méthode :** La vente d'un actif ne doit pas laisser votre argent sans objectif. Prévoyez à l'avance comment réallouer votre capital en fonction de votre stratégie globale.

9. **Tenez un journal de vos décisions :** Notez les raisons qui motivent chacune de vos ventes. Cette habitude vous permettra d'améliorer progressivement votre discipline d'investisseur.

10. **Restez fidèle à votre horizon d'investissement :** Les fluctuations de court terme ne justifient pas toujours une vente. Si votre objectif est à dix ou vingt ans, évitez de modifier votre stratégie à chaque mouvement du marché.

Ressources pour Définir des Points de Sortie Efficaces

- **Livres :** "Trade Your Way to Financial Freedom" de **Van K. Tharp**, "The Little Book That Still Beats the Market" de **Joel Greenblatt**, "The Most Important Thing" de **Howard Marks**.

- **Applications :** Sharesight pour suivre la performance de votre portefeuille, Koyfin pour analyser les marchés financiers, Finviz pour surveiller les valorisations et les tendances.

- **Sites web :** Portfolio Visualizer, Macrotrends et Gurufocus proposent des outils d'analyse, de valorisation et de suivi des performances des entreprises.

- **Podcasts :** We Study Billionaires, Invest Like the Best avec Patrick O'Shaughnessy, Excess Returns.

- **Lettres d'investisseurs :** Les lettres annuelles de Terry Smith (Fundsmith), François Rochon (Giverny Capital) et Nick Train (Lindsell Train) sont d'excellentes ressources pour comprendre quand conserver... et quand vendre un investissement.

11. MAINTENIR LA MOTIVATION

- CÉLÉBREZ LES PETITES VICTOIRES
- RESTEZ CURIEUX
- RESTEZ ENGAGÉ ENVERS VOS OBJECTIFS
- GARDEZ UNE PERSPECTIVE POSITIVE
- SOYEZ PATIENT

96. CÉLÉBREZ LES PETITES VICTOIRES : CELA PEUT VOUS AIDER À RESTER MOTIVÉ SUR LE LONG CHEMIN VERS LE MILLION.

En suivant ces conseils et en utilisant ces ressources, vous pouvez célébrer les petites victoires de manière significative, renforçant ainsi votre motivation et votre engagement à atteindre vos objectifs financiers à long terme.

Conseils et astuces pour célébrer les petites victoires :

1. **Découpez les grands objectifs en étapes motivantes :** Atteindre un premier client, rembourser une dette, atteindre 10 000 € d'épargne ou signer un premier contrat sont autant de victoires qui méritent d'être reconnues.

2. **Mesurez vos progrès régulièrement :** Comparez votre situation actuelle à celle d'il y a six mois ou un an. Vous constaterez souvent que vous avez davantage progressé que vous ne le pensez.

3. **Prenez le temps de savourer vos réussites :** Avant de vous fixer un nouvel objectif, accordez-vous quelques instants pour apprécier le chemin parcouru. Cette reconnaissance renforce naturellement votre motivation.

4. **Récompensez-vous de manière raisonnable :** Choisissez des récompenses cohérentes avec vos objectifs : un bon restaurant, un week-end, un livre ou une activité qui vous fait plaisir, sans compromettre votre équilibre financier.

5. **Partagez vos réussites avec les bonnes personnes :** Entourez-vous de personnes capables de se réjouir sincèrement de vos progrès. Leur soutien renforce votre confiance et votre engagement.

6. **Créez un tableau de progression :** Visualiser vos objectifs atteints permet de maintenir votre motivation sur la durée. Un simple tableau ou un graphique peut rendre vos progrès beaucoup plus concrets.

7. **Transformez chaque réussite en nouvelle habitude :** Demandez-vous après chaque victoire : « Qu'ai-je fait de bien pour obtenir ce résultat ? » Reproduisez ensuite ces comportements jusqu'à ce qu'ils deviennent automatiques.

8. **Ne comparez pas votre progression à celle des autres :** Comparez-vous uniquement à la personne que vous étiez hier. Chaque parcours est différent et avance à son propre rythme.

9. **Utilisez les petites victoires pour renforcer votre confiance :** Chaque objectif atteint constitue une preuve que vous êtes capable de progresser. Cette accumulation de succès nourrit votre confiance pour relever des défis plus ambitieux.

10. **Gardez toujours votre objectif final en perspective :** Les petites victoires sont des étapes, pas une destination. Célébrez-les, puis reprenez rapidement votre progression vers votre objectif principal.

Ressources pour Célébrer les Petites Victoires

- **Livres :** "The Gap and The Gain" de **Dan Sullivan et Benjamin Hardy**, "Finish: Give Yourself the Gift of Done" de **Jon Acuff**, "Tiny Habits" de **BJ Fogg**.

- **Applications :** Streaks, Way of Life, Progress pour suivre vos habitudes, mesurer vos progrès et renforcer votre motivation.

- **Sites web :** James Clear, Farnam Street et Ness Labs proposent des articles sur les habitudes, la motivation et l'amélioration continue.

- **Podcasts :** The Knowledge Project, Deep Questions avec Cal Newport, The Habit Coach.

- **Conférences TED :** Les interventions de Carol Dweck, Angela Duckworth et BJ Fogg offrent des approches concrètes sur la motivation, la persévérance et la création d'habitudes durables.

97. RESTEZ CURIEUX : LA CURIOSITÉ PEUT CONDUIRE À DES OPPORTUNITÉS D'INVESTISSEMENT ET D'AFFAIRES INATTENDUES.

En suivant ces conseils et en utilisant ces ressources, vous pouvez cultiver une curiosité active, découvrir de nouvelles opportunités et continuer à progresser vers vos objectifs financiers et professionnels.

Conseils et astuces pour rester curieux et découvrir de nouvelles opportunités :

1. **Consacrez chaque semaine du temps à apprendre :** Réservez quelques heures pour explorer un sujet nouveau, même s'il n'a pas de lien direct avec votre activité. Les meilleures idées naissent souvent de disciplines différentes.
2. **Posez davantage de questions que vous ne donnez de réponses :** Les personnes curieuses cherchent d'abord à comprendre. Prenez l'habitude de demander « pourquoi ? », « comment ? » et « que se passerait-il si… ? ».
3. **Explorez des secteurs que vous connaissez peu :** Intéressez-vous à des domaines éloignés de votre métier : intelligence artificielle, santé, énergie, psychologie, géopolitique, design ou sciences. Les innovations viennent souvent des croisements entre plusieurs disciplines.
4. **Remettez régulièrement vos certitudes en question :** Acceptez que certaines de vos convictions puissent évoluer. Être capable de changer d'avis à la lumière de nouvelles informations est une véritable force.
5. **Discutez avec des personnes aux parcours différents :** Entrepreneurs, chercheurs, artisans, investisseurs, artistes ou ingénieurs n'observent pas le monde de la même manière. Ces échanges enrichissent votre réflexion.
6. **Soyez attentif aux problèmes du quotidien :** Derrière chaque frustration ou difficulté rencontrée se cache parfois une opportunité d'entreprise ou d'investissement.

7. **Expérimentez avant de juger :** Testez un nouvel outil, un nouveau service ou une nouvelle méthode avant de vous faire une opinion. L'expérience est souvent plus instructive que la théorie.

8. **Développez une veille personnelle :** Sélectionnez quelques sources d'information fiables et consultez-les régulièrement afin d'identifier les grandes tendances avant qu'elles ne deviennent évidentes.

9. **Notez toutes vos idées :** Gardez toujours un carnet ou une application de prise de notes à portée de main. Une idée anodine aujourd'hui peut devenir une excellente opportunité demain.

10. **Conservez l'esprit du débutant :** Même lorsque vous devenez expert dans un domaine, continuez à apprendre avec humilité. Les personnes qui réussissent durablement restent des étudiants toute leur vie.

Ressources pour Rester Curieux

- **Livres :** Range de David Epstein, Think Again d'Adam Grant, A More Beautiful Question de Warren Berger.

- **Applications :** Readwise pour conserver et revoir vos lectures, Feedly pour organiser votre veille, Pocket pour sauvegarder les articles à lire plus tard.

- **Sites web :** Farnam Street, Our World in Data et Big Think proposent des analyses, des recherches et des idées sur de nombreux domaines.

- **Podcasts :** Acquired, Invest Like the Best avec Patrick O'Shaughnessy, Hidden Brain.

- **Newsletters :** The Generalist, Stratechery de Ben Thompson et Brain Food de Shane Parrish permettent de développer une culture économique, technologique et stratégique.

98. RESTEZ ENGAGÉ ENVERS VOS OBJECTIFS : NE LAISSEZ PAS LES DÉFIS VOUS DÉTOURNER DE VOS OBJECTIFS À LONG TERME.

En suivant ces conseils et en utilisant ces ressources, vous pouvez maintenir votre engagement envers vos objectifs à long terme, surmonter les défis et continuer à progresser vers vos ambitions.

Conseils et astuces pour rester engagé envers vos objectifs à long terme :

1. **Gardez toujours votre "pourquoi" en tête :** Plus votre motivation profonde est claire, plus il sera facile de persévérer lorsque les difficultés apparaîtront.
2. **Acceptez que les progrès ne soient pas linéaires :** Certaines périodes seront très productives, d'autres beaucoup moins. L'important est de continuer à avancer malgré les ralentissements.
3. **Concentrez-vous sur les actions plutôt que sur les résultats :** Vous ne contrôlez pas toujours les résultats, mais vous contrôlez vos efforts quotidiens. Les résultats finissent généralement par suivre.
4. **Évitez le piège du perfectionnisme :** Mieux vaut avancer imparfaitement que rester bloqué à attendre le moment idéal ou la solution parfaite.
5. **Anticipez les périodes de démotivation :** Elles sont inévitables. Préparez à l'avance des routines ou des habitudes simples qui vous permettront de continuer même lorsque votre motivation diminue.
6. **Éliminez les distractions qui vous éloignent de votre objectif :** Faites régulièrement le tri dans vos engagements, vos habitudes et votre environnement afin de rester concentré sur l'essentiel.
7. **Entourez-vous de personnes qui vous tirent vers le haut :** Les personnes ambitieuses, disciplinées et positives contribuent naturellement à maintenir votre niveau d'engagement.

8. **Faites régulièrement le point sur votre progression :** Tous les mois ou tous les trimestres, analysez vos avancées, vos difficultés et les ajustements nécessaires pour rester sur la bonne trajectoire.

9. **Acceptez que certains sacrifices soient temporaires :** Réussir demande parfois de renoncer à un confort immédiat au profit d'un bénéfice beaucoup plus important à long terme.

10. **N'abandonnez jamais après un échec :** Une mauvaise décision, une perte financière ou un revers ne remettent pas en cause votre objectif. Ce qui compte, c'est votre capacité à repartir rapidement.

Ressources pour Rester Engagé Envers Vos Objectifs

- **Livres :** "The Dip" de **Seth Godin**, "Deep Work" de **Cal Newport**, "Can't Hurt Me" de **David Goggins**.

- **Applications :** Sunsama, TickTick, Beeminder pour planifier vos actions, suivre vos engagements et maintenir votre discipline.

- **Sites web :** Farnam Street, Ness Labs et James Clear proposent des articles sur la discipline, la prise de décision et la progression à long terme.

- **Podcasts :** The Knowledge Project, Deep Questions avec Cal Newport, Modern Wisdom avec Chris Williamson.

- **Conférences TED :** Les interventions de Simon Sinek, Angela Duckworth et David Goggins abordent la persévérance, la discipline et l'engagement sur le long terme.

99. GARDEZ UNE PERSPECTIVE POSITIVE : L'OPTIMISME EST ESSENTIEL, SURTOUT DANS LES MOMENTS DIFFICILES.

En adoptant ces stratégies et en utilisant ces ressources, vous pouvez maintenir une perspective positive, même dans les moments difficiles, et continuer à avancer vers vos objectifs avec confiance et optimisme.

Conseils et astuces pour maintenir une perspective positive :

1. **Acceptez que les difficultés fassent partie du parcours :** Les revers, les refus et les périodes de doute sont inévitables. Ils ne remettent pas en cause votre objectif, mais font partie du processus qui y mène.

2. **Concentrez-vous sur ce que vous pouvez contrôler :** Vous ne maîtrisez pas les marchés, l'économie ou les décisions des autres. En revanche, vous contrôlez vos actions, votre préparation et votre capacité à réagir.

3. **Relativisez les échecs :** Un mauvais investissement, un client perdu ou un projet qui échoue ne définissent pas votre avenir. Ce ne sont que des événements ponctuels dans un parcours beaucoup plus long.

4. **Entourez-vous d'informations constructives :** Restez informé sans vous laisser submerger par les mauvaises nouvelles en continu. Privilégiez les analyses de qualité plutôt que les contenus sensationnalistes.

5. **Prenez régulièrement du recul :** Lorsque vous traversez une période difficile, demandez-vous ce que cette situation vous apprendra dans quelques années. Cette prise de distance aide souvent à mieux gérer les obstacles.

6. **Adoptez une vision de long terme :** Les entrepreneurs et les investisseurs qui réussissent raisonnent en années, voire en décennies, plutôt qu'en semaines ou en mois.

7. **Protégez votre énergie mentale :** Dormez suffisamment, accordez-vous des temps de récupération et évitez l'épuisement. Une bonne décision se prend rarement dans la fatigue ou le stress.

8. **Fréquentez des personnes orientées vers les solutions :** Les personnes qui cherchent des solutions plutôt que des excuses favorisent naturellement un état d'esprit plus constructif.

9. **Rappelez-vous régulièrement le chemin parcouru :** Lorsque le doute s'installe, regardez les progrès déjà accomplis plutôt que la distance qui reste à parcourir.

10. **Cultivez un optimisme lucide :** Être positif ne signifie pas ignorer les risques. Il s'agit de croire qu'il existe presque toujours une solution à un problème lorsque l'on reste persévérant et adaptable.

Ressources pour Garder une Perspective Positive

- **Livres :** Learned Optimism de Martin Seligman, The Obstacle Is the Way de Ryan Holiday, The Happiness Trap de Russ Harris.

- **Applications :** Stoic, Reflectly, Presently pour développer la réflexion personnelle, le recul et un état d'esprit constructif.

- **Sites web :** PositivePsychology.com, The School of Life et Farnam Street proposent des articles sur la résilience, la psychologie et la prise de décision.

- **Podcasts :** The Daily Stoic, Feel Better, Live More avec Dr Rangan Chatterjee, The Rich Roll Podcast.

- **Conférences TED :** Les interventions de Martin Seligman, Shawn Achor et Amy Edmondson abordent l'optimisme, la résilience et la psychologie de la réussite.

100. SOYEZ PATIENT : LA RICHESSE SE CONSTRUIT SOUVENT LENTEMENT. ÊTRE PATIENT EST CRUCIAL POUR ATTEINDRE VOS OBJECTIFS FINANCIERS À LONG TERME.

En adoptant ces stratégies et en utilisant ces ressources, vous pouvez cultiver la patience nécessaire pour atteindre vos objectifs financiers à long terme, en appréciant le voyage autant que la destination.

Conseils et astuces pour cultiver la patience et atteindre vos objectifs financiers à long terme :

1. **Acceptez que la richesse se construit rarement du jour au lendemain :** Les plus grandes réussites sont souvent le résultat de nombreuses années de travail, d'apprentissage et de décisions cohérentes.

2. **Faites confiance aux effets cumulés :** Les petites actions répétées quotidiennement produisent des résultats extraordinaires avec le temps. L'effet cumulé est l'un des principes les plus puissants de la réussite financière.

3. **Ne comparez pas votre rythme à celui des autres :** Chaque parcours est différent. Certains réussissent rapidement, d'autres mettent vingt ans. L'important est d'avancer régulièrement.

4. **Évitez la recherche de gains rapides :** Les promesses d'enrichissement immédiat cachent souvent des risques importants. Les stratégies durables sont généralement moins spectaculaires, mais beaucoup plus efficaces.

5. **Laissez le temps travailler pour vous :** Les investissements, les entreprises et les compétences prennent de la valeur avec le temps. La patience permet de bénéficier pleinement des intérêts composés et de l'expérience accumulée.

6. **Continuez à investir en vous-même :** Vos connaissances, votre réputation et votre réseau sont des actifs qui prennent eux aussi de la valeur au fil des années.

7. **Acceptez que les périodes de stagnation soient normales :** Il est fréquent d'avoir l'impression de ne plus progresser avant qu'une nouvelle étape importante ne soit franchie. Continuez malgré tout.

8. **Résistez à la tentation de changer constamment de stratégie :** Les personnes qui réussissent durablement restent généralement fidèles à une méthode qu'elles améliorent progressivement au lieu de repartir sans cesse de zéro.

9. **Gardez toujours une vision de long terme :** Prenez vos décisions en vous demandant où elles vous mèneront dans cinq, dix ou vingt ans plutôt qu'à la fin du mois.

10. **N'abandonnez jamais juste avant les résultats :** Beaucoup de personnes renoncent au moment où leurs efforts commencent enfin à produire leurs effets. La persévérance est souvent le dernier obstacle avant la réussite.

Ressources pour Cultiver la Patience et Atteindre vos Objectifs Financiers

- **Livres :** "The Almanack of Naval Ravikant" d'**Eric Jorgenson**, "The Psychology of Money" de **Morgan Housel**, "Mastery" de **Robert Greene**.

- **Applications :** Portfolio Performance, Snowball Analytics, Sharesight pour suivre vos investissements sur le long terme sans céder aux fluctuations quotidiennes.

- **Sites web :** Collaborative Fund, A Wealth of Common Sense et Portfolio Charts proposent des analyses sur l'investissement à long terme, la patience et la création de patrimoine.

- **Podcasts :** Rational Reminder, We Study Billionaires, Money For the Rest of Us.

- **Lettres d'investisseurs :** Les lettres annuelles de Berkshire Hathaway, Oaktree Capital (Howard Marks) et Fundsmith (Terry Smith) sont d'excellentes lectures pour comprendre pourquoi la patience reste l'un des plus grands avantages des investisseurs performants.

LE 101e CONSEIL : VOTRE HÉRITAGE COMMENCE ICI

La quête de la richesse est bien plus qu'une simple accumulation de biens matériels. C'est un voyage de croissance personnelle, de résilience et de découverte. Comme le disait Napoleon Hill, "Ce que l'esprit peut concevoir et croire, il peut le réaliser". Cette philosophie, ancrée dans la détermination et l'optimisme, est la clé de votre réussite financière.

Imaginez-vous, non seulement atteignant votre premier million, mais aussi devenant la meilleure version de vous-même. Chaque conseil que vous avez lu ici est une pierre de plus à l'édifice de votre succès. En suivant ces principes avec constance et discipline, vous ne faites pas que construire votre richesse, vous bâtissez un héritage.

Votre parcours financier repose sur la discipline, la persévérance et la capacité à rester fidèle à vos objectifs malgré les obstacles. Il est facile de se laisser décourager par les défis, mais chaque obstacle surmonté est une preuve de votre force et de votre potentiel.

Votre parcours vers la réussite financière n'attend que vous. Armé de ces conseils, vous avez le pouvoir de transformer vos rêves en réalité. Vous avez le pouvoir de créer une vie de liberté, de succès et de satisfaction. Embrassez chaque défi comme une opportunité, chaque revers comme une leçon et chaque victoire, grande ou petite, comme une étape vers votre objectif ultime.

Souvenez-vous, la richesse véritable ne se mesure pas seulement en chiffres, mais en la personne que vous devenez en cours de route. Alors, avancez avec courage, avec foi en vous-même, et avec une détermination inébranlable. Le monde est plein de richesses à découvrir, et votre voyage vers le premier million est le début d'une aventure bien plus grande et gratifiante que vous ne pourriez l'imaginer.

Avancez avec la certitude que chaque pas vous rapproche de vos rêves, et que, comme Victor Hugo l'a si bien dit, "Le futur est à ceux qui croient à la beauté de leurs rêves". Soyez celui qui croit, qui persévère, et qui triomphe. Allez de l'avant avec la certitude que le succès est le fruit de l'effort et de l'ingéniosité. La route est longue, mais chaque pas que vous faites, vous rapproche de votre but ultime.

Votre réussite financière n'est pas un rêve lointain mais un objectif tangible, forgé par votre volonté et vos actions. Armez-vous de ces conseils, faites preuve de rigueur et de créativité. Bâtissez votre avenir financier avec enthousiasme.

Prenez chaque conseil à cœur, mettez-les en pratique avec détermination et souvenez-vous que chaque grand voyage commence par un premier pas. Votre premier million est à portée de main. Il suffit de commencer, un conseil à la fois.

Que cet ouvrage soit votre fidèle compagnon dans cette quête de succès financier. Vous avez le pouvoir de transformer vos rêves en réalité, et le moment de commencer, c'est maintenant.

Aron

LES 100 ACTIONS DU PREMIER MILLION

Le contrat que vous signez avec vous-même.

Comment utiliser cette liste

Les cent conseils de ce livre n'ont de valeur que s'ils deviennent des actions.

Ne cherchez pas à tout accomplir en une semaine.

Choisissez une action.

Faites-la.

Puis passez à la suivante.

Chaque case cochée est une victoire.

Chaque victoire vous rapproche de votre objectif.

Le premier million n'est pas le résultat d'une seule décision exceptionnelle.

Il est le résultat de centaines de bonnes décisions répétées.

Aujourd'hui commence la première.

LES 100 ACTIONS

MENTALITÉ

☐ Décider que votre situation financière n'est pas une fatalité.

☐ Définir votre vision à dix ans.

☐ Écrire votre objectif financier principal.

☐ Déterminer votre "pourquoi".

☐ Arrêter de vous comparer aux autres.

☐ Adopter une discipline quotidienne.

☐ Accepter que les erreurs font partie du parcours.

☐ Développer une mentalité d'investisseur.

☐ Penser en années plutôt qu'en semaines.

☐ Vous engager à ne jamais abandonner.

ARGENT

☐ Faire votre premier bilan patrimonial.

☐ Calculer votre valeur nette.

☐ Créer votre budget.

☐ Supprimer une dépense inutile.

☐ Mettre en place une épargne automatique.

☐ Constituer un fonds d'urgence.

☐ Rembourser une dette.

☐ Automatiser vos finances.

☐ Contrôler vos dépenses pendant trente jours.

☐ Augmenter votre taux d'épargne.

REVENUS

☐ Demander une augmentation.

☐ Créer un revenu complémentaire.

☐ Développer une compétence monétisable.

☐ Obtenir une certification.

☐ Trouver un mentor.

☐ Développer votre réseau.

☐ Négocier un contrat.

☐ Augmenter la valeur que vous apportez.

☐ Vendre votre premier produit.

☐ Créer une deuxième source de revenus.

ENTREPRENEURIAT

☐ Identifier un problème à résoudre.

☐ Valider une idée.

☐ Trouver vos dix premiers clients.

☐ Construire une offre claire.

☐ Créer votre marque.

☐ Mettre votre activité en ligne.

☐ Automatiser une tâche.

☐ Écrire vos procédures.

☐ Apprendre à déléguer.

☐ Construire un système qui fonctionne sans vous.

INVESTISSEMENT

☐ Définir votre stratégie.

☐ Ouvrir votre premier compte d'investissement.

☐ Acheter votre premier actif.

☐ Diversifier votre portefeuille.

☐ Réinvestir vos gains.

☐ Comprendre un bilan d'entreprise.

☐ Lire un rapport annuel.

☐ Définir vos règles d'achat.

☐ Définir vos règles de vente.

☐ Effectuer votre première revue annuelle.

CONNAISSANCES

☐ Lire un livre sur la finance.

☐ Lire un livre sur l'entrepreneuriat.

☐ Lire un livre sur la psychologie.

☐ Suivre une formation.

☐ Assister à une conférence.

☐ Écouter un podcast chaque semaine.

☐ Lire la presse économique.

☐ Apprendre une compétence numérique.

☐ Développer votre culture économique.

☐ Enseigner ce que vous avez appris.

RELATIONS

☐ Rencontrer une nouvelle personne.

☐ Reprendre contact avec un ancien collègue.

☐ Participer à un événement.

☐ Rejoindre une communauté.

☐ Offrir votre aide.

☐ Demander conseil.

☐ Trouver un partenaire.

☐ Développer votre intelligence émotionnelle.

☐ Apprendre à négocier.

☐ Créer des relations durables.

DISCIPLINE

☐ Créer une routine matinale.

☐ Dormir suffisamment.

☐ Faire du sport.

☐ Prendre soin de votre santé.

☐ Réduire votre temps sur les réseaux sociaux.

☐ Bloquer du temps de travail profond.

☐ Écrire vos trois priorités du jour.

☐ Terminer ce que vous commencez.

☐ Célébrer vos progrès.

☐ Recommencer demain.

VISION

☐ Écrire vos objectifs annuels.

☐ Les relire chaque semaine.

☐ Réévaluer votre stratégie.

☐ Mesurer vos résultats.

☐ Corriger vos erreurs.

☐ Ne pas suivre la foule.

☐ Investir uniquement dans ce que vous comprenez.

☐ Accepter l'incertitude.

☐ Rester curieux.

☐ Garder une vision à long terme.

LIBERTÉ

☐ Avoir six mois de dépenses d'avance.

☐ Dépasser 10 000 € de patrimoine.

☐ Dépasser 50 000 €.

☐ Dépasser 100 000 €.

☐ Dépasser 250 000 €.

☐ Dépasser 500 000 €.

☐ Dépasser 750 000 €.

☐ Atteindre votre premier million.

☐ Aider une autre personne à faire de même.

☐ Écrire votre propre histoire.

Table des matières